中国书业年度报告

（2008~2009）

孙月沐　主编

商务印书馆
2009年·北京

图书在版编目(CIP)数据

中国书业年度报告.2008~2009/孙月沐主编.—北京:商务印书馆,2009
(中国图书商报·中国书业书系)
ISBN 978-7-100-06624-2

I.中… II.孙… III.出版工作－研究报告－中国－2008~2009 IV.G239.2

中国版本图书馆 CIP 数据核字(2009)第 042889 号

**所有权利保留。
未经许可,不得以任何方式使用。**

中国书业年度报告(2008~2009)
孙月沐 主编

商 务 印 书 馆 出 版
(北京王府井大街36号 邮政编码 100710)
商 务 印 书 馆 发 行
北京瑞古冠中印刷厂印刷
ISBN 978-7-100-06624-2

2009 年 4 月第 1 版 开本 787×960 1/16
2009 年 4 月北京第 1 次印刷 印张 25¾
定价:55.00 元

编委会成员名单

主　　　编：孙月沐
副 主 编：伍旭升
编委会成员：孙月沐　伍旭升　陈　斌
　　　　　　张维特　孟　叶　任江哲
　　　　　　周锡培　李际平　郭是海

目录

前言 ·1

第一编　年度特别专题:30年中国书业烟云激荡 ·1

第 1 章　改革开放30年给新闻出版业带来什么 ·2

第 2 章　出版发行体制改革30年回望 ·13

第 3 章　30年中国书业产销大势 ·26

第 4 章　30年中国私人阅读史:一个长期被人忽略的社会学研究课题 ·38

第二编　年度书业大事大势 ·43

第 5 章　中国书业2008年度新闻 ·44

第 6 章　年度中国书业趋向 ·51

第 7 章　出版集团年度表现 ·67

第 8 章　2009书业分销八大猜想 ·80

第 9 章　2009大众出版九大猜想 ·89

第 10 章　2009教育出版四大猜想 ·96

第 11 章　2009专业出版五大猜想 ·102

第三编　年度书业焦点热点　•109

第12章	区域经济成出版产业新趋势	•110
第13章	欧美vs中国：书业各展奥运商机	•114
第14章	纸价震荡催化出版转型	•121
第15章	大部制牵动出版资源再分配	•126
第16章	新华书店如何迈过三道槛	•130
第17章	"和平号"重组新装出海	•134
第18章	苏琼新华联姻首尝"化学反应"	•137
第19章	寻味爱思唯尔数据库涨价风波	•140
第20章	大学社第二批转制四热点	•145
第21章	三问贝塔斯曼关闭中国连锁	•149
第22章	教材免费推动出版公益转型	•153
第23章	等级评估不合格社或将出局	•157
第24章	"盛大文学"触动传统出版神经	•160
第25章	新华书店如何应变免费教材的回款？	•163
第26章	实名申领终结"一号多书"	•167
第27章	金融海啸波及书业：危机OR转机	•170
第28章	金融风暴影响下书业分销冷暖几何	•175
第29章	业界瞩望改革发展配套新政	•183

第四编　年度产业细分观象　•189

第30章	新华分销新业态	•190
第31章	听书出版四大基石	•198
第32章	地方教育社教辅出版收复失地	•202
第33章	公务员考试书市场三足鼎立	•206

第 34 章	海内外同期出版模式渐兴 · 211
第 35 章	专业龙头社探寻大众化之路 · 214
第 36 章	职场书'08 逆势发力，'09 持续走强 · 218
第 37 章	年度营销趋势关键词 · 223
第 38 章	社办期刊走在上市路口 · 230
第 39 章	刊业年度最佳表现 · 234

第五编　年度书业数据调查分析 · 239

第 40 章	历史性检阅的数据化解读 · 240
第 41 章	中国电子图书发展趋势报告 · 246
第 42 章	高端人士放眼 '08 中国书业 · 257
第 43 章	年度书业景气调查 · 260
第 44 章	谁是最讲信用的发行单位 · 264
第 45 章	产业大盘显现新格局 · 273
第 46 章	书业分销排定新座次 · 287
第 47 章	民营书业或显"围城现象" · 299
第 48 章	中外出版人最关注什么？· 305
第 49 章	中国期刊网络传播趋势报告 · 311
第 50 章	解码第二批转制大学社实况 · 317
第 51 章	2008 零售市场年度走势图析 · 327
第 52 章	谁是 '08 书业细分市场领路者 · 336
第 53 章	年度中国大陆畅销书盘点 · 345
第 54 章	2008 年民营图书市场度报告 · 357

第六编	年度华文与海外书业 ·363
第55章	香港华文市场年度表现 ·364
第56章	2008台湾图书市场又冷又挤 ·372
第57章	盘点2008英美书业现象 ·377
第58章	资本运营改写全球出版排行格局 ·383
第59章	金融风暴下的欧美书业 ·387
第60章	面临金融风暴,法国出版物销售逆市上扬 ·393

后记 ·397

前言

《中国书业年度报告(2008～2009)》如期又与大家见面了。以年度报告形式来回顾、梳理上一年大事大势，同时猜想新一年的可能走向，总会让人不免生发诸多感慨。而检阅中国书业这一以记录历史、传播文化、推动交流、拉动经济、培育心灵的事业和产业的年度表现，具体到2008年，则感喟尤多。中国书业历史上第一次在同一年份同时面对涉及国内外经济、政治、文化、社会与民生等一系列重量级的主题："3·14"事件、"5·12"汶川地震、北京奥运、纪念改革开放30周年，还有席卷全球的金融海啸，这些加深了人们对出版事业、出版产业性质与功能的认识。文化的力量不仅凝聚着民族精神，同时也是一个国家综合竞争力的重要支柱；文化的力量不仅是国家软实力的重要指标，同时也是国际交流合作与竞争的重要砝码。而在当下面对金融危机引发的全球经济下行的环境下，认真研究并把握文化产业可能出现的自为性、反经济周期性等"亮点"及其弱势和劣势，体味其中的规律并适时"做多"、逆市成长，更是包括书业在内的文化产业界人士的共识。

至少有三个理由支撑着我们做好这部书业年度报告，加深我们对编辑这样一部年度报告必要性的认识：一是它的历史存照性在过往的2008年得到了生动且深刻的验证。中国书业需要立此存照以便回味不平凡的2008，研究者需要这样一部全景式、实证性的产业纪年档案。这部年度报告中的每篇文章，从不同的侧面一一记录着2008年中国出版传媒产业改革发展的每一个进程。

这种史料性、实证性，恰是其他论文式、学术性的年度文献所不能替代的。这正是我们从开始就明确了的定位与追求。二是业界的期待和反响给了我们极大的鼓励。不断有来自出版传媒业主管部门、出版集团、发行集团、出版社和新华书店、民营书业策划机构、教学研究单位，以及像上海世博会这样的相关大机构给予反馈，认为这样一部《中国书业年度报告》是了解中国书业界年度发展全貌的一条权威便捷的途径。读者一册在手，不仅可以掌握中国书业年度改革发展的动态，而且可以了悉当年所有的业界焦点热点话题，知道中国书业界人士在想什么、干什么。三是与书业改革发展同步的书业资料库建设前景令人欣喜。这部年度书业报告大量鲜活的案例和足以建立起庞大数据库的一手书业市场数据，为业界提供了翔实、有力的年度书业资料。现代书业需要大量的书业调查和市场数据分析作为内容生产和发行营销的重要参考，这部报告正好有志于此，我们希望，它既可以为出版产业生产经营服务，又可以不断培育出版学科朝调查、实证的方向发展。作为"中国图书商报·中国书业书系"的年度性出版项目，打造成中国书业案例式、数据化、年鉴型与研究性相融合的年度报告品牌，一直是编纂者孜孜以求的目标。

2008年初始，中国图书商报更加提倡在书业报道中贯彻主流化、专业化、精品化、新闻化、实用化的思想，主打"影响力"，由此继续夯实、提升中国图书商报这几年积极、深刻的变化而奠定的中国书业权威传媒（权威书业专业传媒、权威书业商务传媒）地位。这部报告内容从一定程度上反映了我们的追求。但限于篇幅，同时也为了更加突出出版产业动向和大势的特性，我们在编辑这部年度报告时，与上年度相比框架上做了一些调整。首先，增加了"年度特别专题"一编。这不仅是因为2008年的重大主题、重要事件此起彼伏，还因为一些相关主题、事件的意义又绝不只局限于当年。像"纪念改革开放30年"的主题就是一个典型。其次，将去年报告中"产业环境变局"部分具象到"年度书业大事大势"和"年度焦点热点"上来，欲使书业的脉络走向更为清晰有力。再次，年度论坛和产业观察一类的思辨性、论说性文章，尽管很有学术价值和思想分量，亦不再单独收录，一来为了节约篇幅，二来是想更鲜明地有别于其他学术研究性为特点的年度文献。最后，"产业细分市场"的板块，侧重选取最具代表性和最新的趋势性综合分析报道，而不是面面俱到、条分缕析。这样做的好处是，让读者更自觉地进入中国书业的主干道上，而不致沉迷于书业越分越细的产品线中，尽管产品线特别是类型产品线也是我们一直关注的对象。

值得特别说明的是，这部年度报告中，我们特地将对2009年书业走向的猜想做了重点设计并纳入报告之中，体现了跨年度和前瞻性。此举更有意义的是，它给人们一个提示，所有的年度都不是孤立的，而是上年和下年串联起来的环扣。我们试图从这样的视角来诠释年度报告的价值与功用。

还有一个想说明的问题是，同样限于篇幅和为了突出出版产业主体，我们没有把2008年中国图书商报重点着力的阅读推广、传媒新媒的细分内容更多地放入其中。这并不代表我们忽略了这些重要的出版产业链条。等下一步条件成熟，仅就阅读推广、传媒新媒，都可以单独编列出各自有价值的年度报告。

一年的时光似乎漫长但又何其短暂。新一年转瞬即至。到再出下一部年度报告之际，我们一定又有新的呈现，一定会有新的感悟。且让我们一起来憧憬和期待。

孙月沐（中国图书商报社社长、总编辑）

2009年3月31日

第一编

年度特别专题：30年中国书业烟云激荡

第1章 改革开放30年给新闻出版业带来什么
——新闻出版总署署长柳斌杰专访

□ 采访者：方菲（商报记者）

■ 受访者：柳斌杰（新闻出版总署署长、国家版权局局长）

2008年1月8日中国图书商报在2008北京图书订货会期间隆重推出"30年"专刊，试图用30人、30事、30忆、30图、30改革、30阅读、30营销等串联起新闻出版业改革开放30年的轨迹。此专刊推出短短几天里，业内业外的反响如潮。1月18日，中国图书商报再次推出对新闻出版总署署长、国家版权局局长柳斌杰的独家专访。全国数百家媒体予以了转载，在海内外引起了强烈关注。

1. 改革开放不仅对整个中国命运具有"历史性"、"抉择性"意义，对中国出版业同样具有"历史性"和"抉择性"意义

□ 胡锦涛同志在十七大报告和2008年元旦献辞中都讲到，改革开放是决定当代中国命运的关键抉择，是实现中华民族伟大复兴的必由之路，是党在新的时代条件下带领人民进行的新的伟大革命。这里把改革开放30年的伟大意义讲得非常透彻了。您怎样评价改革开放30年对中国出版事业的作用和意义？

■ 锦涛同志对改革开放伟大意义和作用的评价非常深刻，也非常准确。改革开放不仅对整个中国命运具有"历史性"、"抉择性"意义，对中国出版业同样具有"历史性"和"抉择性"意义。回想"文革"时期出版业的情况不难得出结论：没有30年改革开放，就没有中国出版业今天这样蓬勃发展、欣欣向荣的局面，也不会像今天这样对国际出版格局产生越来越大的影响。但是，总结30年出版业的改革发展是一个大题目，也是一篇大文章，不是几句话就能讲清的。我在不久以前也谈到过改革给出版业带来六个方面的变化：一是解放思想转变了工作思路；二是改革开放发展了文化生产力；三是创新体制营造了新的市场机制；四是实现了政府从办出版向管出版的转变；五是公共文化服务得到了加强；六是中国出版业正在走向世界。这是我们现在都能看得到的变化，可以给改革意义的深层次总结提供一个线索。

如果只用几个具体数字说明，那应该很简单，比如说到产业结构，从1978年到2006年，我国的出版社从105个发展到573个，增加4.5倍；报纸从186种，增加到1938种，增加9.6倍；期刊从930种，增加到9468种，增加9.2倍；说到图书产品，从1.5万种增加到23万种，增加14.5倍；印数从37亿册增加到64亿册，增加0.73倍；出版系统利润，从3.23亿元增加到46.49亿元，增加13.4倍。这些数字足以说明出版业30年发生了翻天覆地的变化。

但仅仅这些是不够的，总结30年，还需要进行深入的思考，还要探讨出一些规律性的东西。对改革开放30年来的经验进行科学的、实事求是的总结，对新闻出版业今后的发展将产生重要意义。这也是我们2008年的工作重点之一。在纪念新闻出版业改革开放30年之际，我希望整个行业都来参与思考和讨论，以便深化全行业对改革开放的认识。因为出版业具有意识形态特殊性，既要确保正确舆论导向，确保国家文化安全，又要推进出版业体制改革，这就使改革增加了难度，加大了成本，也无疑延缓了时间。

□ 如果只请您讲一点，您认为出版业改革开放30年给您印象最深的一点是什么？

■ 我认为是过程艰难、任务艰巨。出版业的改革是在整个中国经济体制改革大潮中被动进入的，实质性的改革是十六大以后才开始的，而且难度极大。由于出版业所具有的意识形态属性，使得出版业改革更加艰难，而且是渐进式的，同经济社会改革拉开了一定的距离，比教育、卫生、体育、科技等改革都晚了许多年，从这就能看出难度来。

我国经济体制改革是从1978年开始的，是从农村"包产到户"、"包干到户"开始的。当时的改革首当其冲是为了解决吃饭问题，"双包"挑战的是农村集体经济体制。不久，人民公社解体，农业改革一步到位。但是，出版社的改革当时不敢触及体制，只是在经营方式上提出过"立足本省、面向全国"、"地方化、群众化、通俗化"一类改进方向，批办了一些出版单位，有了量的扩张。这仅仅是出版范围的改变，出版方式的改良，并没有牵动出版社体制。后来发行业开始连续推进"一主三多一少"、"三放一联"、"三建二转一加强"、"承包责任制"、"目标责任制"等改革探索，1992年以后开始探索组建出版发行集团，在性质不变条件下谋求更大发展。但与同一时期其他领域改革的深度相比有一定差距。

这是因为出版业具有意识形态特殊性，既要确保正确舆论导向，确保国家文化安全，又要推进出版业体制改革，这就使改革增加了难度，加大了成本，也无疑延缓了时间。像改革初期新华书店权力的放放收收，发行渠道的开开合合，出版社协作出版、自费出版、民营书业的起起落落，都是在探索中试验，为改革付出代价在所难免。

在其他经济领域，早在20世纪80年代中期就已经开始了资本的多元化整合。1990年代就解决了"姓社姓资"、"姓公姓私"的问题，社会主义的旗帜上有了市场经济，兼并、重组、跨地区、跨行业、跨所有制经营成为合法的市场活动。很多著名品牌都是民营、私营、合资企业创造的，不少非国有企业进入500强，有的成为上市公司。通过改革国有资本有进有退，国有企业焕发活力，大都相继完成股份制改造，或者上市融资，资本实力、生产能力、竞争能力都大大提高。而出版业在这方面则有"滞后"之感，大多数还在计划经济的模式中运行，市场主体、竞争能力尚未形成。

认识到这一点，有助于我们从出版业特殊性出发，努力寻求加快出版业改革的办法和途径,使今后的改革之路走得更顺、更快、更好。改革开放30年了,如果我们还搞计划经济那一套,连跨地区、跨媒体经营都解决不了,实在无法交代。

2. 出版业改革发展进入快车道,是最近5年的事情。十六大以后,我国加快了改革步伐,党中央作出加快文化体制改革和文化产业发展的决定,也给新闻出版业体制机制的改革带来机遇。

□ 改革发展30年,这是一段很漫长的时间,受内外环境影响,也有自身发展规律,各个阶段发展并不均衡。有时曲折徘徊,需要政府助推;有时过快过热,需要宏观调控。就出版业而言,您认为发展最快的时期是哪一段?

■ 出版业改革发展进入快车道,是最近5年的事情。

为什么是这5年?大的前提说,是十六大以后,我国加快了改革步伐,党中央做出加快文化体制改革和文化产业发展的决定,也给新闻出版业体制机制的改革带来机会。当然就出版业而言,我想也像万事万物一样有一个水到渠成的过程。前面我说过,由于出版业的特殊性,为改革付出的代价超过其他行业,但是代价也是学费,我们从曲折徘徊中可能学到顺利情况下学不到的东西。锦涛总书记讲,我们党在改革发展中坚持了十个"结合",其中第四个结合,"把坚持社会主义基本制度同发展市场经济结合起来,使经济活动遵循价值规律的要求,不断解放和发展社会生产力"。对出版业而言,就是如何将坚持正确健康的舆论导向与解放出版生产力结合起来。还有第八个结合,"把坚持独立自主同参与经济全球化结合起来",强调我们既高度珍惜独立自主权利,又坚持对外开放的基本国策。对出版业而言,就是在全球出版激烈竞争环境中,既坚持中国特色新闻出版的发展道路,绝不"受制于人",又要积极参与国际竞争,实施"走出去"战略,增强中国文化软实力的魅力和影响力。我觉得我们在这些方面已经积累了相当成功的经验,积蓄了相当丰富的能量,只等择时而发。

　　另一个原因，就是国家经济实力的快速增长，已经有能力为特殊行业改革提供强有力的支持，其他行业深化改革的成功经验也会助推出版业。一个国家，当人均生活水平和社会物质消费指数达到一定程度时，文化需求和文化对社会的参与性与日俱增。当今世界，迫切需要名牌的文化产品、强势的文化市场，文化软实力是世界舞台上综合国力和竞争力较量的一个重要指标。我们国家充分认识到这一点，2003年，党中央、国务院决定启动文化体制改革试点，在所确定的35个文化体制改革试点单位中，新闻出版单位就有21家，占了近2/3。我们从体制创新入手，全面完成了出版、发行、报业改革试点任务，为出版发行体制改革向纵深推进提供了宝贵经验。2005年，新闻出版总署进一步明确出版发行体制改革的总体思路，重点抓了一批中央部委出版社、一批高校出版社、一批经营性报刊转企改制，推动了已转制企业的上市工作，继续推动所有出版单位深化改革，加快发展。

　　经过5年的努力，新闻出版体制机制发生了根本变化。出版方面23个集团已经或正在变成企业集团公司，100多家图书出版社改制到位，上千种经营性报刊转企改制，40多家报业集团实现企事分开，面向市场经营。29个省、自治区、直辖市的新华书店系统完成了转企改制，有些已经完成了股份制改造。出版物全国连锁经营企业已达29家，23个省级新华书店实现了省内或跨省连锁经营；全国建成10万平方米以上图书物流中心5个，年赢利水平千万元以上的10个；全国性民营连锁经营企业8家，民营发行网点达10万个，中外合资、合作或外商投资书报刊发行企业40多家；一批网络发行企业快速成长；出版传媒业上市公司9家，市值2000多亿，净融资达180多亿。

　　3. 经过30年的风风雨雨，又经过5年的快步前进，2007年的确是出版业改革历史上重要的年份。兼并重组、上市融资，应该是2007年中国出版业两个重要的关键词。

□ 2007年您在十七大期间接受国内外媒体采访时,透露两个重要信息:一个是国家允许已经完成股份制改造的出版传媒企业整体上市;二是国家通过集团化、股份制改造、企业重组等方式,培育出版传媒方面的集团公司作为市场竞争主体和战略投资者。我认为这两点也是2007年出版业改革最精彩的篇章。您刚才讲的最后5年改革步入快车道,那么能不能说,5年中的最后一年,2007年又是改革取得成果最丰盛的一年?

■ 改革成果日积月累,渐进发展,总有一个量变到质变的过程和集中显现的时期,这也是事物发展的正常规律。经过30年的风风雨雨,又经过5年的快步前进,2007年的确是出版业改革历史上重要的年份。你刚才提到的那两点,兼并重组、上市融资,应该是2007年中国出版业两个重要的关键词。

2006年7月总署出台《关于深化出版发行体制改革工作实施方案》,鼓励出版集团公司和发行集团公司相互持股,进行跨地区、跨部门、跨行业并购、重组,建立必要的经营性分支机构;推动有条件的出版、发行集团公司上市融资;大力发展连锁经营、物流配送、电子商务、信息管理等现代流通技术和手段;鼓励非公有资本以多种形式进入政策许可的领域等等。

兼并重组是出版业资源整合的高级形态,在我国更是涉及管理归口对接、组织架构融合、企业文化统一等多层面的问题。这里有观念问题、政策问题、时机问题、实力问题。

中国出版业的重组起步于上世纪末的集团化,那时是事业性质,不属于市场行为,属于"以行政力带动"的区域内的资源整合。在兼并条件尚不充分的时候,行政捏合只能是一种"试验"。有的出版单位"轰轰烈烈"搞过联合,但只能流于形式,因为没有"化学变化"。

2007年则不一样,出版业跨区域、跨行业真正的兼并重组是以企业为主体的市场行为,是有了实质性进展:深圳发行集团与海天出版社、江西出版集团与和平出版社、吉林出版集团与中华工商联合出版社、江苏新华发行集团公司与海南新华书店等兼并重组,都是以资产为纽带的企业重组,市场化了。这样，一些出版发行企业将在激烈的市场竞争中逐步被淘汰，一些出版发行企业通过产权多元化和建立现代企业制度，实现与社会资本乃至外资的逐步融合，就做强做大了。未来几年，以跨地域、跨产业链上下游为代表的兼并重组将成为大势，国外的大集团也是这么发展起来的。

上市是企业发展的一种形态，它的前提一定是事业单位转为企业，企业整合内部资源完成股份制改造，有了扩张的原动力，有了资本冲动，然后申请上市。事业单位不能搞股份制，更不可能上市，因为事业单位是服务的、办事的，不是市场主体。

对出版传媒企业进行股份制改造、上市融资，目的在于通过吸引市场资本参股，建立规范的股份制公司，实现股权结构多元化，壮大资本实力，将企业做强做大。2006年10月18日，上海新华传媒股份有限公司成功"借壳上市"，成为我国出版发行企业中第一家上市公司，开创了我国文化企业上市和股权分置改革的先例。2007年5月14日，四川新华文轩连锁股份有限公司宣布在香港联合交易所主板挂牌上市，成为继上海新华传媒之后第二家上市的中国图书发行企业。2007年12月21日，辽宁出版传媒股份有限公司严格按照资本市场的标准和规则规范运作，精心实施，将多家出版社整体上市，成为第一个正确解决了关联交易和同业竞争问题的出版企业，受到广大媒体和投资者的高度关注，充分显示了在文化体制改革不断推进的背景下，出版产业在资本市场具备良好的发展机遇，对后续上市的出版传媒企业具有重要借鉴意义。

目前已有9家报业公司和出版发行公司在香港和内地上市；经过改制的新闻出版单位，国有资产的增值每年都保持在40%以上，有的产值翻番，利润增长在30%以上，大约是没有改制的同类单位的5倍左右，效益非常好。在未来的一年，还会有十几家大型出版发行企业上市。

4. 中国选择了改革，选择了对外开放。只有改革，才能把传统的计划经济转入现代化的市场经济；只有开放，才能将自己融入经济全球化进程中，才

能有效吸收人类创造的科学技术和其他文明成果。

□ 您在新一期《求是》杂志上发表文章,提到"世界眼光"的概念,要把中国的问题放在经济全球化的大背景中去思考。请您谈一谈,怎样理解中国改革开放30年的进程与经济全球化的关联性和一致性。

■ 中国出版传媒业的改革是整个中国改革开放的一部分,是与经济体制改革大潮统一,协调发展的。1978年中国改革开放面临什么样的世界背景呢?有研究者认为,一个是世界进入较长时间的和平期,客观现实给了我们改革开放的机会;第二个就是世界范围的信息技术革命。不同于工业革命或电子革命,信息技术会改变人类的生产、生活方式,会把一个民族在很短的时间里抛在历史的后面。

在这样的时刻,中国选择了改革,选择了对外开放。只有改革,才能把传统的计划经济转入现代化的市场经济;只有开放,才能将自己融入经济全球化进程中,才能有效吸收人类创造的科学技术和其他文明成果。

30年来,中国出版业的改革开放,也和整个经济社会体制改革一样,将自己放在世界出版格局中发现问题,寻找解决问题的途径。特别是加入WTO以来,我们兑现了承诺,整个出版产品市场都已经向世界开放了,与国外同行有了广泛的交流与合作,中外合资、合作的印刷、发行、出版企业有2500多家,形成了共谋发展的格局。

30年来,在坚持对外开放的同时,我们实现了由"引进来"向"走出去"的转变,参与国际竞争,利用国际资源、国际市场加快自己的发展。如果说1986年我们举办第一届北京国际图书博览会标志着中国出版业正式向世界敞开大门,到现在已经经过了20多年。近几年,我们每年参与40多个国家或地区的书展、书市,宣传、展示和推介中国图书产品,以产品带动文化走出去,以市场竞争扩大我国文化的国际影响。法兰克福、巴黎、纽约、莫斯科等一些大型书展上,中国都成为最大的亮点之一。版权贸易结构逐年改善,年均增长58.6%,到今年进出口比例由10年前的15:1缩小到去年的5:1;实物出口总量逐年增加，图书出口达 730 多万册，是进口的两倍；报刊出口达到 400 多万份，发行到了 80 多个国家和地区；"走出去"的渠道日渐多元化，国际书展、国际合作、国际交流、境外办社势头很好，国际竞争实力日益增强。

新技术在出版业中的利用，初期主要表现在生产手段和管理手段上，新技术触及内容，即出版的数字化，是近年发展起来的。尤其是 2005 年以来，数字出版产业规模不断扩大，数字出版产业链日趋完善，数字出版理念正在形成，数字出版形态更加丰富。中国目前手机用户的数量已经达到 4.2 亿，计算机显示器、阅读器有 1.3 亿，市场上流通的电子书有 30 多万种。2002 年，我国数字出版产业整体规模 15.9 亿元，到 2006 年已经达到了 200 亿元，5 年间产值增长超过了 10 倍，并将跻身今后的出版主流。

现在预计，2008 年我国 50% 以上的网上书店会销售电子图书；到 2010 年，90% 以上的出版社将出版电子图书；2015 年，中国电子图书的销售额会达到 100 亿元，贡献的利润将达到全部图书的 50%。

5. 我们逐渐认识到，当代中国的时代精神是改革、发展、创新，改革是当代中国最鲜艳的旗帜、最神圣的使命；发展是当代中国最伟大的实践；创新是当代中国人民最健康的思维方式、最宝贵的精神状态。

□ 作为中国出版业的领导者，您从 2002 年进入新闻出版总署，经历了十六大以来出版业改革难度最大、成就也最大的时期，您觉得一个出版工作者从 30 年的改革中得到最深刻的认识是什么？

■ 我想说，经历了长期的思考，特别是出版改革实践对我们的教育，我们逐渐认识到以下四点。第一，出版和文化具有双重属性——意识形态属性和商品属性、产业属性，所以我们在改革中，清楚地将公益性和经营性不同的出版传媒单位分别对待、分类指导，就是公益性事业也有解放生产力问题，经营性企业也有导向问题。我们必须用产业、产品、市场、贸易这些理念来经营文化，把文化产品生产当作增强国力的重要手段，也必须注重公益出版的服务职能,对国家、对历史、对人民负责。第二,对以人为本的思想有了深刻认识。"三贴近"是一个指导原则,出版业必须落实。我们搞出版也好,搞文化产业也好,归根结底都是为了人的健康发展、全面发展。近些年我们不惜代价地建设农家书屋,降低教材成本,减轻学生负担,保证课前到书,尊重知识产权,都是为人的根本利益着想。第三,贯彻科学发展观,运用统筹兼顾的方法,达到全面、协调、可持续发展。出版传媒,产业体系庞大,涉及千家万户和多个形态,不可偏重一个方面,不能只顾一个时期,而必须用全局的观点、历史的观点看待一切事物,既要生产当代需要的产品,也要为后世留下精品力作,传承中华文明。第四,当代中国的时代精神是改革、发展、创新。改革是当代中国最鲜艳的旗帜、最神圣的使命;发展是当代中国最伟大的实践;创新是当代中国人民最健康的思维方式、最宝贵的精神状态。应该说,经过了30年改革发展,文化体制改革和出版发行体制已经取得了重大突破,但从总体上看还未完全转变旧有的发展方式、管理模式和运行态式,改革开放任重道远,必须继续大力推动。

6. 站在新的历史起点上,按照党的十七大既定的战略布局和方针政策,设计好全年的新闻出版工作,要有新思路、新亮点,取得新进展,创造新成果。

□ 2008年已经开始,请署长说说您的心愿吧。

■ 我希望今年能站在新的历史起点上,按照党的十七大既定的战略布局和方针政策,设计好全年的新闻出版工作,要有新思路、新亮点,取得新进展、创造新成果,彻底改变创意产业无创意、文化产业无文化、内容产业无内容的局面,以满足社会发展和人民群众的精神文化需求。

首先要从政府自身做起,推进政府职能改革,增加行政行为透明度,建设阳光政府、服务政府、法治政府,减少审批环节,实行一站式服务,提高办事效率;3年内,使推荐的十几个出版发行企业中大部分达到上市要求,一半以上完成上市准备。

从 2008 年起，新闻出版行业的改革将不再限于几个试点单位、试点地区，而是有步骤地全面推进，深化改革。

从 2008 年开始，在中央和地方政府共同推动下，全国农村义务教育阶段的教科书都由政府免费提供，保证课前到书。

3 年内，所有的国有发行企业，都要完成股份制改造，吸收民营、外资共同发展出版物流。

打破地域行政部门的界限，对有能力有实力的出版发行企业，鼓励其跨地域兼并和重组，壮大实力，争取 5 年之内培育几家综合性的大型出版传媒集团，主导中国出版传媒市场。大集团在市场的份额中占到 70% 至 80%，在国际市场上能够代表中国出版的形象。几年内，吸引大型国有企业投资出版发行行业，组建若干股份制大型出版发行企业，使之成为文化市场的主导力量和文化产业战略投资者。

运用政策力量支持新闻出版单位"走出去"，几年内，让我国的新闻出版产品在国际市场的份额明显增多。

此外，"十一五"期间的目标要达到：我们的图书要有大发展，人均拥有量由现在的不到 5 册，增加到 5.5 册；报纸现在千人是 85 份，希望能接近千人 100 份；期刊现在是人均一年 2 册，争取达到 2.5 册左右；光盘现在人均 0.5 张，到期末增加到 5 张。这是需求，也是我们出版业的增长点。

加强公共文化服务建设是政府的职责，力争用 10 年左右的时间，为全国 64 万个行政村每村建设一个书屋，配备图书 1500 册，报刊 30 种，音像制品 100 种，而且每年适当更新，彻底解决农民看书难、借书难、看报难的问题。还有民族文字出版、全民阅读活动等也都要有新局面。实话说，想做的事太多了。

[链接：中国图书商报 2008.1.18，《改革开放 30 年给新闻出版业带来什么》]

第 2 章　出版发行体制改革 30 年回望

30 年来出版体制改革可以分为两个大的阶段,以中国共产党第十六次全国代表大会前为一个阶段,十六大以后,进入一个新阶段。我国出版体制改革可以分为三个方面:一是出版管理体制改革,二是出版单位的体制机制改革,三是发行体制改革。

1. 出版管理体制改革

出版管理体制分为宏观管理体制和微观管理体制。20 世纪 80 年代以来,伴随着国家政治体制和经济体制改革的深入,出版业两个层次的改革一直在进行。

出版宏观管理体制改革

出版宏观管理体制主要有两个层面的改革:一是出版管理机构的建设与改革,二是出版管理与出版经营单位政企分开,管办分离。

出版管理机构的建立与改革。1973 年 7 月,国家出版事业管理局成立,统一管理全国的出版、印刷、发行、物资供应以及印刷的科研、教育等部门的工作。此后,各省、自治区、直辖市也相继成立了出版局,全国出版行政管理系统建立起来。1982 年 5 月,在国务院机构改革中,国家出版局划归文化部,改称文化部出版事业管理局。此后,一些省、自治区、直辖市的出版局或撤销,或与文化局合并,或改为出版总社,其行政管理的能力降低,与快速发展的出版业形成了矛盾。1986 年,为提高出版管理能力,国务院恢复国家出版局为国务院直属机构。为加强对新闻出版业的管理，1987年1月，国务院发出《关于成立新闻出版署的通知》，通知提出"为加强对全国新闻、出版事业的管理，决定成立中华人民共和国新闻出版署，为国务院直属机构"。新闻出版署的职责包括起草新闻出版的法律法规，制定新闻出版管理的方针政策，管理书报刊市场，取缔非法出版活动和对外交流活动等。音像出版的管理职能也逐步交给新闻出版署。此后各省、自治区、直辖市均设立了新闻出版局。随着新闻出版业的发展，新闻出版行政管理的任务越来越重，2001年国务院决定，新闻出版署升格为新闻出版总署，新闻出版行政管理的职责进一步增加，各级新闻出版行政管理机构进一步加强。到2002年，全国各省、自治区、直辖市均建立了新闻出版行政管理机关，全国有71个地市、100多个县建立了独立的新闻出版行政管理机构，其他地市县在文化局等加挂了新闻出版局的牌子，基本形成了一个国家、省（自治区、直辖市）、地市、县区的四级新闻出版管理体系。

出版管理与出版经营单位政企分开，管办分离。由于历史的原因，"文化大革命"以后组建的地方新闻出版管理机构，基本上是事业编制，既从事出版管理工作，又承担出版经营的任务。因此，全国除北京、上海等少数地方外，绝大多数的出版局都曾经与出版总社或地方人民出版社合二为一，一套人马，一个机构，两块牌子。出版管理机构是事业编制，自负盈亏。如湖北省1984年成立出版总社与湖北人民出版社合署办公，1985年出版总社更名为湖北出版局。如贵州新闻出版局1987年成立，与贵州人民出版社合署办公。如山东省1983年改称山东人民出版社，为厅局级事业单位。1983年山东人民出版社改为山东省出版总社，受省政府委托，行使全省出版行政管理职能。直到1987年山东省新闻出版局成立，一直是局社合一体制。

党的十四大以后，转变政府职能，政企分开逐渐成为出版界的共识，越来越多的地方开始把新闻出版局与出版总社在编制、机构上进行区分，新闻出版局脱离事业单位纳入政府系列。2000年以后，随着各地出版集团的纷纷建立，新闻出版局与出版社、新闻出版局与出版集团或出版总社分开的进程加快,到 2007 年,除西部少数几个省区外,全国大多数省级局完成了"局社脱钩",实现了政企分开。

出版微观管理体制改革

出版微观管理体制的改革大体分为三个阶段:1988 年以前为第一阶段,出版社实行党委领导下的社长、总编辑负责制。1980 年中宣部转发的国家出版事业管理局制定的《出版社工作暂行条例》明确规定:"出版社实行党委领导下的社长、总编辑分工负责制。出版社的重大问题,应经过党委讨论做出决定。"以规范性文件的形式,规定了出版社内部的管理体制。

在经过近 10 年的运转之后,这种管理体制与整个社会政治、经济改革不适应,因此 1988 年 5 月中宣部、新闻出版署联合颁布了《关于当前出版社改革的若干意见》,提出:"党委领导下的社长、总编辑负责制已不适应当前出版改革的要求,要逐步实行社长负责制。社长是法人代表,党组织起监督保证作用。社长全面领导出版社的编辑工作和经营管理工作。国家规定的出版社应有的人权、财权和选题审批权,由社长行使。编辑部门和经营管理部门都对社长负责。""出版社是否设总编辑,是单独设置还是由社长兼任,可以因社而异,不做统一规定。"

2001 年,新闻出版总署根据中央的精神,印发了《关于贯彻落实〈关于深化新闻出版广播影视业改革的若干意见〉的实施细则》,提出:"出版集团属于事业性质,实行党委(党组)领导下的管委会负责制,党委(党组)书记兼管委会主任。"2002 年中央又提出出版社也要实行党委领导下的社长(总编辑)负责制的体制。目前,多数出版社实行的仍然是社长负责制。

图书价格体制改革

1976 年以来,图书定价制度主要有三次较大的改革,使图书的定价逐渐由出版社根据市场和成本自主决定。

第一次改革。1984 年 11 月,文化部下发了《关于调整图书定价的通知》,

提出在"保本微利"的原则下,调整图书定价的管理体制和定价标准,其中最主要的是为适应从严格的计划经济体制向市场经济体制的转轨,对图书定价权力的逐步下放,规定地方的图书定价由地方管理,中央一级出版社图书定价在一定的标准幅度内由各出版社自己决定。使出版社对图书价格有了相对灵活性。在此之前,国家对图书虽然也实行保本薄利的政策,但是图书执行全国统一的定价标准。

第二次改革。1988年,新闻出版署先后转发了《同意印数在3000册以下学术著作和专业著作可参照成本定价》的通知和《关于改革书刊定价办法的意见》,确定了图书定价按利润率定价的办法(出版单位的书刊定价按全年书刊定价利润率控制在5%～10%的幅度内自行定价),把图书的定价权进一步下放给出版社。这次图书定价改革标志着"适应于商品经济的具有中国特色的出版物价格体系的初步建立"。

第三次改革。1993年,国家物价局、新闻出版署联合下发了《关于改革书刊价格管理的通知》,规定大中专教材和中小学课本实行国家定价,与课本配套的教辅、党和国家重要文献由出版单位定价但经新闻出版主管部门和物价部门批准或备案,其他出版物由出版单位自行定价。至此,符合市场经济规律的出版物定价体系正式建立。

协作出版改革

协作出版又称合作出版、委托出版,是20世纪80年代中期出现的一种出版形式。指供稿单位取得出版社的同意,使用该出版社的书号出书,同时还承担编辑、印刷、发行等任务。这种形式能弥补出版社编辑、印刷、发行力量之不足,从而能增加出书品种、缩短周期,它不失为对出版社的一种有益补充,但是也要严格禁止"卖书号"、"卖牌子"。随后,文化部又提出,协作出版的图书主要是各类学术著作以及社会急需的推广科研成果的读物,专业面窄、印量较少,在教学科研上确有需要的品种。协作的单位必须是国家企事业单位、党政机关、人民团体和教育科研单位,不能接受个人和集体的协作出版业务。同时要求对协作出版的图书要全面负责,不准"卖书号"。

协作出版对80年代图书出版的发展与繁荣作了贡献,它弥补了出版社自身力量的不足,使很多的著作得以出版,缓解了出书难的问题。但是,协作出版有如脱缰的野马,逐渐失去了控制,许多内容低级、庸俗,甚至色情淫秽的图书,通过协作出版出笼,搞臭了协作出版的名声。从1986年开始出版行政管理机关多次对协作出版进行整顿,但是协作出版不仅没有停止,反而蔓延,协作的内容超过了学术、科技、教育等,协作的对象也早已不是国家企事业单位、党政机关等,大量的是一些个人。

到1988年前后,协作出版的问题已经非常突出了,出版了一些有色情淫秽内容、宣扬愚昧迷信的图书。为此,1989年7月,出版行政管理机关再次整顿协作出版、代印代发,提出对违反协作出版规定的要没收利润并罚款,对出版社的相关负责人和其他责任人也要给予处分。

1991年,新闻出版署作出缩小协作出版的规定,把协作出版的图书限于自然科学和工程技术,以及省级以上有关部门编纂审定的地方志和党史资料,重申协作对象只限于国家机关、全民所有制的科研单位和教学单位,其他国营企事业组织,并且协作单位不能经营图书。1993年11月,在严禁"买卖书号"的背景下新闻出版署做出了暂停协作出版的规定。此后,协作出版业务没有正式恢复合法身份,但是协作出版业务却始终没有停止。

协作出版开展的一个重要结果是,培养了一大批的"书商",从80年代中期开始,通过协作出版、代印代发等方式参与图书出版,到90年代以来,一些"书商"开始组建公司,以公司的形式与出版社合作,形成了一支庞大的民营书业力量。

稿酬制度改革

"文化大革命"期间,稿酬制度废止,"文革"结束后,作者要求恢复稿酬制度的呼声不断出现,国家出版局着手恢复稿酬制度。1977年9月,国务院正式批准了国家出版局的《关于新闻出版稿酬及补贴试行办法的请示报告》,正式恢复了稿酬制度。稿酬制度恢复以后,在相当长的时间内实行统一稿酬制度,或者叫计划式的稿酬制度。统一的稿酬制度主要是国家出版行政管理机关或版权行政机关颁布统一的稿酬标准,出版单位基本上照此执行。在实行统一稿酬制度期间,稿酬标准和付酬也进行了多次改革。1977年恢复稿酬制度初期是实行的一次性付酬方式,没有印数稿酬。1980年改为基本稿酬加印数稿酬,但印数稿酬实行累进递减办法。1999年,稿酬制度有较大的改革,一是稿酬标准由指令性变为指导性,二是增加了版税制度。

进入21世纪以来,随着市场化进程的进一步深化,出版者和作者之间的稿酬标准越来越多地不是依照国家统一规定,而是市场约定,有些报刊的稿酬千字千元甚至更高,而有些报刊不仅不付稿酬甚至作者还要交版面费用,稿酬已经完全市场化。

2. 出版单位体制和机制改革

出版单位体制机制改革主要分为两个大的方面:经营管理改革和组织制度改革。

出版社经营管理改革

调整地方出版单位的经营方针 早在20世纪50年代,国家就对地方出版单位提出了"地方化、群众化、通俗化"的经营方针,地方出版社主要为地方服务。"文化大革命"结束以后,地方出版社对于这一方针的意见很多,要求改革地方出版社的办社方针。1979年,国家出版局在长沙召开了全国出版工作会议,针对地方出版社要求改变"三化"的方针,国家出版局代局长陈翰伯明确表态:"地方出版社要立足本省,面向全国或兼顾全国,可以试行。地方出版社出书不受'三化'限制。"1983年，在中共中央、国务院《关于加强出版工作的决定》中，这一方针得到充分肯定。地方出版社经营方针的调整，极大地激发了地方出版社的出版生产力，由此催生了一批具有全国性乃至国际性影响的地方出版社。

由生产型向生产经营型转变　1984年6月，文化部出版局在哈尔滨召开了全国地方出版社工作会议，会议提出："要学会用经济杠杆，推动精神生产。""适当扩大出版单位自主权，以提高出版单位经营的主动性。'十条'（扩大国营工业企业自主权的暂行规定）加'一条'（在国营企业中逐步实行厂长、经理负责制），其基本精神对出版单位都是适用的。书店和书刊印刷厂都是企业单位，绝大部分出版社现在是事业单位，实行企业管理，都要做到奖励基金、福利基金的提取同利润挂钩。要使出版社由单纯的生产型逐步转变为生产经营型。"这一改革措施的实行，使出版社逐渐由生产导向型向市场导向型转变。1984年12月，国务院发出了《关于对期刊出版实行自负盈亏的通知》，通知提出：中央及省市区的部分期刊继续试行补贴，但要实行经济核算（人员、行政开支均应记入成本），积极改善经营管理，精打细算，杜绝浪费，逐步减少亏损，争取尽早实现自负盈亏。期刊也从国家补贴为主向市场转变。

由"大锅饭"向承包制、目标责任制转变　1983年，中共中央、国务院《关于加强出版工作的决定》中就提出："编辑部门的改革，一项重要的内容是抓责任制。"1984年在哈尔滨召开的地方出版社工作会议上提出："出版社编辑部应当建立联系奖惩的考核制度。要实行岗位责任制，要规定先进合理的定额，超额奖励；同时实行若干以提高图书质量为主要考核内容的单项奖。"1988年，全国各行各业大搞承包的环境下，中宣部和新闻出版署也提出，出版社可以试行承包责任制，"继续试行和完善出版社内部的各种承包责任制。编辑部门试行承包责任制时，要有保证社会效益的要求和措施，不允许不顾出版方针和图书质量，片面追求经济效益。考虑到编辑工作的特点，利润指标不宜分解到人。""有条件的出版社可以试行向国家（上级主管机关）的承包经营责任制。

承包的主要内容包括出书品种、质量、数量和利润"。在实际的操作当中,绝大多数出版社把利润指标分解到人,其不良后果很快显现出来:片面追求经济效益,买卖书号,编校质量下降,图书品种迅速增加。为此,1992年1月新闻出版署署长宋木文在全国新闻出版局长会议上明确提出:"编辑室和编辑个人不要搞承包,因为不利于保证社会效益。"此后,许多出版社用目标责任制代替了承包制。

出版单位组织制度改革

出版单位组织制度改革主要是两个方面:一是组建集团,由单一的出版社改为出版社集群;二是改变出版单位组织形式和资本结构,由事业单位企业化管理转为企业,然后由国有独资企业改为国有多元投资或改为多种所有制企业,甚至成为上市公司。

出版集团的组建与改革 出版集团是我国出版业发展到一定阶段的必然产物,也是我国图书出版组织结构调整的开端。中国的出版业集团建设可以分为四个阶段。第一阶段是1990年以前,1988年出版业的集团建设开始起步,以松散联盟式集团为主,如1988年11家地方文艺出版社成立的"地方文艺出版社联合发行集团"等。第二阶段是1990～1995年,以"六统一"为重点,即统一规划、计划;统一承包经营;统一重大贷款;统一进出口贸易;统一国有资产保值增值;统一主要领导干部任免。这个阶段成立的集团有山东、四川、辽宁、江西等出版集团。第三阶段是1996～2005年,以建立以资本为主要纽带的母子公司体制为重点。这个阶段成立的集团包括广东省出版集团、上海世纪出版集团、辽宁出版集团、中国科学出版集团、北京出版社出版集团、山东出版集团等。第四阶段是2005年以后,以投资主体多元化改造和上市融资为热点。2005年上海世纪出版集团进行股份制改造,吸纳了上海市政府下属上海联合投资有限公司、上海市国资委下属上海大盛资产管理有限公司、上海精文投资有限公司和上海东方网及浙江联合出版集团的股份,完成了由国有独资到国有多元的改造。2007年12月,辽宁出版传媒股份有限公司在上海证券交易所挂牌上市,完成了由国有独资到所有制多元的改造。其他集团的投资主体多元改造也在紧锣密鼓的筹备之中。

出版社的组织制度改革　出版单位的组织制度改革从推动出版单位由事业单位转向企业单位开始。2003年,全国文化体制改革进行试点正式启动,有21家新闻出版单位列入试点行列。2005年,新闻出版总署明确了深化出版发行体制改革的总体思路和具体任务,按照重点抓好一批中央部委出版社、一批高校出版社、一批经营性报刊转企改制,继续推动地方出版单位深化改革的要求,出版单位转企改制正有条不紊地进行。到2007年,100多家图书出版社改制到位,2000多种经营性报刊转企改制,40多家报社实现企事分开。

在推动出版单位事转企的同时,推动出版社资本结构改革也在进行。2004年5月,水利部长江水利委员会联合委内有关单位,以参股方式组建长江出版社(武汉)有限公司,成为当时国内500余家出版社中唯一以股份制形式组建的出版社,结束了出版社全部为国有独资的历史。此后,出版社资本结构改造正式启动,2007年江西出版集团与和平出版社资本重组,其他一些出版社也进行了国有独资向国有多元的改造。

3．发行体制和机制改革

到21世纪初,新华书店依然是我国图书发行的主要渠道。在此之前有关图书发行体制的改革几乎都是针对新华书店进行的。

改革新华书店的管理体制

"文化大革命"结束以后,新华书店的管理体制主要经历过三次较大的改革:一是从1979年开始,把下放到各市县新华书店的财权和人权等上收到省市区新华书店,由省市区新华书店对各区县新华书店实行人、财、物三权统一领导;二是1986～1987年,相当多的省市区新华书店把三权或人权等又下放给区县,同时在1987年新华书店总店对各地新华书店的业务指导权取消,成为纯粹的图书发行企业;三是从20世纪90年代中期开始,在组建发行集团的背景下,一些下放三权的省市区又开始把三权上收。现在全国多数省市区的新华书店对本行政区域内的新华书店实行统一管理。

以"一主三多一少"为图书发行体制改革目标

改革开放之初,国民对图书的需求十分迫切,但无论是出版还是发行,都不能满足国民的需求,"买书难"的呼声十分强烈。实行了30年的出版社管出版、新华书店包发行的体制,既不能调动出版社的积极性,又制约新华书店的活力。为此1982年文化部提出图书发行体制根本改革的目标是:在全国组成一个以国营新华书店为主体、多种经济成分、多条流通渠道、多种购销形式,少流转环节的图书发行网,即"一主三多一少"。多种经济成分就是允许集体经济和私营经济成分参与图书发行,多种流通渠道主要是支持出版社自办发行,多种购销形式就是推广寄销和试销。这次改革一方面打破了新华书店对图书发行权特别是批发权的垄断,另一方面出版社在一定程度上把图书的印数权、总发行权从新华书店收回到出版社,把退货的压力由新华书店向出版社转移。

"一主三多一少"改革的最大成果是搞活了民营图书发行,之后集体、个体发行迅猛发展,到2006年,集个体书店已达11万多处,占到全国售书网点总数的近70%,成为新华书店以外的另一条重要的发行渠道。2001年我国加入世界贸易组织以后,又逐渐放开民营发行进入总批发和连锁经营的限制,到2007年已有11家民营单位获得出版物总批发权。

以"三放一联"为目标推进图书发行体制改革

1987年中共十三大以后,新一轮的思想解放和改革热潮推动出版管理机关加强发行改革。在此背景下,1988年4月,中宣部和新闻出版署提出图书发行体制改革的目标是建立和发展开放式的、效率高的、充满活力的图书发行体制，在完善和发展"一主三多一少"的基础上推进"三放一联"，即放权承包，搞活国营书店；放开批发渠道，搞活图书市场；放开购销形式和发行折扣，搞活购销机制；推行横向经济联合，发展各种出版发行企业群体和企业集团。

放权承包后，新华书店的经营管理权逐级下放，逐渐形成了以区县新华书店为经营主体、以承包为主要经营形式的格局，有力地调动了基层新华书店的积极性，但新华书店统一的发行体系随之受到很大的影响。放开批发渠道，放开购销形式和发行折扣，对搞活图书市场的作用巨大，特别是集体书店参与图书的二级批发，其影响更是巨大。二级批发商发展迅速，并从图书批发向出版领域渗透，民营发行业开始策划图书选题，与出版社合作出版图书，或购买书号直接从事图书的编辑、印刷和发行等。推行横向经济联合和发展企业集团，由此拉开了中国出版业集团化的序幕。

以"三建二转一加强"为主，对图书发行体制进行总体设计，整体推进，重点突破，配套进行

经过10多年的积累与发展之后，到20世纪90年代初期，出版业发展所面对的形势发生了很大的变化，出版业的生产力有了很大的发展，出版的管理理念、经营理念发生着深刻的变化。从90年代中期开始，图书发行业开始了以"三建二转一加强"（重视批发市场建设、推行多种购销形式建立新型购销关系，建立和完善市场规则，转换出版社自办发行的观念和机制，转换国有书店的经营机制，加强农村发行）为主要内容的改革。到1999年，全国共建立批销中心120多个。

以集约化和集团化为目标，推动新华书店发行集团建设

20世纪80年代中期开始提出发展各种出版发行企业集团的问题。1988年，15家地方文艺出版社曾组建地方文艺出版社联合发行集团；1989

年,华东6省1市也组建过华东省级新华书店发行集团。进入90年代以后,发行集团发展很快,1992年德州新华书店出版发行集团总公司、广州新华书店集团成立,1995年湖北新华书店集团、辽宁省发行集团等成立,1996年河北省新华书店集团、黑龙江图书音像发行集团、北京市新华外文发行集团等成立。1998年,以新闻出版署批准广东新华发行集团、江苏新华发行集团和四川新华书店集团作为全国发行改革试点单位为标志,发行集团建设进入一个新的阶段。目前,全国发行改革试点集团就有四川、江苏、广东、北京、上海等5个新华发行集团,还有10多个省市区组建了地方新华书店集团。

2003年以后,发行集团的事转企开始启动。到2007年,29个省、自治区、直辖市的新华书店系统完成了转企改制工作。

以股份制改革为重点,推动发行集团的投资主体多元化

发行集团的股份制改造快于出版集团。2004年8月,上海新华发行集团完成由国有独资转变为国有多元的改制,上海精文投资有限公司、解放日报报业集团、上海文化广播影视集团、上海世纪出版集团、上海文艺出版总社等5家国有独资单位为上海新华发行集团有限公司的投资主体。同年,上海绿地(集团)成为上海新华发行集团的新股东。由于上海绿地集团是一家混合所有制企业,这次股权转让使上海新华发行集团由国有多元转向了混合所有制。2006年,上海新华发行集团又借壳华联超市股份有限公司上市,成为公众公司。四川新华文轩连锁股份有限公司的改革与上海类似,2005年完成了国有多元的改革,2007年IPO上市。

逐步开放出版物分销市场,引入外资

随着我国对外开放的不断深入,外资进入新闻出版领域的要求越来越多,20世纪80年代外资主要是通过合作出版的形式投向中国的出版业,合作出版主要形式是单项合作，一般不能建立企业。进入 90 年代后，外资不满足项目合作而要求建立三资企业。为此，1991 年 12 月，新闻出版署发出通知，规定新闻出版行业禁止设立外资企业，原则上也不搞在华的中外合资、中外合作企业，如个别确需设立的要报新闻出版署等审核，出版物分销领域开始对外开放的试点。1993 年 6 月，新闻出版署批准云南省新华书店与新加坡泛太平洋出版有限公司合资兴办云南新华有限公司，经营图书、音像出版物的零售业务。此后发行领域的对外开放有限度对外试点，并试办了一些合资发行企业，其中影响最大的是 1997 年建立的上海贝塔斯曼文化实业有限公司。2001 年 12 月中国加入世界贸易组织，并承诺在三年的时间内逐步开放出版物分销，外资可以通过各种方式逐步进入书报刊的零售、批发等发行领域。2003 年，新闻出版总署正式出台了外资进入图书发行领域的规定，出版物分销对外开放进入全新阶段。到 2007 年，已有中外合资、合作和外资出版物发行单位 7 家。

党的十七大报告提出，解放思想是发展中国特色社会主义的一大法宝，改革开放是发展中国特色社会主义的强大动力。回顾出版改革 30 年的历史，我们可以看出，当我们思想更加解放的时候，我们的出版体制改革步伐也就更大，出版业的发展也就更快。出版体制改革是一项前无古人，也没有国外经验可以借鉴的伟大实践，改革的步伐可能有时快，有时慢，甚至出现曲折，但是改革的步伐不能停滞。不改革，中国出版业没有出路，不改革，中国出版业没有未来。只有不断深化出版体制改革，才能迎来出版业的大发展大繁荣。

[链接：中国图书商报 2008.1.8，魏玉山《出版发行体制改革 30 年回望》]

第3章　30年中国书业产销大势

产业统计数据是对中国书业这30年发展轨迹的明确记载,其间蕴涵了中国书业30年的风雨历程。

1. 出书总量长度绕地球960圈

书业要发展,首先以充足的产品为前提。丰富足量的产品,是书业发展的先决条件。30年来,中国的图书出版社从1978年的105家,发展至2007年的544家(不含副牌社),增长4.18倍;出版图书品种从1978年的14987种,发展至2007年的248283种,增长15.57倍,其中新版图书从1978年的11888种,发展至2007年的136226种,增长10.46倍;图书总印数从1978年的37.74亿册(张),发展至2007年的62.93亿册(张),增长0.67倍;图书总印张从1978年的135.43亿印张,发展至2007年的486.51亿印张,增长2.59倍。图书总产值(总定价)1978~1987年尚未存数据记载,有数据记载的1988年为62.22亿元,2007年为676.72亿元,20年增长9.88倍。

30年间,全国累计出版图书312.71万余种,其中新版图书191.88万种,占61.36%,图书重印率为38.64%;全国累计图书总印数1832.64亿册(张),累计图书总印张为9535.75亿印张。倘若以当下最常见的图书开本——大32开本为30年图书出版的平均开本,那么30年出版的图书首尾相接,总长度约为3848.54万公里,相当于沿赤道绕地球960圈。

2. 累计出书312.7万种，后10年份额过半

从一定意义上说，图书出版品种反映了出版业满足社会多层面、多样化文化需求，为社会发展提供智力支持的程度。（见表3.1）

纵观30年间中国书业出版品种的变化，大体可分为3个阶段：1978～1987年第1个10年间，图书出版品种从14987种增加到60213种，翻了两番；继之，历经10年，至1997年图书出版品种达120106种，翻了一番；此后，再历经10年，至2007年图书出版品种达248283种，又翻了一番。30年，中国图书出版品种连年递增，翻了四番，可谓持续发展，高速增长，不仅在国内图书出版诸要素中居增速之首，在当代国际出版业中也尚属罕见。

"文革"10年浩劫，使偌大的中国处于"书荒"状态。1978年，以重印35种中外文学名著为起始，中国书业开启了拓荒之旅。此后10年间，年图书出版品种以两位数的增幅递增，其中1980年和1982年增幅分别为25.62%和24.15%，其余各年增幅为12%～19%。其间，中国的图书出版社也进入快速增长期，从1978年的105家，增至1987年的415家，10年增长了2.95倍。可见，此间图书品种的快速增长是和出版社的快速增长相伴而生的——出版社增长约3倍，出书品种增长约4倍，二者几近同步。此10年间，全国累计出版图书344582种。

此后第2个10年，至1997年，出版社增至528家，10年增加113家，增长27.23%。出书品种增速放缓，除1989、1991、1996三年增幅超过10%，其余6年增幅均为1位数。而在1995年还出现了30年间唯一的一次出版品种下降状况，这是当年实施阶段性转移留下的历史记载：此前1994年，中国的年图书出版品种首次达到10万种，新闻出版署党组提出，出版业要实施以规模数量增长为主要特征向以优质高效为主要特征的阶段性转移，并于1995年开始实施书号总量宏观调控，1995年的出版品种下降是阶段性转移的成效。此10年间，全国累计出版图书937819种，相当于上一个10年的2.72倍。

第三个10年，出版社从1998年的530家发展至2007年的544家，在严格控制新增出版社的大背景下，10年间出版社仅增加了14家，而年出书品种

却翻了一番。此间出书品种处于平稳增长状,未有大的起落,年均品种增幅7.57%。10年间,出版社微量增长,而累计出书品种却达1844720种,比上一个10年几近翻番,占30年累计出书总品种的59%,成为中国书业30年间的高产期。

3. 初版、重版协调增长,重印率提升

初版新书和重版重印书是图书出版的两翼,二者既互补又矛盾,是一对此消彼长的集合体。一般来说,初版新书显示了书业对出版资源的开掘程度和适应社会不断增长的文化需求的敏锐度,代表了中国书业的创新和开发能力;而重版重印书则显示了书业对文化的传承和对知识的积累,代表了中国书业的成熟程度和资源再生能力。中国书业的持续发展,既要有相当数量的历久不衰的经典产品为依托,又要有颇具规模的传播新知识、反映新成果的创新产品作支撑,二者应处于什么样的比重,重印率应居于什么水平,不同的时期势必有不同的标准。顺应市场取向,满足社会需求,就是恰当的标准,就是符合出版规律,就是符合科学发展要求。

30年来,随着图书出版品种的不断增长,图书重印率也逐渐增长。第一个10年,由于出版品种相对不足、经典产品相对短缺,因而图书重印率也相对不高,处于低于30%的水平。

第二个10年,重印率提升较快,从不足30%到后3年持续超过40%,至1997年达到30年间的次高点——44.56%,应该说也和阶段性转移不无关系。

第三个10年,随着出版品种不断增多,从超过10万种到超过20万种,特别是随着诸多国家重点出版工程的实施和众多经典产品的涌现,重版重印图书和初版新书呈同步增长状,二者基本处于恒定态势,重印率水平始终处于约40%。与上一个10年相仿之处是,后3年重印率持续上升,至2007年达到30年间的最高点——45.13%,比1978年提升了24.45个百分点。这一时期

图书重印率的稳定、缓升,显示了中国书业进入成熟发展期。

4. 总印数先升后降多有徘徊,新兴传媒冲击日甚

总印数在图书出版诸要素中处于举足轻重的地位,以丰富的品种满足社会多样化的需求,最终需要通过充足的印数去实现。总印数显示了书业的受众面即服务社会的广度,反映了书业对社会的贡献度。

30年间,中国书业总印数呈"之"字形走势(见表3.2)。前10年,总印数总体呈上升态势,虽然1983、1986两年曾有回落,但上升大势强劲,从30亿档级到60亿档级,仅经历了短短6年时间,可以说,与此期间的出书品种快速增长一脉相承。10年浩劫后的百废待兴、恢复高考、文凭热等使中国民众的阅读渴望空前高涨,读书风潮日甚,并成为此间大众的主要文化消费。10年间,每种书的平均印数达15.69万册。

第二个10年,总印数尽管在前期呈徘徊状,连续几年处于60亿册左右,但在期末两年却冲上70亿档级,将中国书业的生产能力提升到了一个新水平。但由于总印数增长远低于品种增长,10年间,每种书的平均印数为6.71万册,比上一个10年下降了57.23%。影视、音像等新型文化消费对书业的冲击初见端倪。

第三个10年,由于以互联网为代表的等新兴传媒对书业的冲击愈演愈烈,民众的文化消费呈多元状态。尽管为满足读者多样化的需求,中国书业在出书品种上保持了持续增长,但在总印数上却陷入"艰难时世"。虽然最初两年挟上一个10年末的"余热",总印数仍维持在70亿档级,1999年还达到了30年间的最高点——73.16亿册。但此后自2000年一年总印数下滑10亿册后,中国书业的总印数就再也没有恢复到70亿档级,而是在60亿档级徘徊,直至2007年跌至62.93亿册,几近23年前的1984年水平。而此10年间的每种书平均印数也降至3.59万册,比上一个10年下降了46.5%。虽然这种状况是业界所不愿看到的,成为持续多年的中国书业之痒,但对此确应正视。

这一状况从某种意义上说是社会快速发展、新兴传媒激增、文化消费多元的产物,短期内恐非书业自身所能改变。总印数的多少更多地取决于市场的需要,盲目增加印数难免造成积压,那同样是业界所不愿看到的。

5. 总印张稳增,后 10 年比前 10 年生产规模翻番

如果说图书总印数反映了书业对社会服务的广度,那么图书总印张则反映了书业对社会服务的深度。在总印数相对恒定的情况下,总印张的增长在一定程度上显示了书业对选题的深化,在一册图书中给读者以更多的收益。

比较出书品种和图书总印数,图书总印张是图书出版中发展相对平稳、均衡的要素。30 年间,每一个 10 年总印张大约增长 100 亿,从 1978 年的 100 多亿,到 1987 年的 200 多亿,再到 1997 年的 300 多亿,到 2007 年的 400 多亿,10 年一个台阶,没有大的起落。

图书总印张是建立在出书品种和图书总印数基础上的出版要素,是书业生产能力、生产规模的综合体现。第一个 10 年,中国书业总生产规模达 2200 亿余印张,平均每册书 4.07 个印张。而在第三个 10 年,中国书业的生产规模翻了一番,10 年图书总印张达 4423 亿余印张,平均每册书 6.68 个印张。

在 30 年的时间跨度内,由于图书总印张的持续增长,中国书业贡献给民众的图书,从 1978 年的平均每册 3.59 个印张,发展至 2007 年平均每册 7.73 个印张。当今的一册图书相当 30 年前的两册图书。

6. 市场规模扩增,销售量翻番,销售额增 54 倍

30 年图书的出版数据,反映了中国书业的生产规模,而 30 年图书的销售数据,则反映了中国书业的市场规模。

销售数量和销售金额是中国书业市场规模的两翼,前者反映了中国书业获得的社会实际需求,后者反映了中国书业产生的消费水平。30 年,中国书业累计销售图书 1848.04 亿册,6026.06 亿元。(见表 3.3)

销售实物量不含价格因素,是对市场需求真实、准确的反映。30年间,中国书业的销售实物量在第一个10年呈快速增长状,1987年比1978年销量增长79.28%,10年间年销量从30亿档级,曾跃升至60亿档级。第二个10年,销量增速放缓,从60亿档级到70亿档级,1997年比1988年增长20.19%。第三个10年,销量升降不一,首年销量升至30年最高点77.04亿册,而后开始回落,从70亿档级跌回60亿档级,至30年之末2007年已跌至63.13亿册,几乎和20年前1988年的销量相等,比1978年增长90.67%。

对比年图书销量和年出书总印数,二者30年的行程轨迹基本相同。即30年之始,同处30亿档级;第一个10年快速增长,高点达60亿档级;第二个10年增速趋缓,从60亿档级升至70亿档级;第三个10年回落、徘徊,最终降至约20年前水准。销量的下滑,其主因和总印数下滑相同,新兴传媒的冲击,更直接地反映在市场需求上。销售数量持续多年的下滑、徘徊,同样成为中国书业之痒。

30年间,中国书业的出版实物量和销售实物量的基本同步增减,从一个侧面反映出中国书业的生产是遵从市场规律,贴近市场需求的,这是难得的。

中国书业的销售金额30年来持续增长,未有任何一年下降。历经30年,销售金额从9.3亿元发展至512.62亿元,增长54.12倍。30年间,第一个10年,销售额增长3.65倍;第二个10年,销售额增长4.79倍,是增速最快的时段;第三个10年,销售额增长47.47%。销售金额的增长隐含着价格因素,一方面反映了中国书业的市场规模,另一方面也折射出中国民众的消费能力。1978年,图书销售的平均单价为0.28元;至1987年,平均销售单价为0.73元,增长1.61倍;至1997年,平均销售单价增至4.19元,较上一个10年末增长4.74倍;至2007年,平均销售单价增至8.12元,较上一个10年末增长93.79%。30年间,平均销售单价整整增长28倍。即现今购买一本书的花费,30年前可以买29本。中国民众消费能力的提高由此可见一斑。

7. 人均购书量多有起伏，人均购书额持续上升

与中国书业市场规模密切相关的全国人均购书，30年走势与图书销售几乎如出一辙。（见表3.4）

人均购书数量在第一个10年，从3.44册增至5.43册，增长57.85%，低于销售数量增幅。第二个10年末，人均购书量增至6.04册，比1988年增长7.9%，仍低于销售数量增幅。第三个10年之初，人均购书数量增至6.17册，成为30年间的最高点。而后人均购书量下滑、徘徊，至30年末的2007年，降至4.78册，仅约为1981年的水准，比1978年增长38.95%。由于30年间全国人口的增势高于图书销量的增势，因而人均购书量的走势劣于销售数量的走势。

图书总印数、销售实物量、人均购书量，与图书册数相关的项目近10年均处于同样的境地，这是书业环境——新兴传媒冲击引起的连锁反应。扭转这种状况并非易事，书业作为传统出版传媒业要增强市场竞争力，一要靠推出更加精益求精的产品，二要靠尽力拓展传统阅读的覆盖面，这是书业未来的重要课题。

人均购书金额与图书销售额一样，30年间持续上升：从1978年的0.97元，增至2007年的38.80元，增长整39倍。三个10年段，人均购书额增幅分别为3.07倍、4.2倍和39.32%，略低于同期销售额增幅。人均购书额增长，价格上涨同样占了相当因素，期待由人均购书量增长带来的人均购书额上升早日到来。

表 3.1　1978～2007 年全国图书出版品种统计

年份	出版品种	同比%	新版品种	同比%	重印率%
1978	14987	—	11888	—	20.68
1979	17212	14.85	14007	17.82	18.62
1980	21621	25.62	17660	26.08	18.32
1981	25601	18.41	19854	12.42	22.45
1982	31784	24.15	23445	18.09	26.24
1983	35700	12.32	25826	10.16	27.66
1984	40072	12.25	28794	11.49	28.14
1985	45603	13.8	33743	17.19	26.01
1986	51789	13.56	39426	16.84	23.87
1987	60213	16.27	42854	8.69	28.83
合计	344582	—	257497	—	25.27
1988	65962	9.55	46774	9.15	29.09
1989	74973	13.66	55475	18.6	26.01
1990	80224	7	55254	−0.4	31.13
1991	89615	11.71	58467	5.81	34.76
1992	92148	2.83	58169	−0.51	36.87
1993	96761	5.01	66313	14	31.47
1994	103836	7.31	69779	5.23	32.8
1995	101381	−2.36	59159	−15.22	41.65
1996	112813	11.28	63647	7.59	43.58
1997	120106	6.46	66585	4.62	44.56
合计	937819	—	599622	—	36.06
1998	130613	8.75	74719	12.22	42.79
1999	141831	8.59	83095	11.21	41.41
2000	143376	1.09	84235	1.37	41.25
2001	154526	7.78	91416	8.52	40.84
2002	170962	10.64	100693	10.15	41.1
2003	190391	11.36	110812	10.05	41.8

续表

2004	208294	9.4	121597	9.73	41.62
2005	222473	6.81	128578	5.74	42.21
2006	233971	5.17	130264	1.31	44.32
2007	248283	6.12	136226	4.58	45.13
合计	1844720	—	1061635	—	42.45
总计	3127121	—	1918754	—	38.64

表3.2 1978～2007年全国图书出版总印数、总印张统计

年份	总印数(亿册、张)	同比%	总印张(亿印张)	同比%
1978	37.74	—	135.43	—
1979	40.72	7.9	172.5	27.37
1980	45.93	12.79	195.74	13.47
1981	55.78	21.45	217.68	11.21
1982	58.79	5.4	221.95	1.96
1983	58.04	−1.28	232.41	4.71
1984	62.48	7.65	260.61	12.13
1985	66.73	6.8	282.75	8.5
1986	52.03	−22.03	220.31	−22.08
1987	62.52	20.16	261.25	18.58
合计	540.76	—	2200.63	—
1988	62.25	−0.43	269.03	2.98
1989	58.64	−5.8	243.62	−9.45
1990	56.36	−3.89	232.05	−4.75
1991	61.39	8.92	266.11	14.68
1992	63.38	3.24	280.38	5.36
1993	59.34	−6.37	282.26	0.67
1994	60.08	1.25	297.16	5.28
1995	63.22	5.23	316.78	6.6
1996	71.58	13.22	360.45	13.79
1997	73.05	2.05	364	0.98
合计	629.29	—	2911.84	—

续表

1998	72.39	−0.9	373.62	2.64
1999	73.16	1.06	391.35	4.75
2000	62.74	−14.24	376.21	−3.87
2001	63.1	0.57	406.08	7.94
2002	68.7	8.87	456.45	12.4
2003	66.7	−2.91	462.22	1.26
2004	64.13	−3.85	465.59	0.73
2005	64.66	0.83	493.29	5.95
2006	64.08	−0.9	511.96	3.78
2007	62.93	−1.79	486.51	−4.97
合计	662.59	—	4423.28	—
总计	1832.64	—	9535.75	—

表 3.3　1978～2007 年全国图书销售统计

年份	销售数量 亿册、张	同比%	销售金额 亿元	同比%
1978	33.11	—	9.3	—
1979	37.88	14.41	12.67	36.24
1980	42.53	12.28	15.5	22.34
1981	48.97	15.14	17.04	9.94
1982	53.99	10.25	18.46	8.33
1983	56.45	4.56	20.76	12.46
1984	59.24	4.94	23.97	15.46
1985	61.16	3.24	33.5	39.76
1986	57.28	−6.34	38.83	15.91
1987	59.36	3.63	43.22	11.31
合计	509.97	—	233.25	—
1988	62.16	4.72	54.08	25.13
1989	60.75	−2.27	68.71	27.05
1990	60.22	−0.87	76.7	11.63

续表

1991	62	2.96	85.79	11.85
1992	64.42	3.9	100.69	17.37
1993	65.91	2.31	125.39	24.53
1994	62.24	−5.57	134.55	7.31
1995	66.79	7.31	186.36	38.51
1996	72.61	8.71	266.62	43.07
1997	74.71	2.89	313.17	17.46
合计	651.81	—	1412.06	—
1998	77.04	3.12	347.61	11
1999	73.29	−4.87	355.03	2.13
2000	70.24	−4.16	376.86	6.15
2001	69.25	−1.41	408.49	8.39
2002	70.27	1.47	434.93	6.47
2003	67.96	−3.29	461.64	6.14
2004	67.06	−1.32	486.02	5.28
2005	63.36	−5.52	493.22	1.48
2006	64.66	2.05	504.33	2.25
2007	63.13	−2.37	512.62	1.64
合计	686.26	—	4380.75	—
总计	1848.04	—	6026.06	—

表3.4 1978~2007年全国人均购书统计

年份	购书量(册)	同比%	购书额(元)	同比%
1978	3.44	—	0.97	—
1979	3.89	13.08	1.30	34.02
1980	4.31	10.8	1.57	20.77
1981	4.9	13.69	1.70	8.28
1982	5.32	8.57	1.82	7.06
1983	5.51	3.57	2.03	11.54
1984	5.67	2.9	2.30	13.3

续表

1985	5.78	1.94	3.16	37.39
1986	5.33	−7.79	3.61	14.24
1987	5.43	1.88	3.95	9.42
1988	5.6	3.13	4.87	23.29
1989	5.39	−3.75	6.10	25.26
1990	5.27	−2.23	6.71	10
1991	5.35	1.52	7.41	10.43
1992	5.5	2.8	8.59	15.92
1993	5.56	1.09	10.58	23.17
1994	5.19	−6.65	11.23	6.14
1995	5.51	6.17	15.39	37.04
1996	5.93	7.62	21.78	41.52
1997	6.04	1.85	25.33	16.3
1998	6.17	2.15	27.85	9.95
1999	5.82	−5.67	28.20	1.26
2000	5.55	−4.64	29.77	5.57
2001	5.43	−2.16	32.01	7.52
2002	5.47	0.74	33.86	5.78
2003	5.26	−3.84	35.72	5.49
2004	5.16	−1.9	37.39	4.68
2005	4.85	−6.01	37.72	0.88
2006	4.92	1.44	38.37	1.72
2007	4.78	−2.85	38.80	1.12

[链接:中国图书商报2008.11.18,文东《30年中国书业产销大势》]

第4章 30年中国私人阅读史：一个长期被人忽略的社会学研究课题

1. 提供一个私人的有分量的真实调查报告：两家商报的不约而同

很凑巧,这一南一北的报社都是商报,南边的商报叫做深圳商报,具体操办这个活动的是该报社的"文化广场"主编胡洪侠和他的同事们,胡洪侠是河北人,人称胡大侠,而他同事也都以北方人居多。北边的这个报社叫做中国图书商报,具体操办这个活动的是中国阅读周刊编辑部,有意思的是,该编辑部的同事居然以南方人居多,这真是一个有趣的错位;两个报社虽然都称之为商报,但阅读推选却很文化,都知道很费力却未必讨好。

深圳商报搞的活动简称"30年30本书",而中国图书商报的活动简称"30年最具影响力的300本书",以这两条作为主题词去网上百度或者谷歌一下,搜索结果都是几十万量级。作为最终成果的体现之一,深圳商报出版了《1978～2008年私人阅读史》,而中国图书商报出版了《30年中国最具影响力的300本书》、《30年中国人的心灵阅读史》和《30年中国畅销书史》。从活动的启动到最终成果的体现,两个报社都几乎同步,北边的活动庄重而严肃,南边的活动热闹而深刻,充分体现了地域的特点。作为2008年度一个好玩的热点文化现象,几乎被所有媒体遗漏,这两个报社也作了2008年度文化现象盘点,居然都双双忽略了这个活动,其实有时举贤不必避亲。

30年中,有哪些书曾经影响过中国人,并在很多读书人心中留下过深深的烙印？其实这是一个很重要却又长期被人忽略的社会学研究课题。这个课题之所以重要,是因为图书在改变人的观念中起的作用是最明显的,在改变一个民族的性格中也是尤为重要的。西方政要特别重视图书的阅读推广,他们深刻意识到图书的阅读和民族的未来紧密相连;而在中国,图书的阅读推广仍有大量的启蒙工作需要去做。从这个意义来说,两个商报的行为可以称之为壮举。因为,至少他们为这个课题的深入研究提供了一条路径,同时也提供了一个私人的有分量的真实调查报告。

其中,《1978~2008年私人阅读史》提供了34位专家级别的私人阅读调查报告,34份阅读书目,每份阅读书目30本书,其中包括吴思、贺卫方、周国平、梁文道、陈平原等知名人士。《30年中国人的心灵阅读史》则提供了47位专家的私人阅读报告,专家的范围可能更广一些,除了文史哲方面的专家,还包括了经济学家、作家、媒体、出版人,比方有党国英、梁小民、徐友渔、江晓原、胡泳等。《30年中国人的心灵阅读史》在体例上和《1978~2008年私人阅读史》略有不同的一点是,前者还多出了两大部分:一个是阅读文化流向变迁的研究,一个是有关中国阅读调查报告。而书目部分则单独成书,书名叫做《30年中国最具影响力的300本书》,除了终选,另外还有500本书入围。

2. 提供一份中国人心灵变迁史:大众传播与私人阅读

中国30年的巨变,表面是物质世界的巨大变化,但深层次的巨变发生在每一个中国人的心里,首当其冲的是观念的变化,其次才是行为模式的变化、群体的变化等等。

但观念为什么会发生变化?又发生了哪些具体的变化?除了重大的政治事件和社会事件,还有什么会导致人们观念发生巨变?图书的出版与传播是如何影响人们的观念变化的?还有哪些书为什么会在那个时候被当时的人们普遍注意?为什么会产生这种普遍的关注?是否真有一种集体无意识的存在?在图书的传播过程中,口口相传的力量有多大?媒体的力量在多大程度上影响了人们阅读的眼球?诸如此类等等问题本来应该是社会科学院的教授们来解答的,如今却让媒体捷足先登。媒体的特点是敏感而快速,却缺乏应有的深度。如果把上述问题当作课题深入研究下去,对一个巨变中的中国来说,这样的研究,对于判断世界未来文明的走向也是有相当意义的。

《1978～2008年私人阅读史》,强调从私人阅读的角度来看大众阅读,诸多专家的个人阅读喜好被展示出来,互相碰撞。其实,《30年中国人的心灵阅读史》在前言和后记也特别提到了这一点,只是称呼不同而已。无数个个人心灵阅读史(或者称之为私人阅读)的汇集,也就是一部30年中国人心灵变迁史。

阅读的体验都是私人的,而阅读的影响也是私人的。打一个极端的比方:两个同龄儿童在同一个时间段,读同样一本书,如读一本《基督山伯爵》,其中一个小孩受到深刻影响,长大后做了江洋大盗,另一个小孩在长大后却可能完全已经不记得书中的情节。这个极端的例子至少可以说明:第一,阅读的确属于一件很私人的事情;第二,即使读同一本书,各自的体验有可能完全不同;第三,完全不同的阅读体验会带来不同的影响;第四,这种影响具有不确定性;第五,阅读完全和心灵世界相连。阅读经验可能无法与别人分享,这种阅读体验也无法用技术手段来再现,但这种体验和经验是事实上存在的。至于未来的影响更是无法预料,你却不能否认这种影响的存在。事实上,这已经牵涉到了科学和心灵的范畴。

科学成就了西方文明。近代中国在追逐西方文明的脚步上,一直是急促的,尤其是在1978年以后。从2000年开始尤其是2008年,中国人终于可以找到一点物质上的自信,与此相对的是中华文明逐步显示出自信。如果去细细研究《30年中国最具影响力的300本书》中的书目,你会发现传统文化的苏醒迹象在出版物方面特别明显。

而两个商报对30年的阅读梳理,也是一种很容易被忽视的伟大的贡献,其意义在于,这种梳理为人们提供了一种直接的研究途径。另外,这种梳理也是一种发现:通过梳理,我们可以发现中华文明逐步回归的痕迹。在这个基础上,30年的阅读梳理也是一种期待,我们无比期待后来者在这个课题上有更加惊人的发现。

（注：《1978~2008年私人阅读史》胡洪侠、张清主编/深圳报业集团出版社2009年1月版/48.00元；

《30年最具影响力的300本书》孙月沐总主编，伍旭升、岛石主编/中国对外翻译出版公司、江西教育出版社2009年1月版/33.00元；

《30年中国人的心灵阅读史》孙月沐总主编，张维特主编/中国对外翻译出版公司、江西教育出版社2009年1月版/42.00元；

《30年中国畅销书史》孙月沐总主编，伍旭升主编/中国对外翻译出版公司、江西教育出版社2009年1月版/35.00元。）

[链接：中国图书商报2008.1.8，"改革开放激荡书业30年历史烟云"专刊；2008.11.18，"30年中国书业/力量百版金刊"；2009.2.17，岛石《30年中国私人阅读史：一个长期被人忽略的社会学研究课题》]

第二编 年度书业大事大势

第 5 章　中国书业 2008 年度新闻

年末岁初,盘点一年要事,不仅是媒体工作的题中应有之义,更是读者期待的一道"大餐"。应业界要求,本报特对 2008 年中国书业进行梳理,推选出中国书业 2008 年度新闻。

1. 浓墨重彩书写改革开放 30 年

改革开放的 30 年,是对整个中国命运具有"历史性"、"抉择性"意义的 30 年,也是中国书业风云激荡的 30 年。为纪念改革开放 30 年,出版单位策划组织的相关选题集中涌现,成为本年度一大选题特色。出版集团成为重点选题出版重镇。其中中国出版集团策划出版了有关重点图书 102 种,组织了 15 项大型活动,"放歌 30 年——大型音乐会暨中国出版集团公司出版精品展"活动,更是将纪念活动掀到最高潮。中国图书商报也隆重推出"改革开放 30 年特刊"、"30 年书业/力量百版金刊",主办"改革开放 30 年最具影响力的 300 本书"推选,在业内引起强烈反响。

2. 行政管理跃上新台阶

6 月,《书号实名申领管理办法》(试行)推出,"书号实名申领系统"投入运行。56 家出版社作为第一批试点单位,从 7 月 15 日起实行网上书号实名申领,3 个月后在全国实施。6 月底,《经营性图书出版单位等级评估办法》出台。今后每两年总署将依据图书出版能力、基础建设能力、资产运营能力、违规记录及附加项目五个方面,对全国经营性出版单位进行评估。此外,《电子出版物出版管理规定》、《音像制品制作管理规定》、《图书出版管理规定》、《出版专业技术人员职业资格管理规定》等一系列管理规定的出台，无疑为出版体制改革加快进度、加大力度提供了保障。

作为总署行业诚信体系建设的重要一环，由总署出版物发行管理司和中国出版科学研究所联合开展的首次"图书发行单位结算信用情况调查"于7月推出调查结果，涉及全部独立开展发行和结算业务的正式图书出版单位和可以独立结算的198家图书发行单位。在全行业范围内如此大规模地开展结算信用情况调查，在新闻出版业还是第一次。

2008年7月，国务院下发了《关于印发〈国家新闻出版总署（国家版权局）主要职责内设机构和人员编制规定〉的通知》，总署内设机构由原来的11个增加到12个，标志着国家新闻出版行政管理机构改革进入一个新的历史阶段。

3. 出版发行业联合抗击灾害

2008年年初中国南方地区出现罕见的大范围雨雪冰冻灾害天气，出版发行界打响了一场教材发运和门店销售"保卫战"——积极投入抗灾救援，确保出版物市场的繁荣稳定，确保春季教材"课前到书，人手一册"。

"5·12"汶川大地震突如其来，中国出版界紧急行动起来，给灾区人民送去关怀、援助和温暖。在大力捐款捐物的同时，迅速策划出版了一大批防灾自救、防疫、心理援助等题材的出版物，克服重重困难送抵灾区，为抗震救灾和灾后重建发挥了重要作用。本报以《书业爱心捐助大行动》、《中国书业爱心捐助大行动仍在进行》、《第一出版任务 第一时间出击》等主题专刊形式，全方位报道了全国出版业捐钱、捐物、出书、送书等爱心行动，并与四川新华文轩联合发起"绿丝带赈灾图书漂流"行动，引起强烈的社会反响。11月，震后首家新华书店都江堰店开业，北川、青川等重灾区重建的门店也陆续重新营业。

4. 体制改革向纵深推进

2008年是全国出版发行业体制改革深入推进的一年。6月27日,山东新华书店集团有限公司正式挂牌,标志着其在探索发展模式、创新经营业态、实施规模化和集约化经营战略等方面,已迈出向纵深推进的关键一步,为新华书店的股份制改造和上市融资做前期准备;9月28日,在凤凰出版传媒集团成立7周年之际全面启动转企改制,集团旗下9家出版社全部改制为企业。10月25日,随着由天津市新华书店、天津古籍书店和天津外文书店共同出资组建的天津新华发行有限责任公司正式揭牌,标志着全国新华书店系统(除西藏外)全面完成转制工作。12月,内蒙古新华发行集团从改变股本结构入手,吸纳北京科文剑桥图书有限公司(当当网)、北京百川华邮文化发展有限公司为公司股东,成立了新的董事会并向全国公开招聘总经理和副总经理。

高校出版社也吹响了整体转制的号角。11月24～25日,教育部与新闻出版总署在北京联合召开了第二次高校出版体制改革工作会议,北京语言大学等61所大学出版社列入第二批高校出版体制改革单位,标志着高校出版社体制改革工作已进入全面推进阶段。

5. 兼并重组孕育新格局

2008年跨地域、跨产业的兼并重组继续向纵深推进,成果斐然。3月24日,江西出版集团与宋庆龄基金会主管的中国和平出版社共同成立的中国和平出版社有限责任公司在京成立,标志着国内首家由地方出版集团联合中央部委所属出版单位进行跨地区重组、资源整合的"破冰之举"取得重要进展。5月9日,海南省新华书店集团有限公司与江苏省新华书店集团有限公司整体重组的海南凤凰新华发行有限责任公司成立,从体制上率先打破了条块分割、地区封锁的市场格局。9月,吉林出版集团与中华工商联合出版社的重组成立的中华工商联合出版社有限公司挂牌,并迅速显现出重组的制度活力,推出一系列有市场影响力的产品。

"出版第一股"的辽宁出版传媒,借资本力量吸纳优质出版资源,其全资子公司万卷出版有限责任公司分别与知名出版策划人路金波、李克成立了合资经营的辽宁万榕书业发展有限责任公司和智品书业(北京)有限公司,为大型出版集团与民营力量深层次合作进行了有益的探索。近年来,民营与民营之间的合作也渐趋密切,福建鹭江出版社控股的北京时代飞鹭整合了光华的全国发行渠道、培训渠道等资源。一些规模较大的教辅书商与各省区域代理或大经销商也进行了区域合作。

6. 跨地域合作趋向"化学反应"

除了向纵深推进的兼并重组,出版与出版、发行与发行单位之间跨地区合作的消息也不断传出,它们或进行资本和管理的结合,或展开技术和业务的链接,根本目的皆在推动主业发展、产业链和谐共赢。

2008年7月13日,江苏新华发行集团公司与陕西新华发行集团有限责任公司在南京签订《战略合作意向书》,双方将按照产业发展规律,展开以资本为纽带的合作。7月17日,由中国出版集团首批邀约,广东省出版集团、中国科学出版集团有限公司、北京出版社出版集团、长江出版传媒集团等8家出版集团共商合作建设中国数字出版网,奏响了合纵连横、开疆拓土,在数字出版领域"共建、共享、共赢"的序曲。9月3日,太原市新华书店与浙江省新华书店集团以技术和业务为链接,展开一般图书的跨区域连锁合作,太原市店采用浙江新华的计算机网络信息系统,浙江新华为太原市店提供一般图书的货源配送,这种合作模式目前在业界尚属首创。9月27日,中国出版集团与山东出版集团达成合作协议,双方将采取股权平等(等值)置换的方式,相互参股对方改制或重组的股份公司,承诺在双方各自的股份公司股改和资产重组方案设计时,为对方预留一亿元人民币的股权额度,各自成为对方持股单位。

7. 资本市场蓄势待发

2008年2月28日，科大创新面向安徽出版集团定向增发不超过1.22亿股股票购买其包括安徽教育出版社等在内的6家出版社100%股权，以及音像、印刷、发行、报社等资产，原第一大股东中科大资产经营公司退居第二，安徽出版集团以持股61.92%成为第一大股东。9月18日，中国证监会正式批复安徽出版集团，以其出版、印刷等文化传媒类资产参与认购科大创新的股票，实现出版主业整体上市。11月18日，时代出版传媒股份有限公司正式成立。

不少瞄准资本市场的集团也在今年不断地修炼内功，为平稳上市做好准备。5月5日，ST耀华发布公告称，以全部资产及负债作为置出资产，与凤凰集团所持江苏凤凰置业有限公司100%股权中的等值部分进行置换；置入资产超过置出资产价值的差额部分由ST耀华向凤凰集团非公开发行股票购买。与此同时，重庆出版集团、上海世纪出版集团、湖南出版投资控股集团、江西新华发行集团、广东省出版集团等，均有条不紊地运筹着上市计划。

8. 纸价震荡催化出版转型

纸张供应紧张，价格只升不降……2008年以来，纸价问题一石激起千层浪，成为出版业讨论最多的话题。在纸荒的震荡下，出版业也在经受震荡与调整，谨慎出版成为共识。不少出版社，尤其大众类图书出版单位表示，面对新选题比以往更谨慎，原定在新领域的开拓会暂缓。更多有识之士呼吁，通过纸价风暴的洗礼，出版业应借此修炼内功，专注于产品转型、管理转型，并在优胜劣汰的竞争中推动产业转型。

奥运会过后，随着美国金融危机的愈演愈烈，以及市场供求关系的变化，初步显现出不少厂家纸张囤积、价格回暖的现象，此前出版业面临的纸荒亦有所缓解，呈现利好趋势。

9. 数字出版由虚入实跨向深水区

与传统出版产业相比,数字出版业表现出了强劲的发展势头,短短几年时间里,"数字出版"就从一个新兴的概念,变成了一个炙手可热的产业,刺激着出版人从理念思考到实践探索的热情。《2007～2008中国数字出版产业年度报告》显示,2007年,我国数字出版产业的整体收入超过360亿元,比2006年增加了70.15%;2008年,我国数字出版产业的整体收入规模将有可能达到530亿元。

2008年,搜索引擎、移动终端、电子纸等方面的技术创新,开始成为推动数字出版发展的关键环节,随着互联网的普及,网络阅读率大幅提高,一批原创网站蓬勃发展。在发行领域,网络书店发展加速,销售码洋不断增加,大型发行集团建立的专业性销售网站纷纷涌现。在技术提供商涉足内容开发和服务的同时,传统出版商也越来越清醒地认识到数字出版的产业大势,由消极观望转而主动进军数字出版领域。

10. 书业借寻奥运商机

北京奥运会是世界的盛会,中国书业不仅积极寻求商机,更为推广中国文化、塑造中国书业的国际形象不遗余力。据了解,全国出版的关于奥运的图书达1000多种,反映了奥运对社会、文化、国家、民族的影响,全面展示了中华文明的魅力,此类书版权输出情况喜人。

奥运召开正值暑期图书的销售旺季,也是学校秋季教材集中发放的时期,为力避奥运交通调整,许多出版社都未雨绸缪,在纸张、印刷、库存等方面制定了不同的计划,采取了不同的策略,如大量备纸、转移至外地印刷、租用郊区库房、提前发货等。书店则提前备货时间,对可能涉及的出版社进行了逐一沟通,同时加大滞销图书清退力度,尽可能腾挪库房空间,做到了平稳过渡。

11. 金融海啸波及书业

全球范围内的金融海啸使我国以及英美书业均受到了不同程度的影响，对出口贸易的干扰可谓立竿见影。我国的图书出版外贸一段时间以来经受着由人民币升值引起的新兴市场经济体货币贬值带来的压力，本轮金融危机无疑是雪上加霜。尽管图书出口贸易经历了萧瑟秋天，国内一些出版社仍然在这场国际金融危机中抓住了"商机"。眼下国际经济的大幅波动，使得人们对经济问题的关注度更高，激发了读者的阅读兴趣，相关书籍也销量见涨。危机，既意味着风险，又蕴涵着机会，关键在于如何利用和把握。

12. 网络抢滩出版市场

上海盛大网络发展有限公司2008年7月4日在京宣布，成立盛大文学有限公司，公司由原新浪副总编辑侯小强出任CEO，起点中文网创始人吴文辉出任总裁。起点中文网、晋江原创网、红袖添香网站，这3家原创文学网站都是各自领域的品牌平台，如今归并到盛大文学旗下，对于出版社来说，可能意味着更多新作者被网络文学网站所笼络，失去作品版权的主动权，大众出版市场遭遇网络公司来势汹汹的抢滩。

[链接：中国图书商报2008.12.26，商报专题报道组《中国书业2008年度新闻》]

第6章　年度中国书业趋向

1. 书业分销年度走向

新华书店面临教材教辅政策剧变

从2008年春季起,农村义务教育阶段学生教科书,包括国家课程教科书、省级地方教材和部分教学辅助资料由政府统一采购,免费向学生发放。另外,从2008年秋季起全面免除城市义务教育学杂费。与此同时,教材循环使用在部分城市经过试行后即将逐步推广至全国。这些政策的推行,意味着新华书店长期赖以生存的政策支撑就此真正终结,教材发行模式将发生根本性的变化,与教材发行权休戚相关的教辅读物,完全失去政策依托,被彻底推向市场。教材免费、循环使用、教辅市场化,新华书店面临教材教辅政策的剧变,对依靠课本发行的新华书店会带来销售下降、利润减少等影响。

面对生死存亡的严峻形势,各地新华书店纷纷行动起来,除了继续做好教材教辅发行服务,还拓宽思路,创新一般图书经营和多元经营。希望以此弥补经济效益上的损失,促使企业健康可持续地向前发展。

民营书业两极分化创意过冬

2008上半年,民营书业两极分化愈演愈烈:从2008年初的北京地区2008年出版物订货会上反馈的信息表明,随着教材招投标使课本选用多元化,相应的教辅图书出现多样性。但是,多数小型民营图书公司没有过多的资金和人力物力投入教辅类图书的立体开发,可供品种少,市场前景不明朗。小企业资金链面临严峻考验,或向经纪人转型。在出版活动中,一些版权代理公司、出版工作室、文化公司正在逐渐向版权经纪人靠拢。而大企业则以研发求新图存,随着民营教辅创新意识的不断增强,未来民营教辅机构会因研发能力的不同而出现裂变,强者更强。来自长沙图书交易会和书博会民营书业调剂会的消息也证实,由于纸张涨价,小作坊式的策划发行商已经销声匿迹,大型代理商又"重出江湖"。

近几年来,中国的房地产进入快速发展通道,大城市房价普遍上涨,商业地产的价格上涨速度更是超过了住宅的上涨速度,而商业地产价格的上涨必然会带来商铺租金价格的上涨。在零售价格和零售企业利润率保持大致稳定的情况下,租金成本的大幅上升意味着零售企业利润空间被大大挤压,直接导致零售企业利润的大幅下降,结果就是导致很多零售连锁企业一方面降低了开店扩张的速度,一方面开始关闭那些地段不理想、经营不盈利的店面或出租自身拥有的黄金地段。岁末年初签约正逢时,受商铺租金明显上涨的影响,北京龙之媒广告书店广州、成都、上海店房东酝酿大幅调升价格,湖南万卷购书城也因租金等有关原因另择他处。相对于前两年,2008年商铺租金上涨直接对图书零售行业带来的冲击开始明显出现,一些品牌连锁也在计划缩减门店。

2008年,位于杭州文三路的枫林晚文三分店撤出了文教气氛浓厚的闹市,与浙江大学附近的枫林晚总店"书立方"合并;上海第三大书城——龙强书城贴出停业盘点的通知,表现出一副关门谢客的模样;在重庆图书市场屹立近10年的民营零售书店沙坪书店宣布关门;登陆沈阳不足3年的沈阳博库书城卖场也关闭。业内人士预测,受房租、人工成本上涨、货品优势不明显等影响,民营书业三四年内将会愈发不景气。

在一片"寒冬论"中,也有一些民营书店综合考虑书店定位、读者群和积累的资源,寻求破茧方法,绽放出了嫩芽。可以预测,未来书店的发展将从"图书单一销售者"向"文化资源整合服务"为核心竞争力的角色转变。未来几年民营书业将走上规模化、专业化道路,与出版社的合作将更加紧密。

图采会再掀热潮

近年来,图书馆采购一方面对大型馆配商的依赖性增强,另一方面需求的差异化也日益明显,对馆配商提出了很多个性化的要求。馆配市场呼唤具备强大采购实力、物流能力、信息支持能力、营销能力,对市场精耕细作,能满足客户专业化要求的大中盘。2008年初的北京图书订货会上,由新华书店总店和四川新华文轩公司承办的图采会就力图打造全国规模的现代化、规范化、专业化、信息化图书馆采购订货会。结果是参展品种、订货人数、订货码洋均创新高,成为北京图书订货会人气最旺之处。

仅2008年上半年,江苏新华、辽宁北配、浙江新华都不约而同地举办了馆藏会,图采会在全国再掀热潮。江苏主打书香文化牌,辽宁跨地域办会,浙江依托信息技术突出品种优势。可以预见,各家还会将馆藏会持久办下去,形成特色,办出品牌。

书业新业态渐升温,书业拓展新版图

近年来,书业发行企业产品经营的延伸成为一种趋势,新兴业态不断发展。如经营文教用品、电子产品以及通信产品,涉足酒店旅游等。除此之外,第三方物流和对外培训逐步成为书业拓展的新版图。

当前的书业物流中心普遍具备仓储、配送、运输、包装、装卸搬运、流通加工、信息服务、办公、餐饮等综合物流服务功能,不仅提供书业配送,也为第三方物流提供了平台。从"纸上谈兵"到"小试牛刀",第三方物流渐渐成为书业新的经济增长点。面对国家教学用书发行政策调整、一般图书市场竞争日趋激烈、网络阅读对传统阅读冲击等因素给书业带来的生存危机,书店和出版社在紧抓主业同时,意欲在对外培训市场分得一杯羹。另外,由各地新华书店(集团)投资兴建的酒店业、旅游业在全国新华书店系统内已具备一定的规模,并以新华旅游协作网作为交流平台,不断发展完善。

当前,中国书业正掀起兴建文化MALL的新热潮。这种新型卖场既有别于传统新华书店单一的图书销售模式,也不同于图书和商业简单搭配的运作模式,它将图书业态与其他与文化相关的商业业态有机结合,扩大和满足不同文化消费者的连带需求,提高书城人流量和购买力,提升书城文化内涵、品牌形象、赢利水平。比如计划于2009年底投入使用的湖南麓山国际文化城今年上半年开始动工,它是由湖南新华书店集团打造的大型文化MALL,它借鉴世界上最先进的新型商业业态,以主业经营为基础,实现跨行业经营和异业结盟的经营模式。

除了文化MALL,产业园也是典型的新型业态。目前,江苏可一集团大型文化教育产业园基地正在建设,开业不久的北京出版发行物流中心也正在积极发挥着出版物集散功能。这些不过是全国各地众多类似举动的缩影,2008年,产业基地、产业园区建设方兴未艾,包括创意文化产业园区、包装印刷园区、出版物集散基地、动漫游戏基地、影视基地等区块类文化产业集群"遍地开花"。

实体书店博弈网购

网络书店多年来成为新华发行集团经营的一大挑战,从国外的亚马逊到国内的当当、卓越,严重分割传统书店市场份额。2008年,各地发行集团的经营者已集体意识到网上书店对自身的冲击以及其中的商机,纷纷涉水网上书店业务。北京发行集团投资建设大型门户网站北发图书网;以"一城网"命名的上海新华传媒电子商务网络新平台上线运行;四川新华文轩连锁股份有限公司开办的新华文轩网络书店、安徽新华发行集团开办的华仑书店、浙江博库书城等纷纷试水B2C购物平台淘宝商城。从实际运作来看,大多数仍处于初级阶段。

"发标"家族又添新成员

《图书、音像制品、电子出版物营销分类法》、《图书、音像制品、电子出版物发货单/发货差错回告单》、《图书、音像制品、电子出版物退货单/退货差错回告单》、《图书、音像制品、电子出版物在途查询单/回告单》、《图书、音像制品、电子出版物物流标签》、《图书、音像制品、电子出版物物流作业规范 第一部分 收货验收》、《图书、音像制品、电子出版物运输包装材料基本要求》等7项全国出版物发行行业标准将于明年适当时候作为行业推荐性标准向全行业推荐实施。

2008年以来,新闻出版行业标准制修订工作步伐加快,到目前为止已经制定修订行业标准33项,大大超过了2007年的8项。全国出版物发行标准化技术委员会自2004年成立至今,已完成了《出版物发行标准体系表》、《图书流通信息交换规则》以及以上7项标准的制定。另有《出版物发行术语》、《出版物物流术语》等近20项标准正在制定之中。

特价图书多轨运行

在目前的图书市场上,各省市大型图书卖场、超市、各类主题书展、书市等处频繁可见特价图书的影子。已形成一定规模的书店特价区或特价分店大多包括自身库存书和出版社提供的特价书,分为社科、文学、少儿、科技、语言文字、教育、工具书等类别。书店经营者大都表示,只要存在特价书的供求关系,书店就将在此领域持续经营。然而,并非所有的书店管理者都把书店特价区和特价分店规划成长期的经营行为,有些书店的特价区和特价分店只是图书卖场为了适当缓解库存书和破损书的损失而设的短期经营项目,也有书店的特价书经营采取流动售书和举办特价书市的方式进行。

贝塔斯曼调整中国战略

贝塔斯曼在2008年,先后宣布关闭21世纪门店和书友会业务,终于印证了早于2007年底坊间的传言。对于这一13年前就进入中国的德国出版传媒业的"超级航母",业界给予了太多的关注。它给中国书业带来的东西很多,先进的经营理念、个性化的服务等等,同时也为中国培养了一批书业界的精英,由此激励着中国书业大跨步的发展。从另一方面看,这也为每一家有志于跨国经营的书业企业提供了深刻而经典的案例。在贝塔斯曼新任CEO上任之后,对包括中国市场在内的全球业务做出的调整,是在有条不紊地进行中。而将中国作为全球三大战略市场之一,以及中国总部传递的以开放的态度跟踪书业市场变化、寻求合作的信息,更让我们感觉到这一航母并没有从书业完全退出,在中国市场2亿元的投资基金、10多年的书业经验和数据以及整合关联业务的未来规划,都为贝塔斯曼在中国提供了种种可能。因此,对于贝塔斯曼我们只能说,悬念持续存在,值得继续关注。

2. 教育出版年度走向

中小学教材招投标年初生变

教育政策的变化对于教育类图书尤其是教材出版的影响是最为明显的,自从推行新课程标准之后,一纲多本的出版格局逐步形成,同时新的教材出版与旧的教材发行方式之间的矛盾也越来越突出。2008年初山东省地方政府部门发布《关于进一步加强和改进中小学教材建设与管理工作的意见》,对于免费教材的政府采购办法以及发行办法进行了统一规定,此举一出引起一片震动:一些省份的主管部门和相关单位赴山东省取经,但这也让一些教材出版单位不满——在他们看来,地方教育、出版主管部门与出版机构联合发文的形式、由地方出版机构一家租型的做法以及鼓励使用本地版本教材等做法,都违背了公平竞争的原则。对于这个问题的探讨,可谓仁者见仁,智者见智,实际上体现了不同教材出版主体之间的利益博弈,而博弈的结果,亦将决定未来中小学教材出版阶段性市场格局的形成。

教材免费及循环使用改变教材出版格局

2007年秋季学期开始,全国农村义务教育阶段1.5亿学生教材全部由政府采购;2008年春季,部分科目免费教科书循环使用制度启动。与此同时,出版界的一系列变化也随之而来。在让利学生、让利教育的前提下,面临教材利润大幅下滑的出版企业意识到,未来的中小学教材出版会越来越公益化。目前,多数出版企业已经不再把中小学教材看作最大的盈利来源,转而向着图书结构转型、多元经营的方向发展。但是,在转型之初,出版企业也希望能够通过教材免费及循环使用中的进一步规范操作以及政府扶持来缓解一些压力。

地方教育社经营转型

全国各地教育社的文教图书出版从20世纪90年代中后期开始,不断面临着市场被民营书业瓜分的窘迫局面。2000年之后,"一费制"和新课程标准的推行,更使得地方教育社的市场份额进一步收缩。在这种情况下,部分地方教育社通过对原有产品线的优化、现有出版资源的重新整合以及出版成本的控制,首先巩固了省内市场,并通过省外合作、数字出版的方式进一步拓展全国市场。经过2008年生产成本涨涨跌跌以及其他一些不确定因素的洗礼,文教图书出版市场进一步集中和"净化",这一方面给地方教育社提供了新的发展空间,另一方面也为他们"创造"出实力更为强劲的民营竞争对手。从某种意义上说,2009年可以看作地方教育社转型之后的成长关键年。

民营教辅书业调整中发展

2008年之所以称为民营书业的整合年,在于一批小型民营策划公司的倒闭,以及拥有雄厚规模和实力的大型公司的产业升级。2008年,一批民营书业投资的创意产业园拔地而起;新型人力资源管理系统被引入民营书业企业;"全品种"成为业界不约而同所追求的目标。如果将这些变化放在更加广大的视野内观照,我们就会发现其他先进行业内中小型企业所经历的发展问题,正在中国民营教辅书业企业这个群体中上演着,今后的道路究竟该如何走,也必须由这些企业独立地去尝试。

大学社数字出版加速升级

与其他类型出版社相比,大学社在数字出版方面具有一些优势条件:一方面,一批大学社从20世纪90年代中期前后就开始围绕教学所需的内容资源在以光盘为主要载体的电子出版方面进行了探索,部分出版社设立了专门部门,甚至掌握了一定的发行渠道,形成了电子出版物品牌;另一方面,国际上的数字出版商业模式在教育学术领域相对成熟,为大学社发展数字出版提供了可借鉴的国际经验。在这种优势之下,诸多大学社纷纷着手发展数字出版,并摸索出适合自身特点的模式和思路,例如华中科技大学社力求实现队伍建设与业务发展的同步推进,华东师大社努力成为"三位一体"的教育信息服务商,北大医学社力图走自主发展服务型数字出版的道路,浙江大学社则是以主导型合作激活特色化数字出版。此外,各大学社也纷纷从具体环节入手推进数字出版,网站建设是主要着力点。

3. 大众出版年度走向

资本拉动文学网站新一轮比拼

2008年是文学出版的重要一年,也是自身发展与出版有密切联系的原创文学网站的重要一年。2007年,文学网站整体收入达5000万元,专职从业人员数百人,文学网站pv总和两个亿,保守估计,共有网络小说作者12万人,网站累计注册用户2000万……在2008年强大的竞争面前,谁可能最终胜出?什么才是制胜的法宝?"付费阅读"、"女性阅读"、"并购融资"、"人才"、"技术平台"、"整合"是我们所认为的文学网站最终笑傲江湖的"六脉神剑",其中,"并购融资"成为目前最热的主题词。红袖添香网站继起点中文网、晋江原创网之后,成为第三个加入盛大的文学网站。就在不久前,由这三家网站组成的"盛大文学有限公司"正式成立,资本开始了在文学网站领域的又一轮比拼。

出版社与网站合作日趋成熟

传媒业的成熟和发展,让图书出版与电视、网络这两大媒体的结合日益紧密。出版社和网站的合作日渐深入,形式也更加多样:内容资源方面,原创文学网站从向出版社推荐优秀作品这样一种"中介"性质的机构,发展为具有版权经理人性质的版权代理机构,起点中文网和幻剑书盟已采用出售版权的形式与出版社合作,还尝试通过各种活动共同推动图书的销售、扩大作者的影响力。与此同时,一些网站也开始向出版社购买图书的电子版权,建设自己的数据库,发展付费阅读,如新浪读书频道和腾讯读书频道等。图书销售方面,网络书店和出版社从单纯的供销关系转变为广告、数据合作,甚至共同策划选题,网络书店所占的市场份额逐年飞速增加。当当、卓越等网络书店正在努力突破简单的销售功能,构建媒体平台和消费者意见平台,并让自身掌握到的一些数据创造更大价值。营销宣传和读者服务方面,门户网站的读书频道或一些专业阅读网站越来越多地和出版社联合起来,共同举办推广活动,开展阅读指导。

城市社多极化寻求出路

专业化探路的困惑,被边缘化的隐忧,以及联合体发展的艰难,成为近年城市出版社发展面临的突出问题。作为综合性出版社,城市社的选题范围相对宽泛,但这既是优势又是劣势。很多城市社都已经意识到了这个问题,纷纷把"走专业化之路"、"有所为有所不为"作为未来发展的方向和战略。一些城市社已经初步在某一类图书的市场上打出了自己的品牌,如青岛社的生活娱乐类图书、长春社的文化教育类图书和海天出版社的工商管理类图书,然而还有很多城市社仍处在摸索中。出书种类差异大,隶属机构不尽相同,这些都给彼此之间的联合带来难度。因此成立于20世纪80年代末的全国城市社出版发行联合体不能像其他某类图书的联合体那样，集中精力与书店的某一个部门联系工作，通过打造整体形象吸引读者，占领市场。对于城市社联合体未来发展走向，有负责人表示，出版社的划分应该主要依照出版结构和总体品群，从这个角度看，城市社的概念是否应该结束？

新武侠出版告别黄金期

2006年前后，"新武侠"出版达到了一个前所未有的高峰期。其后，这种热潮慢慢冷淡下来。时至2008年，记者发现多家出版社都在退出或者计划退出"新武侠"这一类型小说的出版。与此同时，记者也不断听到，某个"新武侠"作者转而去写言情、玄幻或者去做了编剧。作为类型文学的一种，武侠有着广泛的民众基础和文化支持，国人固有的"尚武尚侠义"的传统，本该让如火如荼的"大陆新武侠"运动具有极强的生命力，缘何在短短的两三年间，就衰落至此？在历经一甲子以上的众多作者不断埋首写作下，武侠小说过去的新意，已渐渐用罄、贫乏，没有"新"的东西刺激和导引。再者，一有叫好叫座的书籍出现，坊间即非法盗印，查不胜查，如此情况之下，读者锐减、作者却步、出版社也不敢大笔投资，这些原因都是"新武侠"衰落的原因。

后奥运时代出版做什么

从申奥成功到2008年北京奥运会开幕之前，中国图书商报持续关注奥运图书的出版发行，并特别推出了走出书业、走向终端读者的《奥体·读品专刊》，取得良好反响。2008年北京奥运会结束之后，书业人士又该如何挖掘奥运相关选题？如何延长已出版的奥运图书的生命力？业内人士支招认为，"对奥运会的归纳总结"、"奥运会给中国带来的变化和影响"、"奥运之后的英雄人物榜"等都是奥运会后可以操作的选题。同时，出版社更要发散思维，想想奥运之后读者更关注什么。很多国家通过奥运会增加了对中国的了解，随之而来会有外国游客大量涌入，他们真正感兴趣的可能大部分是中国本土的东西，因此民俗类图书或将成为有销售潜力的板块。

4. 专业出版年度走向

社际合作再度加强

随着地科社被边缘化趋势出现，彼此如何加强"社际合作"也成了地科社负责人共同关心的话题。浙科社先后与安徽科技社、四川科技社联合策划出版手足口病疫情防范图书和抗震救灾读物，其中抗震图书则借由四川科技社的地缘优势得于第一时间送达灾区。辽科社与河北科技社"互换"政府采购图书目录，安徽科技社与苏科社、江西科技社就高职高专教材租型的合作，陕西科技社与上海科技教育社的《高中物理》(国际版)的租型，湘科社与山东科技社、广西科技社、辽科社就精品台历发行的合作等也受到关注。而地科社按片评选优秀图书的活动也将化散为一。

专业社变身服务提供商

近年，专业社一方面在管理控制渠道上大下工夫，颁布诸如"发行代理办法"、"经销商分级管理制度"、"经营单位奖励办法"等渠道政策；另一方面，诸如中信社、人邮社、法律社、化工社、纺织社等开始重新审视出版价值链，从业务创新层面构筑服务体系：不再限于优惠的销售政策、大力度的促销活动，年终返利、客情关系建设等服务方式，不再做单纯发货、催款的产品供应商，而是站在经销商角度提供增值服务。"从产品提供商向产品销售服务商转化"，借助出版社的资源提升书店经营的能力，完成其业绩要求，并以书店作为为读者服务的平台，在多方关系中达到社店利益的共赢与平衡。如中信社已将发行部改造成服务中心和客户中心，前者重点放在改善客户业绩，后者是基础发行业务平台，而法律社在外版书业务上将根据经销商经营品种的不同、销售情况的差异,为其提供"定制化"服务。

产品经理兴起

自"产品经理"概念进入国内一直受到业内外人们的重视,若把产品经理的概念套用在出版单位,那么一个完整的产品经理必须参与出版物选题的前期策划、参与定价、制定产品的营销计划,不论是面向区域市场或全国市场。同时,要搜集终端销售信息,进行数据管理,并对旗下产品最终的销售情况负责。现在也有不少出版社在常规的片区经理外,始设产品经理抑或类似于产品经理的岗位,如人邮社、化工社、清华大学社和电子社等。清华大学社发行部副主任孙燕生称,清华社的片区经理负责全社赋予发行部的发货回款任务,主要是渠道管理工作;产品经理负责相关业务模块的推广过程及结果,主要从产品及用户市场的角度出发,通过协调编辑(分社)资源以及管理发行部驻外市场代表体系,达到开发相关业务模块,增大市场份额的目的。

资格考试用书竞争加剧

因考试难度大、通过率低而被戏称为"天下第一考"的司法考试,开考以来就成就了相关考试用书市场的繁荣。随着出版竞争的加剧,司考用书已从最初的一套考试指南发展到如今专题讲座、法律汇编、真题、模拟题、一本通、口袋本、速记和冲刺等,与中小学甚至高考辅导用书相比有过之而无不及,教辅化趋向愈演愈烈。同为资格考试的建筑、注会、证券等行业资格考试,有部分出版者进入此市场前并无周详的市场调研,对有多少考生、考生的实际需求、竞争对手情况等并不了解,甚至只是在有供稿的情况下就贸然进入,产品虽井喷但市场因竞争加剧而疲软。

社际合作方向方式变化

2008年7月底,由中国版协科技委牵头,湖南、江西、广东、河南、江苏等

13家地科社负责人聚首长沙,就农家书屋联合出版发行达成相关协议。据了解,自此前南昌、杭州两次社长总编年会到长沙召开农家书屋工程专项出版发行研讨会,其实质均为探讨新形势下地科社间发挥特色、优势互补、共同发展的路子,其他诸如兄弟社间的版权贸易、联手出版发行高职高专教材等也正在尝试。另悉,今年法律社大众分社也开始带编辑拜访优秀策划团队,深入学习大众类选题的开发流程;接力社与国外出版机构互换研修人员,"金黎组合"频繁被邀传授策划"心经"。

中外出版交流全面升级

2008年7月8日,人民卫生出版社美国有限责任公司正式宣布成立,并收购了加拿大BC戴克出版公司全部医学图书资产。国内出版人离国际化的战略梦想又近了一大步。事实上,自1992年10月15日和30日中国分别加入《伯尔尼公约》和《世界版权公约》,2001年又正式加入世界贸易组织,中国书业的改革开放即开始加速运动。尽管很长一段时间国内的版权贸易都是大幅度的贸易"逆差",但随着近年中国经济的迅速发展,综合国力的提升,中国经济文化已经在世界范围引起了深度关注。中外交流的双向性,让国人有了让世界了解中国的冲动,再加上近年来各级政府的支持,尤其是"中国图书对外推广计划"的倡导,中国书业的对外合作与交流取得了跨越式的发展。

5. 中国传媒年度走向

纸价上涨,报刊纷纷提价

新闻纸价格创5年来最高,从2007年年底开始众多报刊纷纷提价。《财经》、《三联生活周刊》、《南风窗》、《南方都市报》、《经济观察报》、《财富时报》、《华夏时报》等知名大刊大报相继涨价,另一份经济类报纸《21世纪经济报道》在坚持了半年之后,也不得不从2008年7月份开始提价。南京市场上的4份都市报（《现代快报》、《扬子晚报》、《金陵晚报》、《南京晨报》）零售价集体提高40%，南京从而成为国内首个报纸集体提价的地区。在本轮由经济类报刊和都市报引领的提价风波中，很多报刊提价幅度罕见地高达100%，明显显示出媒体之间竞争已经从简单的价格战中逐渐走出，更多的是要去比拼新闻内容和质量。

2008年下半年，报刊延续了上半年开始的涨价势头。多年来定价雷打不动的《读者》、《青年文摘》、《格言》等文摘类杂志和《南方周末》等报纸也开始了大踏步的提价征程。回想年初，新闻纸价格创5年来最高，《财经》、《三联生活周刊》、《南风窗》、《南方都市报》、《经济观察报》、《财富时报》、《华夏时报》、《21世纪经济报道》等知名大刊大报相继涨价。随着年底金融危机的袭来和纸价的缓慢回落，报刊集体提价越来越受到读者的质疑。但"开弓难有回头箭"，想让价格再落下去，可能性不是很大。

巨头新刊纷纷亮相

2008年1月份美国《读者文摘》中文嫡系《普知》的亮相为媒体巨头的新刊战略推开了第一道门缝，接下来商界传媒开打亲情牌，推出潜心一年精心打造的《家人》；"第一财经"这个招牌开始嫁接到期刊出版领域，号称"每周出版的商业周刊"，何力带着《第一财经周刊》愣是把刊界搅得风生水起；财讯传媒集团强势推出《他生活》，首次涉足男性时尚出版领域；北青传媒集团引来韩风《CéCi姐妹》；桦榭中国使出低码洋"杀手锏"，定价3元、推广价1元的《伊周》在国内7个城市分别开花；上海文艺出版总社《型时代 InStyle》低调入市；《米娜》姐妹版《卡娜》现身；英国金融时报中文网推出了线下中文杂志《睿》……在奥运的刺激作用下，很多巨头都选择把今年上半年作为推新刊的重要契机，操作手法也日渐多元。另外，原《中国企业家》总编辑牛文文离职创办《创业家》也成为下半年圈内热议的话题，新刊《博客天下》开创了国内博客新闻杂志的先河；金融时报网站出版线下杂志《睿》等，使得整个2008下半年的中国刊业充满了生机与活力。

户外媒体成'08年新宠

2008年上半年风险投资商们把目光更多聚焦在户外媒体上。1月14日，分众传媒宣布对炎黄健康传媒进行战略投资，以500万美元现金换取20%的股份。此前，炎黄传媒已获得3500万美元投资；1月22日，易取传媒获IDG1300万美元第二轮注资；1月下旬，互力健康传媒计划融资数千万美元；2月初，韩国KTB与香港OakCreekCapital公司联手对七维传媒注入了高达1000万美元资金；2月12日，中国最大交通数字媒体世通华纳成功融资5000万美元；2月底，天骏传媒集团获得总额为8300万美元的风险投资。2008年上半年，风险投资向户外媒体注资的金额一浪高过一浪，纪录不断被打破。在风险资本商眼里，户外媒体坐拥几百亿元的市场规模，成功的肯定不可能只有一个分众。

金融危机"突袭"刊业

2008年上半年以前，几乎没有哪家刊社意识到其过去一直飞速增长的广告业务会在年底遭遇重创。突然爆发的美国金融危机迅速波及中国，使得汽车类、金融类、房地产类、奢侈品类广告投放锐减，相关行业杂志纷纷"中招"，难以幸免。随着危机的不断加深，连杂志零售也开始表露颓势，很多刊物的发行量都受到了不同程度的影响。金融危机的突然袭击，使得"一批中小期刊退出市场，强势期刊地位更加稳固"成为接下来中国刊业的必然结局。如何过冬？也成为岁末年初刊社们需要思考的最严峻问题。

杂志数字化遭遇挑战

2008年对于那些急于在数字化上大有作为的杂志社来说，无疑是一个惨淡的年份。仅用两个标志性事件就可以说明：Xplus式微和精品网裁员。对于Xplus来说，2008年是其真正步入低谷的年份。虽然在2007年Xplus就显露疲态,但从2008年Xplus开始,资金链断裂、大规模裁员、高管纷纷离职,折射出免费电子杂志的波谷已到。另外,精品网在高调聘请原BTV主持人胡紫薇担任总经理之后,近期调转航向,开始大规模裁员。很多刊社都表示2008年其数字化发展战略不甚顺利,纸媒的生命力也因此在2008再次得到彰显。

报刊退出机制进入试点阶段

2008年,新闻出版总署着手研究报刊市场退出机制的具体方案,目前该工作正在辽宁、河北进行试点。据悉,经营性报纸的改革要分三步走:第一阶段改革国有企事业单位所办报纸;第二阶段改革行业协会等社会团体所办报纸;第三阶段改革中央部委所办报纸。力争在3年时间内建立新体制的基本框架。深化公益性出版单位改革,培育报业公共服务主体。党报及少数民族文字等公益性出版单位深化改革的重点是实行事企分开,建立新的运行机制,以改善服务为目标,着力在构建公共服务体系和改革运行机制上下工夫。

老牌期刊启动新一轮发展

读者出版集团2008年下半年启动上市步伐,《读者》的品牌效益有望被资本市场放大。目前通过公开招标,读者出版集团已经选定银河证券作为保荐人负责该集团股票业务。作为国内发行量最大的期刊,《读者》的上市意义重大,也昭示了中国一批老牌期刊启动了新一轮的创新发展。11月18日,家庭期刊集团正式挂牌成立家庭期刊集团有限公司,成为广东首家实现整体转制的期刊单位。目前,家庭期刊集团成立了公司董事会、监事会,完成公司组织架构的改造,出台了推进劳动用工机制、薪酬体系和分配制度的改革方案,并实行竞争上岗、以岗定薪、全员劳动合同制,处理好改制后职工的社会保障问题。下一步,家庭期刊集团还计划进行股份制改造,组建国资控股公司并积极争取上市。

[链接:中国图书商报2008.7.15,《2008书业大事大势(上半年回顾版)》;2008.12.26,《中国书业大事大势2008(下半年回顾版)》]

第7章　出版集团年度表现

十七大报告中明确指出，在时代的高起点上推动内容形式、体制机制、传播手段创新，繁荣和发展文化生产力，是繁荣文化的必由之路。2008年，我国出版集团打响体制改革攻坚战，各项改革加快步伐不断取得新突破。

1. 转企改制取得新突破

2007年12月28日，中原出版传媒投资控股集团有限公司挂牌成立。河南出版界158家成员单位的2万余名职工与沿用了50余年的"事业单位企业化管理"出版体制挥手告别，全新的企业化经营体制和管理体制正式启动。2008年，集团在体制和机制上全面推进改革。2008年11月5日，四川出版集团有限责任公司正式挂牌成立，在告别50多年的传统出版管理体制后，该集团将实施人才、品牌、多媒体、走出去、多元化、资本运营六大战略，开启四川出版产业快速发展的新航程。2008年的最后一天，山东出版集团举行了转企改制大会，该集团转企改制工作由此全面启动。

继2007年年底辽宁出版集团成功登陆A股之后，安徽出版集团也踏上了上市之路，其借壳上市可称得上2008年出版集团在资本市场上的新突破和新亮点。2008年9月18日，中国证监会正式批复核准安徽出版集团，以其出版、印刷等文化传媒类资产参与认购科大创新股份有限公司定向发行的股票。11月18日，时代出版传媒股份有限公司在合肥举行了成立暨上市大会。

与时代出版传媒的顺畅上市之路相比较，为数不少的出版集团仍在"蓄势"中。在重组方案遭否决3个月后，凤凰出版传媒调整方案再度启动重组。

ST耀华12月9日披露,公司再度出台的重组方案,较之前一次的方案已大有不同,注入资产又有所增加。新的重组方案在2008年12月24日获得股东高票通过。

2008年11月,中国出版集团公司总裁聂震宁公开表示,该集团整体转制已基本完成,上市节奏开始加快。重组方案中,最引人注目的是荣宝斋、商务印书馆分别筹备上市。集团将对各方资源进行整合并且吸收外资,将荣宝斋组成股份有限公司,进行全面市场化,定位在文化艺术品市场。

江西出版集团为股改上市制定了详细的路线图和计划表。据了解,目前有多家国有文化、金融以及业内的发行集团等都纷纷与江西出版集团公司联系,希望能参股合资。2008年该集团各项工作都围绕股改上市展开。"集团已经两次派出专门的小组到上海、四川、安徽、湖南、湖北、河南、辽宁等出版集团去考察学习他们在筹备上市过程中的好做法。上市的目标是为了融资,为了发展得更快更好,企业进入全社会进行公开融资,就可以促进企业发展到一个新境界。"集团董事长钟健华满怀信心地说。

湖南出版投资控股集团将2008年定位为集团战略转型年。上年度,该集团马不停蹄地加快了改制上市进程,在A股市场整体IPO的工作方案已经获得湖南省政府、省委宣传部的原则同意,与多家境内外战略投资者的沟通也取得初步成果,改制上市中介机构已经全部投入工作。在并购重组方面,湖南教育出版社、湖南新华书店集团完成了与湖北省内强势发行公司湖湘公司的并购重组,与境内外出版社的并购谈判达成初步意向。据了解,该集团已聘请中银国际负责重组和公开发行事宜,近日又刚刚获得中国建设银行100亿元的信贷支持。预计将在2009年上半年实行增资扩股。

2008年2月,重庆出版集团的上市筹备工作获得新闻出版总署的认可,再次传递出主管部门鼓励有条件的出版企业进行资本运作的强烈信号,该集团总裁罗小卫表示,"集团仅仅是拿到了登陆资本市场的'准考证',还有一段艰苦的路要走。"目前,该集团已向会计师事务所和审计师事务所提交资料。

广东省出版集团2008年启动了股改,集团董事长黄尚立表示,集团的发展现在是完全按照2009年争取成功上市这个战略来进行的。此外,长江出版传媒集团、吉林出版集团、云南出版集团等集团也都在积极做着上市准备。

2．跨地域合作重组渐成趋势

2008年,出于扩张优势资源、增强企业竞争力的需要,各出版集团开始谋求更深层次的行业重组。

3月24日,由江西出版集团和宋庆龄基金会所属中国和平出版社联合组建的中国和平出版社有限责任公司在京成立,此举标志着国内首家由地方出版集团联合中央部委所属出版单位进行跨地区重组、资源整合的"破冰之举"取得重要进展。同年9月,吉林出版集团与中华工商联合出版社合作的中华工商联合出版责任有限公司成立,并开始在大众类市场上崭露头角。与过去在个别领域展开地区间合作的情况有所不同,这种跨区域发展是以资本为纽带,以产权制度改革为突破口,将双方资产、业务、人员等资源全面融合,开创了全新合作模式。

2008年5月,凤凰出版传媒集团与海南省新华书店系统发行网实现并购重组成立了海南凤凰新华发行公司。前者占51％股权,后者占49％股权。这是我国发行业首例跨地区战略重组项目,标志着我国出版发行体制改革迈上新的台阶。据了解,双方规划五年内将在海南省新(扩)建10多个市县中心书店,在海口的大型书城装修完成后将结束海口无大型书城的历史。

此外,以推动整个中部地区出版产业的改革与发展为目的的中部出版高峰论坛影响力也渐趋扩张。2008年5月12日,由江西省出版集团公司承办的第三届中部出版高峰论坛上,通过了设立"中部出版高峰论坛教材研究小组"的决定,由各集团指派专门人员组成,建立教材长效研究机制。2008年9月8日,由山西出版传媒集团承办的第四届中部六省出版高层论坛在山西太原举行,成立上市问题研究小组、战略合作研究小组以及政策问题研究小组。

"六省举办的中部出版高峰论坛讨论的都是有关出版改革方面的问题,并已经逐渐切入到出版业改革发展的深层问题,在向各位学习的同时也非常希望能在交流探讨中寻求相互之间进行合作的机遇。"以特邀嘉宾身份参加论坛的辽宁出版传媒股份有限公司董事长任慧英对两次参加论坛深有感触。

3."走出去"创新模式

在2007年我国图书版权引进和输出数量由"双增长"转变为"一增一减"的基础上,2008年以出版集团为主角的中国出版"走出去"取得了更加喜人的成绩,与国外出版机构的合作更加广泛而深入,机制已从单一的版权转让发展为与海外出版机构联合出书、图书交换、成品出口、渠道共享、股权合作、印刷复制服务输出等多种方式。

机构"走出去"。中国出版集团公司在"走出去"方面连续推出大动作。在第15届北京国际图书博览会上,该集团宣布在香港注册的中国出版国际公司正式挂牌,对集团所属的中国图书进出口总公司、中国出版对外贸易总公司在海外建立的代表处、公司、连锁书店等海外机构全面整合运作,提高中文图书和中国内容的外文图书在国际市场的占有率。博览会期间,该集团与韩国规模最大的熊津出版集团正式签署战略合作伙伴协议书,共同推动出版等相关领域的合作,着手开展对外汉语教材、家庭教育出版,并就互设出版社进行调研论证,目前熊津已引进人民文学社小说《所以》和《月亮背面》。

为加快"走出去"步伐,培养外向型出版人才,长江出版传媒集团有限公司2008年5月正式向有关主管部门提出在境外设立出版社的申请,于7月25日获得商务部的批准。8月初,该集团派员奔赴英国着手正式组建事宜。

2008年,江西出版集团与日本白杨社、美国西蒙·舒斯特、英国安德鲁出版社、韩国大韩教科出版社、意大利军体出版社等国际知名出版机构都开展了版权贸易,并就合作出版等进行了洽谈。

浙江出版联合集团为了出版更多面向欧美主流社会的图书,在第15届北京国际图书博览会上,与欧洲时报签订了合资在巴黎建立出版社,出版法语图书的协议;与意大利《欧联时报》以及意大利出版社合作出版意大利语图书的合作平台也正在搭建之中,并已经有部分选题计划。另外,与西班牙、日本、英国有关单位合作建立出版机构和合作平台的计划也在洽谈和落实之中。预计2009年法兰克福书展将会有一定数量的"走出去"图书参展。2008年,该集团加大工作力度开拓海外中文图书市场,先后在英国、澳大利亚、法国、西班牙举办了中文书展。博库书城网络书店将于2009年初落地台湾,并开始实施落地美国的合作项目。

产品"走出去"。2008年,各个出版集团在产品"走出去"方面,不仅图书版权贸易质量提高,图书品种也更趋丰富。在新闻出版总署"2009年法兰克福书展中国主宾国活动重点图书翻译出版资助项目"中,中国国际出版集团首批共有80种图书入选,该集团旗下新世界出版社出版的《敦煌壁画中的精彩故事》采用英、日两个文版,系统地梳理了敦煌470余个洞窟的壁画精彩故事,附有100多张珍贵图片,是我国敦煌洞窟文化珍贵史料的集成,已被甘肃省委宣传部作为对外推介敦煌文化优秀版本,同时还被日本和加拿大有关大学选为中国文化读本。此外,在第15届国际图书博览会期间,中国出版集团公司所属中国出版巴黎有限公司与湖南科技出版社举行了《中华文化丛书》法文版签字仪式。由重庆出版集团今年推出的畅销小说《藏地密码》第四部首印30万册已面世。该书计划出版8部,预计最终销量会突破1000万册,海外版权收入已超百万。2008年,山东出版集团与英国哈珀·柯林斯集团签订了《笑猫日记》多语种版权的协议,成功实现了少儿原创图书"走出去"的目标。江西出版集团与11个国家和地区共签订版权贸易201项,其中图书版权输出69种,电子版权输出30种,引进版权8种,版权输出与引进的比例为12∶1,高出全国平均水平,继续保持版权输出顺差。山西出版集团与美国、英国、法国、加拿大、西班牙等国家达成版权贸易意向和签订合同共78项,其中输出48项,引进30项,成为为数不多的实现版权贸易顺差的出版集团之一。

在第59届法兰克福书展中，中国国际出版集团共展出图书1070种，其中外文图书770种，完成458种图书版权贸易谈判；法国墨蓝出版社购买湖南出版投资控股集团《中华文化丛书》12种图书的法文版版权，该丛书不久将在法国出版发行。

4．上下游合作，营销"升级"

随着改革步伐的加大，各出版集团的市场化意识大大增强，为了提高市场占有率，各集团在营销上高招迭出。2008年，是广东省出版集团谋求战略突破和产业升级的关键一年，也是该集团的"营销创新年"。7月，该集团召开了营销机制创新讨论会，计划组建大营销中心。据了解，这是该集团第一次深入研讨营销机制创新。集团董事长黄尚立在讨论会上指出，营销机制的创新是出版工作生产链上重要的环节，整合集团内部各出版社的营销资源，组建大营销中心是大势所趋。讨论会对营销中心的构建职责与定位、性质、组织架构等提出了具体的建议。

安徽出版集团继2007年首次举办"春茗恳谈会"，开启社店合作营销新模式后，2008年春茗恳谈会以更富吸引力的主题和丰富实在的内容安排，得到了业界更为热烈的回应与支持。"五一"期间，该集团总裁王亚非、副总裁牛昕与集团8家出版社的社长、总编辑、编辑、发行员一道，进书店、进社区、进学校、进商场，担任图书推介员，面对面为读者服务。

11月26日，全国15家发行单位应浙江出版联合集团之邀，聚会千岛湖畔，就当前图书市场总体状况和发展变化趋势，并对浙江出版联合集团调整结构、适应市场、做强主业建言献策，还就如何加强社店合作、交流、实现互利双赢等话题展开研讨。浙江出版联合集团总裁童健表示，该集团将设立专项资金，制定考核奖励办法，通过项目扶持等形式，鼓励出版社多出精品，并对一般图书销售增长较快的出版社给予奖励。

为隆重纪念改革开放30周年，云南出版集团承办了云南省纪念改革开放

30周年优秀图书展销活动,在全省19个新华书店图书城同时展开。展销活动时间为2008年10月30日至11月10日。这次展销活动,该集团精心组织了1000多个品种、20多万册、价值500多万元的新书投入这次展销,尤其对集团为纪念改革开放30年出版的《彩云之年——云南改革开放30年》、《云南省情》等15种图书进行了重点展销,取得了良好的销售成绩。

重庆出版集团在网站服务的测试及维护过程中意识到,传统单一的发行模式已严重制约了图书的对外传播,于是确立了"进军网络销售领域"的发展思路,经过长达半年的谈判和磨合,最终与当当网达成了"份额锁定、资源互补、共同经营、共同成长"的战略合作协议,成为北京以外第一家与当当网战略合作的地方出版集团。

5. 突出主题,挺拔主业

2008年是一个特殊的年份,纪念改革开放30年、北京奥运会、汶川大地震,作为中国出版业的主力军,出版集团在每一个"关键词"上都做足、做好了出版文章。

重大出版工程和活动。文库出版仍然是2008年来出版集团整合资源的一大亮点。全国书博会期间,由中原出版传媒集团策划出版的《中原文化大典》系列丛书面世。《中原文化大典》从立项到成稿再到出版,历时10年,全套丛书共55册,3000余万字,全面系统地对悠久的中原文化,尤其是对其历史功绩、考古发现与研究成果进行了论述、总结与展示,具有极高的文化出版价值。

凤凰出版传媒集团的《凤凰文库》七个系列,2008年9月首批推出124种,销售3000余套,近37万册。涵盖马克思主义研究、政治学前沿、纯粹哲学、宗教研究、人文与社会、海外中国研究、外国现当代文学等主题系列,预计在3到5年内达到600种的出版规模。

山西出版集团正集中集团精干力量,编纂出版山西的"四库全书"——《山西文库》,文库共6编、21辑、约600册,该文库对研究山西文化具有极为重要的意义。

2008年奥运会举世瞩目,也将奥运出版推向了高潮。一直致力于推动全民阅读的北京出版社出版集团出版奥运图书200余种,内容覆盖从幼儿到成年人各个层面的读者群,成为全方位覆盖奥运主题出版物的出版社之一,其中"福娃系列"图书博得了全国少年儿童的喜爱。中国出版集团共策划出版了40余种与奥运相关的图书,如人民文学出版社推出的《五环旗下的中国》、《何振梁申奥日记》、《奥林匹克宣言》等,并在机场、宾馆书店加强发行和销售。中国对外翻译出版公司出版了不少可供外国人阅读的多语种实用类和旅游类图书,其中《奥运医疗卫生常用语手册》吸引了众多外国运动员和官员前来购买。广东省出版集团精心打造了200万字的"奥运辉煌"丛书,并配有近千幅精美图片,由国际奥委会名誉主席萨马兰奇为该丛书撰写序言。此外,该集团还推出《图文话奥运——从奥林匹亚到北京》、《穿越奥运的时空》、《橄榄·月桂·棕榈树——奥林匹克运动象征植物》等一批迎接奥运的图书。山西出版集团在表现奥运的"宏大主题"时密切结合自身特色,把奥运主题适当延伸,让奥运真正成为企业发展的助推器。据了解,山西出版集团在确定奥运图书选题时坚持"有所为有所不为"的原则,即奥运图书既要成为广大读者了解体育、了解奥运的好助手,又要注入新的文化内涵,避免进入市场后与专业出版社的相关产品形成竞争。因此,重视旅游图书出版,并借助奥运契机带动山西相关文化产业链的延伸,成为山西出版集团2008年的核心工作之一。

5月12日汶川大地震发生后,各个出版集团第一时间投入到抗震救灾工作中,一方面捐款、捐物、献血义卖,另一方面紧急赶制灾区需要的出版物。中国出版集团旗下的中国大百科全书出版社16个小时就推出《抗震救灾自助手册》,通过民航绿色通道运往灾区,成为第一时间到达灾区的出版物。时代出版传媒集团在短短两天时间内编辑制作出《灾害避险50招》送往灾区,同样处于灾区的陕西出版集团用5天时间修订、排版、印制出《防震减灾必读》,和其他抗震救灾图书3万余册一起送往陕西省内灾情最严重的宁强县和略阳县。四川出版集团在积极展开自救的同时，积极组织精干力量，在确保安全的前提下，迅速恢复生产，争分夺秒推出了多种抗震救灾防护手册，免费送达灾区群众手中，并全力赶印中小学教材，满足灾区学生复课的需要。

为了真实记录并深层次反映改革开放30年的伟大变革及取得的巨大成果，各个出版集团以强烈的政治责任感和文化使命感策划出版了一批重点出版物。中国出版集团公司精心组织了102种重点图书，涵盖10个大型书系，并举办了"放歌3年"大型系列歌曲晚会活动，受到党和国家领导人和广大读者的高度好评。9月，由中国出版集团主办，江西出版集团协办，中国图书商报社、中国对外翻译出版公司、江西教育出版社承办的"改革开放30年最具影响力的300本书"系列评选活动启动，12月，入选名单正式在中国图书商报公布。同时由中国图书商报社组织编撰，中国对外翻译出版公司、江西教育出版社联合出版的《30年中国最具影响力的300本书》《30年中国人阅读心灵史》《30年中国畅销书史》三本书同步推出。这一将30年来中国出版产业、中国出版文化与中国国民阅读熔于一炉予以系列关注与研究并形成出版成果的项目，在国内当属首次。

上海世纪出版集团共有23项56种作为重点项目推出，6种入选总署纪念改革开放30年百种重点图书选题。预计2009年将在法兰克福书展上进行英文版首发的中国原创经济学著作"中国改革30年研究丛书"，总结和回顾了中国改革30年巨大成就，是中国经济学家和出版工作者一起秉承改革30年的激情，担当时代重任的一次重大实践。

值得一提的是，这批图书不仅具有良好的社会效益，也表现出相当的经济效益。这些图书中出版得较早的，已经再版。如四川人民出版社2008年7月推出的《改革开放三十年重大决策始末》，首印5000册很快售罄，10月份又再版5000册，目前已实现销售8000册。安徽文艺出版社《一步跨过两千年》出版后，首印迅速销罄，出版社紧急加印。中国出版集团中国大百科全书出版社的《改革开放 30 年丛书》也已再版。

6. 数字出版迈向"深水区"

为积极应对数字化时代对传统出版业的挑战,探索新型的出版形态和商业模式,各个出版集团纷纷加快推进出版产业升级和转型。

2008 年,上海世纪出版集团利用在上海中小学教材出版领域的绝对优势,与具有技术和资金优势的英业达集团旗下的香港世纪创新公司实现强强联合,合资成立上海世纪创荣数字信息科技有限公司。以新的机构、新的机制、新的运作方式开展数字化出版的研发工作。新成立的公司已与张江数字多媒体产业发展有限公司签订合同,成为张江数字出版基地的成员单位。目前,该集团正在筹划建立一个跨文本的、具有内在知识链接性的、动态的、拥有上百亿字符权威内容支持的大型数据库,试图在历史文化领域创造一个新的数字出版商业模式。

2008 年 3 月 28 日,广东省出版集团与中国移动广东公司在广州签署了手机出版合作备忘录,双方就内容产品开发、赛事活动合作、信息服务等领域加深合作达成多项意向。根据合作协议,中国移动广东公司与广东省出版集团将遵循平等自愿、互利共享、责权一致、诚实守信的原则,在手机出版领域开展广泛深入合作。该集团还成立了新媒体出版中心,负责统一收集、规范管理和综合利用集团所属各出版单位的数字内容资源和版权资源。

中国出版集团数字传媒有限公司宣告成立后,其组建中国数字出版网的核心任务受到业内广泛关注。2008 年 7 月 17 日,由中国出版集团牵头,中国科学出版集团、长江出版传媒集团、安徽出版集团、吉林出版集团、广东出版集团、北京出版社出版集团、河北出版集团、陕西出版集团 8 家出版集团老总齐聚北戴河,在合作建设中国数字出版网的邀约书上签字,奏响了在数字出版领域"共建、共享、共赢"的序曲。9 月 27 日,中国出版集团与山东出版集团在山东省文博会主会场上正式签署战略合作协议,在数字出版方面,山东出版集团将参股中版数字传媒股份公司,共同建设中国出版网,将双方已有的数字资源在新建的平台进行展现和销售,并共同投资成立数字即时印刷中心,提供手机出版、阅读器出版服务。

10月20日的"2008年数字出版年会"上,长江出版传媒集团与中文在线正式签署战略合作协议。根据协议,双方将通过资本与股权等合作,构建强强联合、互惠双赢的数字出版战略合作格局。在资源方面,通过版权与技术合作,双方构建数字出版业务平台,共同规划拓展营销渠道资源。在技术方面,利用中文在线数字出版技术研发,构建湖北长江出版集团公司内容资源数据库。

凤凰出版传媒集团将数字化作为六大战略之一,为了确保集团数字化建设规划工作顺利推进,8月28日,凤凰集团召开数字化建设战略规划咨询项目启动大会,与IBM公司开始初步合作,此举标志着该集团全面启动数字化建设战略规划咨询工作,在数字化发展战略实施上迈出了重要步伐。

12月10日,山西省电子出版物中试基地和山西出版集团数字出版研发中心,在山西出版集团所属的山西春秋电子音像出版社揭牌,这标志着山西省的数字出版有了专业化的基地和中心,山西出版集团的数字出版由此进入一个新的发展阶段。

11月,重庆出版集团与中国电信重庆公司签署战略合作协议,双方将利用各自的优势资源,全面进军数字领域,共同布局重庆的数字出版及多媒体服务产业。按照计划,2009年3月,重庆市的电信用户可望听到集团推出的各类出版物。

7. 多元化发展亮点纷呈

与2007年相比,出版集团的多元化发展战略实施在2008年渐入佳境,不论在操作手法还是运营策略上都更显成熟。

2008年6月15日,随着"个案——艺术史和艺术批评中的艺术家"展览在北京大山子798艺术园区揭幕,由湖南出版投资控股集团及其所属湖南美术出版社共同投资建立的艺术机构——北京圣之空间艺术中心在京成立。该集团董事长龚曙光表示,这是湖南出版进行产业结构调整和战略转型迈出的重要一步,希望借此搭建一个艺术资源和出版资源相结合的平台,使出版产业实现由单一产品运营向资本与产品复合运营转型,赢利模式实现由单一支撑点向多点支撑转型,出版产业链将得到有效的延伸。此外,该集团在《潇湘晨报》和红网的基础上,开发的潇湘晨报手机报,已成为湖南第一大手机媒体,手机电视项目也正在申办中。2008年上半年启动了与湖南省政府政务公开办公室联合的红网传媒项目,成为目前唯一一家涉足室内框架媒体的出版集团。

出版业文化积累和传承的本质决定了出版具有丰富的内容资源,与传媒的关联性高,这种先天优势被不少集团延伸传媒产业链所用。2008年11月18日,广东省出版集团创办的《时代周报》创刊,"报道一切重要新闻,影响有影响力的人。为3000万财智精英提供最优新闻读本。"体现了该集团进军传媒业的决心。据统计,该集团将依托《时代周报》,开展书刊互动、会展活动、教育培训、中介、艺术品交易等多种经营。

长江出版传媒集团自成立以来,充分发掘报刊品种资源,在政策和资金等方面重点支持报刊产业发展,积极推动报刊单位体制和机制创新,调整结构,整合资源,着力培育优势报刊品牌,提高报刊产业对出版主业的贡献率,报刊业务成为集团重要的增长点。在成功创办《长江商报》后,新刊《初中生天地》和《最小说》市场表现同样令人瞩目。2008年1月创办的《初中生天地》杂志,到年底月发行量已达70万份,年发行总码洋2500万元,2009年上半年月订数已接近100万份,有望成为继《小学生天地》之后,该集团第二种发行量超百万份的期刊。青春文学期刊《最小说》创办两年多来,目前每期发行量稳定在50万份,2008年全年总印数将突破600万份,总码洋达6000万元,创下了近年同类杂志销售的新纪录。据统计,《最小说》在中国文学类期刊中发行量已排名第一,《最小说》2009年改为半月刊,每期套装两本,单册有望月发突破

200万份。

  为加快结构调整、推进产业创新，11月26日，河北文化创意园区及第一期项目正式奠基开工。据悉，一期项目投入使用后，将整合河北出版集团及所属各出版社的产品及生产资料的仓储功能，陈列展示20多万种各类出版物，并通过开展出版物批销业务，实现全省新华书店连锁经营，同时辐射津、晋、鲁、豫等周边省区出版物市场。

  动漫作为出版产业链上的重要一环得到出版集团越来越多的重视。据悉，由吉林出版集团、吉林电子社、吉林音像社联合组建的动漫公司，2008年上半年已注册成立。由时代出版传媒集团和上海城漫漫画有限公司等5家单位联合出资成立的时代漫游文化传媒股份有限公司已于2008年6月诞生，时代出版传媒集团为控股股东。北京出版社出版集团停刊几年的动漫杂志《北京卡通》也已复刊，并于12月19日启动"北京卡通"动漫平台。北京出版社出版集团总编辑钟制宪表示，将举集团之全力充分整合出版业优势资源，把原创漫画和动漫产业紧密衔接，致力于将"动漫平台"打造成中国原创动漫"梦工厂"。

  [链接：中国图书商报2009.1.6，田丽丽《盘点2008年出版集团年度表现》]

第8章　2009书业分销八大猜想

□ 猜想1　新华书店——上下游、跨区域合作重组方兴未艾

随着出版业组建集团、转企改制、股份制改造等一系列改革,一批发行单位具备了做大做强的基本条件。2008年5月,备受业界关注的江苏新华发行集团董事长与海南新华书店系统联合重组的海南凤凰新华发行有限公司正式挂牌。7月底,湖南新华书店集团与湖南科学技术出版社合资成立"湖南科学技术电子音像出版社",湖南新华占股49%。同时,浙江、四川、辽宁等发行集团的跨地区经营业务也已颇具规模并不断拓展新的业务空间,出版发行企业兼并重组迈出了新步伐,呈现出可喜的发展势头。

江苏新华发行集团董事长兼海南凤凰新华发行有限公司董事长张佩清将跨地区发展的途径归结为三条,即资本重组、连锁门店建设、建立战略同盟关系。跨地区发展是出版发行业做强做大的必由之路。"新华书店只有通过跨地区重组、联合经营,才能快速抢占市场,壮大实力,全面提高国内国际市场竞争力。"同时,实施跨地区重组,有利于扩大企业规模,提高产业集中度;有利于市场资源共享,快速提升企业价值;有利于合作双方机制整合、信息共享、产品流通、管理对接、优势互补,推进集约化经营,实现规模效益;有利于畅通发行渠道,将"省道"变"国道",拓展发展空间,加快实现做强做大的目标。

同样,各地新华近年来频繁试水出版业上游,也是其谋求上游出版权的尝试。除了湖南新华书店集团和安徽新华传媒股份有限公司纷纷占有电子音像出版资源的动作外,还有很多新华发行单位与出版社之间存在着不同形式的合作。这种合作既是新华书店加强与上游出版合作的积极行为,也是新华书

店试图通过占有上游出版资源谋求更大的发展空间。

业内专家指出,2009年,出版发行跨区域经营、上下游兼并重组仍是大势所趋。要通过集团化改造,调整产业结构,实现跨行业、跨产业、跨地区、跨所有制形式的多元产业并举。并通过广泛合作,拉长产业链,实现以出版业务为中心的产业链的纵深发展。2009年,出版发行行业将继续在充分发挥市场的基础性作用,促进资源、技术、人才在全国范围内有效流动,推动形成统一开放、竞争有序、健康繁荣的现代市场体系方面大步推进。

猜想2 多元化——将在更多领域展露身手

相当一部分人的观点认为书业大势不好,进入冬天时,不少新华书店将多元化作为"破冰"的一项举措,增强风险抵御能力。2009年,多元化将在新华系统更多领域大放异彩,更多的基层店将多元化列入经营项目,反哺主业。

首先,作为延伸产业链、培育新的经济增长点的重要举措,多元化涉猎范围将更广阔。如已在多领域开花的江西新华发行集团2009年将在艺术品投资方面获得新进展。有着300多年历史,素以荟萃中国传统文化艺术精华著称的荣宝斋已在全国设立17家分店,经营范围涵盖古今书画、鉴定投资、咨询培训等多个领域,江西新华与荣宝斋共同投资的荣宝斋南昌经销店将于2009年初登陆南昌。

其次,新华系统进一步拓展原有的多元化业务,力争该部分在经营结构中的比例产生飞跃。云南新华2009年也加大多元化经营力度。2008年7月开始销售体育彩票,2009年将进军福利彩票。

红角洲文化城和出版物流产业园是江西新华2009年的两个重点项目。按照现代企业制度的要求,将组建新华文化城股份有限公司,着力将2009年上半年破土动工的文化城打造成"一站式文化消费"的经营业态。江西新华物流公司继续利用全省书店系统的网络渠道、资金优势、仓储资源,按照"三步走"的发展思路,盘活全省市县新华书店仓储资源,降低运营成本,在确保集团业务发运工作的前提下，大力拓展第三方物流业务。要实现第三方物流单独核算，对盈收状况进行准确分析，力争2009年第三方物流业务规模在2008年的基础上翻一番。同时，与省内外有一定实力的物流企业联盟，开拓更广阔的市场，逐渐融入到"华东、华南、华中"物流集散网中，实现物流业务的跨区域经营。此外，加快数码卖场建设的步伐，重视卖场的管理和服务，坚持实力和信誉并重，精心挑选合作对象，优化合作平台，注重品牌建设，实现强强联合；同时，加强户外广告资源的挖掘，2009年继续推进此项工作，整合全省书店户外广告媒体资源，深度挖掘广告商业价值，在时机成熟时，逐步建立省、地、县三级广告发布网络。

第三，创新经营业态。比如加强网上书城的建设。江西新华发行集团利用先进信息技术，大力发展WAP手机网上书城业务。同时，创新工作方法，将WAP手机网上书城与读者俱乐部、实体书店进行有效衔接和联通，实现线上线下的资源共享和协同运转。此外，江西景德镇市新华书店与当地超市龙头企业达成合作协议；鹰潭市新华书店探索"快乐学吧"经营模式等也将获得回报。

由于种种原因，有的新华书店经过近几年的多元化探索，认为并未达到预期，于是提出在维持现有经营格局的情况下，2009年将更多注意力投向主业。这表明多元化经营既是馅饼也是陷阱，关键在于人财物如何妥善运作。

猜想3 农家书屋——商机诱人，服务竞争更烈

被列入《国家"十一五"文化发展规划纲要》，并几度被全国两会《政府工作报告》所提及的国家重点文化工程——农家书屋工程建设近年取得突破性进展。中央政府2008年第四季度投入1000亿元，到2010年底投资4万亿元的十大举措，以倡导民生为先，而"三农"显然是组合政策的一大核心。农家书屋作为惠农的一项重要工程，2009年必将有更多的资金保障，同时，出版业继续给该工程以强有力的支持，并从中获得新商机。

2009年,各地加速农家书屋建设。甘肃2009年再建4000个农家书屋,最终实现2015年每个行政都建有农家书屋的目标。北京计划用三到五年的时间完成3968个行政村"农家书屋"工程建设任务,率先在全国实现村村有"农家书屋"的目标。江苏2008年年底建成农家书屋8474个,2009年建设4586个,2010年建设4254个。上海2009年计划建成800个,2010年实现农家书屋覆盖上海市行政村的建设总目标。山西2009年完成4000个,2010年再建成3500个农家书屋;到2015年,农家书屋将覆盖全省所有行政村。湖南2008年计划建成农家书屋3900家,争取在2009年一季度全部建成,"十一五"期间要建成12000家。"农村文化惠民工程"已正式列入安徽2009年先期增加的民生工程范围,计划投入6000万元,在全省建设3000家农家书屋。四川地震灾区新闻出版"三年恢复重建"的年度实施计划中,2009年将启动农家书屋、公共阅报栏恢复重建工作;启动项目2802个,计划投资44224万元;2010年,基本完成全部恢复重建任务。山东省新华书店系统在2007年、2008年、2009年计划总共投入2700万元建设1000家农家书屋。

2009年,让农家书屋健康运行、农家阅读活动深入开展的长效机制将被更广泛运用。北京市新闻出版局提出,要总结以往经验,扩大服务内容,努力将"农家书屋"建成集阅读、借阅、销售等功能为一体的文化载体。上海市新闻出版局从2009年起推出"农家书香五个一百"活动,包括:每年向全市"农家书屋"推荐100种重点图书,组织出版单位每年出版100种农民读者喜闻乐见的沪版"三农"题材出版物;组织100场"农家书屋"科技文化讲座,每年邀请一批科技、医疗专家和作家诗人深入郊区,开设100场农家阅读专题讲座,与农民读者现场交流互动,普及科学文化知识;举办"农家书香"征文活动,每年组织评选、集结出版100篇农民读者撰写的书评,并在每年8月举行的上海书展期间举办首发式和书评集研讨会,推动全市的农家阅读活动;评选100名上海市"农家书屋"优秀管理员,表彰和奖励一批在"农家书屋"建设、管理和开展农家阅读活动中做出突出成绩的积极分子;建立一支由100名出版社青年编辑和市新闻出版局机关青年干部组成的"农家书屋"文化导读志愿者队伍,与农民读者面对面地进行优秀读物推荐、导读等读书交流活动。

农家书屋给书业带来商机,但竞争将会更激烈。继湖北、甘肃等省份,更多地方的农家书屋将采取招投标方式获得书刊配送等服务,提醒出版发行机构在出让一定折扣的基础上,要进一步提高服务质量。

猜想4　上市——书业趋于理性

上市对一个企业来讲能带来5个方面的价值。首先是企业打造合格的市场主体地位和区域战略投资者的需要。其次有利于把企业纳入社会化、市场化的评价体系之中。再次,能够争取到政府更多的支持。第四,抢占资本市场最低点。第五,是为了低成本募集资金,走出"不发展不缺钱,一发展就缺钱"的死胡同。2008年2月24日,安徽新华传媒股份有限公司宣布成立,标志着安徽新华发行集团整体改制上市工作迈出了重要的一步。公司董事长倪志敏指出,安徽新华要走的是整体首发上市之路,而非借壳上市。不走捷径,从规范的股份制公司改造做起,从不断提高公司整体资产质量和业绩做起,把企业从内到外脱胎换骨地过一遍。前期准备工作进展顺利,得到中宣部、新闻出版总署、安徽省委省政府的一致认可。总体上看,图书出版发行产业的抗危性强。尽管从2008年9月初开始停发新股,二级市场依然低迷,但新的一年里集团公司全力以赴上市的决心没变,公司在等待着抢抓机遇尽快上市。相信其他已完成股份制改造的企业2009年的上市心态应该与之相当。

企业上市一般要经历3年左右的时间。北京时代华语图书股份有限公司已经完成股份制改造,2009年公司上市步伐依旧,同时更加注重内功的修炼。接下来要做的就是改造流程和提升业绩,引入品牌优良的私募基金,优化股本结构,争取每年递增1个亿的收入目标不会变,选择合适时机上市的长远计划也不会搁浅。民营书业企业在上市政策和条件中并没有任何限制,关键是从如何提高企业总体实力方面来创造符合上市的条件,全面分析当前和将来金融市场状况对企业上市的利弊,更应该培育一种良好的心态,以理性的头脑来应对股市的跌跌涨涨。

猜想5　馆配——总量下降,抓机遇者为王

2009年馆配市场总量较2008年将呈现下降趋势。江苏新华发行集团图书馆事业拓展部经理许大华指出,传统意义上的馆配市场总量指的是不包括中小学图书馆在内的馆藏量,那么随着图书馆还款高峰期的到来以及由金融危机带来的社会性团体消费的弱化,2009年的馆配总量预计将下降到22亿元。四川新华文轩连锁股份有限公司中盘事业部副总经理王海明也估计,2009年的馆配市场总量将下降到20多亿元。前几年有了高校评估指标的支撑,以高校图书馆采购为主的馆配市场总量较高;待评估结束,高校图书馆采购达标后,政府拨给高校的经费更多地被用于校园基础文化建设,馆配经费的使用受到控制。

2009年,书业的大环境可能会不尽如人意,馆配商同样难逃金融危机的冲击,生存环境将会愈发困难,被挤压出局或自动退出的馆配商就会越多。由此引发的馆配市场资源再分配将在所难免,馆配市场秩序有望进一步走向规范化。那么这样的变革对于那些能够坚持做馆配且适时调整采配方式的馆配商来说,无疑是一个环境改善的好兆头。

但2009年北京图书订货会图采会却取得了比预期更好的成绩。据新华文轩"09图采会"领导小组(项目组)办公室主任、新华文轩中盘事业部副总经理李小彬介绍,2009年图采会增设了"农家书屋"展架,展示农家书屋必备图书约100余种,推荐图书400~500种;专架展示陈列民营发行机构发行及作者出版交流的专业类、学术类图书4000种左右。另外,政府将加大社会公共文化的建设资金投入,公共图书馆的采购需求将持续稳定增长,据悉已有四五个省市设立了大中型图书馆的装备项目。这些迹象表明2009年馆配市场仍然存在极大的需求空间,特别是政府性馆配项目的介入将更有利于刺激馆配

市场的活力，拉动销售，对馆配商来说是机遇难得。同时馆配市场的竞争类型将进一步明晰。以985、211工程为主体的图书馆对馆配商的要求将强调其综合实力、服务能力和采购能力，规模小、运作不太好的图书馆将仍以折扣高低论英雄，并且区域内稳定的服务商将逐步成型。许大华指出，2009年江苏新华的馆配业务将有选择性地重点抓经济发达地区和重点院校的图书馆。

猜想6 网上书店——前景一路看涨

虽然短期内无法突破物流和结算这两个"瓶颈"，但2009年中国网上书店仍深具发展潜力。一方面，从外部环境因素的变化趋势来看，中国物流市场已对外开放，支撑中国网上书店的物流产业正在蓬勃发展；中国人口基数大，且互联网用户增长快，网上书店拥有众多的潜在客户；中国银行业也在积极提高网上服务能力以迎接来自国外银行的竞争。所有这些都为中国网上书店的发展带来了机会。另一方面，从内在潜质来看，中国网上书店能够在借鉴欧美模式的同时进行创新，利用中国特有的优势来克服不利的外部环境因素。

卓越网总裁王汉华认为，随着外部环境的逐步优化，加之自身的不断创新，中国网上书店前景看好。一是随着出版社销售渠道多样化发展，直销、图书馆销售、独立书店和小书店销售、网上书店和图书俱乐部销售将越来越受到出版单位的重视。综合网上书店的全国性大型发行商地位将更加凸显。二是随着互联网引发读者阅读方式的进一步改变，以电子书、按需印刷为代表的出版新技术——网络出版将在出版业引起更广泛影响。这迫使出版社主动调整自己的定位，从传统出版物提供商转型到互联网时代的内容服务提供商，不再把业务范围仅仅限制在纸介质，而是通过出版电子书、增加数据库业务、开展网络营销等方式积极应对互联网带来的影响。三是通过专业服务来区分市场。读者对购书要求的日益提高，使得网上书店必须向着专业化迈进，通过提供专业的产品和服务，区分市场。相对于大而统的普通网上书店，专业网上书店的发展，为消费者提供了更加方便和快捷的购书选择，让客户有更好的购物体验，同时将市场细化，将服务细化，这也是中国网上书店的发展趋势。

猜想7　民营策划商——或将浮出水面

在2008年4月举办的"第五届中国民营图书发行企业高峰论坛"上，参会人士一致认同，2008年，诸多因素使民营书业面临着前所未有的困境和挑战。图书策划人杨文轩将民营书业的出路总结为"走四方"——向上走，联手出版社；向下走，做作者经纪人；向左走，靠拢数字技术；向右走，进行渠道扩张——得到了与会者的广泛赞同。

在2008年年底完成的《新闻出版总署学习实践科学发展观活动"十行百家"专题调研总报告》中专门提及鼓励民营文化策划机构发展的内容：尊重以"民营工作室"为代表的各类民营文化机构作为文化创造者的主体地位，引导民营文化工作室发展，解放新兴出版生产力；鼓励转企改制的出版单位，在确保国有资本主导地位的前提下，与民营工作室进行资本合作、项目合作；研究民营工作室出版权的试点问题，对于规模大、实力强、导向正确的工作室，考虑给予有限出版权（指定范围、有限时间）的试点。这一系列扶持民营文化工作室调研成果的出台极大地鼓舞了民营策划商，欢欣雀跃声从四面八方传来。

曾参与过两次专题调研活动的图书策划人杨文轩认为，总报告的出台对民营策划商整体地位的提升是一个利好信息，民营策划机构看到了面向未来拓展的空间。江苏可一出版物发行集团董事长毛文凤认为，总报告提出要"引导民营文化工作室发展，解放新兴出版生产力"，是对民营工作室的大力认可。可一公司始终坚信有一天中国民营出版策划会浮出水面，终有一天能够看到民营公司在出版物上打上自己的烙印。

湖北海豚传媒有限责任公司总经理夏顺华比喻到，总报告的完成仿佛一缕阳光照射在草地上，对民营书业来说是一项可喜的进步，对政府对民营策划商的关爱、支持和深层次的理解感到兴奋。得到政府政策的扶持是民营文化产业一直以来的期盼，无疑，现在民营书业的天空是晴朗的，前途是光明灿烂的。北京共和联动图书有限公司董事长张小波也认为,这是近10年来对民营书业最利好的消息。金融风暴对民营书业的影响甚大,后果不可估计,总报告的出台恰逢其时,给民营书商打了一剂强心针,使其有勇气抵御恐惧感。

猜想8 民营书店——个性化发展

尽管2008年的大环境给民营书业带来不小冲击,再加上非市场因素的影响,发展举步维艰,但业内专家认为,民营书店仍具有自身优势,个性化发展前景看好,尤其是如何让书店不再是单纯的买卖,从而成为一种生活模式,值得探究。

在实际中,部分民营书店已经走在了前列。上海大众书局将全力打造一个新概念的数字化书店。在大众书局正大广场店,曾经撤下的数字体验区又将重建,区内提供网上音乐、游戏和电子书下载,读者可凭有效证件在数字体验区免费上网。针对网络书店无法让消费者有实体阅读感的缺陷,光合作用书房着力塑造书、音乐、咖啡环绕的"读者的第二书房"。而杭州的晓风书屋则另辟蹊径,在店内增设儿童阅读角同样独具特点,不仅将读者范围扩大到儿童,更吸引了众多家长和孩子一同购书。

晓风书屋总经理朱珏芳认为,目前各类民营书店过于分散,造成对其专业化、个性化发展的局限。读者普遍不愿为购买不同类图书四处奔波,如果能将各大中城市的各类民营书店聚集在城市某一区域,肯定能集聚人气,民营书店可走集约化经营之路。同时,国外图书零售市场的发展历程及经验也可以成为借鉴。国内的很多从业者在考察过发达国家的书店运营状况时,发现是消费者的消费习惯决定了其图书的供应方式,并且国外书店不拼折扣而是拼服务。而国内书店的服务水准仍有进一步开发的空间。

[链接:中国图书商报2009.1.2,穆宏志、张红玫、王蓉《2009年中国书业分销八大猜想》]

第9章 2009大众出版九大猜想

猜想1 文学书出版或稳中有升

在过去的2008年,书业因为成本上涨以及经济大环境等因素,大众出版尤其文学书出版,更是多家唱衰,业界很多人士认为,在现有的经济条件之下,读者对实用书籍的需求肯定超过消遣型阅读的图书,因此,文学书会首当其冲受到影响。尽管这种声音越来越响,还是有很多业内人士提出了完全不同的看法。这部分人认为:一方面,经济的发展与文化的繁荣,并不一定就成正比。经济即使出现困难,也未必就会影响文学书的销量。另一方面,越是经济低迷期,越会有大量的人投入到阅读中来,文学书的销量肯定会有较大的增长。仿佛在为这种观点做佐证,新近的统计数据显示,2008年各板块图书销量与2007年同期相比,一些板块出现了停滞甚至下滑,其中经济类的下滑比较明显,而文学书板块则比2007年略有上升。

人民文学出版社社长潘凯雄在有关2009年新书介绍会上说,"物质消费和精神消费不同步,不买房子不买车,不代表这些人不买书"。可见,他对文学书的出版,还是抱有谨慎的乐观态度。

目前,这种乐观态度在很多文学类出版人中间得到了支持,大家相信,2009年只要有好选题,"还是值得往前冲的",毕竟我们拥有一个庞大的生机勃勃的市场。

猜想2 原创少儿图书领军童书市场

"淘气包马小跳"、"虹猫蓝兔七侠传"、"笑猫日记"、"阳光姐姐小书房"等优秀的原创作品,在2006年以来的童书市场上,持续占领畅销书榜。原创作品的力量越来越强大,在吸引众多读者眼球的同时,也让出版社发现了原创作品的巨大魅力,投入了更多关注。如以引进出版迪士尼作品起家的童趣出版有限公司正着手抓原创,外语教学与研究出版社少儿分社在2009年也有很多原创儿童文学作品推出,素有原创儿童文学基地之称的江苏少年儿童出版社同样把大量精力用于原创市场和作者的培育。

"成熟的少儿图书市场,原创就应该成为主打。前些年引进版少儿图书占据市场份额较大,是因为中国少儿出版还不够成熟,这些年引进版比例的减少是正常现象,是中国少儿出版走向成熟的表现。"浙江少年儿童出版社副社长孙建江这样说。接力出版社总编辑白冰也认为,引进的根本目的是促进原创,原创作品成长起来并占据市场主流,对出版业的长久发展有好处。他还表示,虽然各家出版社的具体情况不尽相同,但总体而言,2009年童书市场原创的份额将超过引进。他认为这主要有4个方面的原因。首先,经过这些年的市场培育,原创作品市场迅速扩大,利润率提高,很多出版社都开始关注这一领域。其次,前几年,引进版童书市场主要靠"哈利·波特"、"冒险小虎队"等作品的带动,随着这些引进版超级畅销书终结版的推出,引进版童书市场随之受到影响。第三,原创作品的作家队伍已经成长起来。第四,国内出版社的营销手段越来越成熟,能够为原创作品提供更好的宣传营销。

猜想3　实操类生活书市场走强

实用性已经成为读者购买图书时一个重要的选择标准,生活类图书尤其如此。2007年以来比较流行的那种在生活书中加入个人感受或心情故事的情感分享型图书,可能不会再像过去那样受到读者强烈的喜爱。究其原因,最重要的改变还是经济原因,既然是实用类,已经越来越懂得算细账的读者当然希望能得到更多的"实惠"。比如两本同样是25块钱的生活书,加了心情故事的一本只能介绍50道家常菜,而没有过多感性文字的一本则可以有100道家常菜的介绍。如果读者要选择文字阅读，可能更倾向于文学图书，而不是这种文学与生活的结合体。还有个因素在于，这样的作品在两年的开发中，已经基本饱和，该有的类型都有了，读者的感兴趣程度在降低。

来自北京某书城的生活图书销售人员也证实了这样的猜测不是空穴来风。"目前的生活书都是实操型卖得好，那种手持一本书，就能轻松做出六菜一汤的菜谱最好卖，读者非常精打细算，一本书有120道菜，另一本书介绍125道菜，读者都会去买125道菜的一本。读者购买生活书，目的性更强了"。

猜想4 建国60年带来现当代史出版热

作为建国60周年这样一个重要的周年纪念，各出版社都表示会有相关图书推出，且都作为重点产品来运作。陕西人民出版社即将推出的《毛泽东的美国观》有助于拓宽毛泽东思想的研究视野，推动中美关系史、中共党史以及其他相关学科和领域的研究。上海人民出版社同样准备了不少献礼之作，如国家"十一五"规划书目、由中央党史研究室等权威机构编写的《中华人民共和国历史图志》，由教育部组织编写的《中华人民共和国史》，以及《当代中国外交史》、《上海解放60周年图志》、《共和国制度成长的政治基础》等。

对于建国60周年纪念是否会带来现当代史出版热潮这一问题，上海人民社社长丁荣生用"完全有可能"来回答。他认为，经过60年的发展，有很多值得回顾和总结之处，可以从各个侧面反映、记录60年的历史。陕西人民社北京图书策划中心常务副总经理李向晨也表示，根据以往经验，出版社会从农业、军队建设、党建、人民生活变化等各领域全方位、多角度地关注建国60周年这段历史，政府和研究机构牵头组织的大型丛书，以及一些名人回忆录将陆续上市。

与此同时，业者对纪念建国60周年作品的质量都很关注。丁荣生介绍，请权威专家创作或编写，同时结合上海的实际，是上海人民社这类图书避免雷同的有效措施。中共党史出版社编辑吴江也曾表示"从市场的角度，应尽量避免雷同、缺乏创新的作品的大量堆积，否则，潮水涌动时，海面上热热闹闹还不觉得什么,而潮水退却时,沙滩上难免会留下非经典的东西"。

猜想5　文学网站会不会倒掉一两家?

起点中文网、幻剑书盟、逐浪网、晋江原创网、红袖添香、四月天等原创文学网站,都在近几年先后获得资本的青睐,成功融资,且依靠资本的力量,获得了更大规模的发展。但是,成也资本,败也资本,资本的介入对原创文学网站未必都是乐事。据记者了解,有文学网站因为频繁更换领导者,未来发展方向极不明确,又单纯以PV量作为考核团队的最高标准,破坏了多年建立起来的良好形象和发展模式,举步维艰。

另一方面,2008年爆发的金融危机,其影响也在2009年有更多体现,风投转向和停止的迹象已很明晰。未获得融资的一些原创文学网站在"到哪里去寻找资本"甚至"到底该不该接受资本"的问题上犹豫不决。2009年,文学网站面临的机遇与挑战并存。一方面,更多形式的发展和盈利模式在不断地探索中被开发,文学网站强大的原创内容使其不可避免地成为未来出版业的基础,成为被关注的焦点。另一方面,资本是一柄双刃剑,一个不留神就可能危及自身。2009年,竞争激烈的原创文学网站中,是否会有哪一家甚至两家退出竞争乃至倒掉?对资源竞争激烈的出版业来说,还真是值得特别关注。

猜想6　讲史类图书进入下行期

最近有报道称,央视《百家讲坛》栏目收视率下跌幅度惊人,已经被挤出央视科教频道的十名之外。业者分析,老面孔让读者产生审美疲劳,新面孔缺乏足够的吸引力,娱乐化倾向明显受专家学者批评等众多因素,在影响收视率的同时,也导致图书销量的下滑。比起《品三国》、《于丹〈论语〉心得》曾经的大红大紫,现在"百家讲坛"系列作品的表现不尽如人意,占据畅销书排行榜前列的情况已不复出现。与此同时,《品三国》、《于丹〈论语〉心得》等之前大卖的作品,销量也明显减少。

对于这种情况,重庆出版集团图书发行有限公司市场部经理龙白飞认为,经过 2005 年至 2007 年的迅速成长,讲史类图书在 2008 年进入下行通道,该集团在 2008 年 1 月出版的《王立群读〈史记〉之项羽》可算赶上了末班车。他分析,这种趋势不可扭转,因为"百家讲坛"很难出现新的热点和人物,大众的注意力转移又非常快,尤其在现代社会。因此,这类图书在 2009 年几乎不可能出现前些年的热闹场面。

上海文艺出版社总编辑郏宗培也曾在接受采访时说,既像易中天那样有话语权,又像于丹那样善于传播的学者可遇而不可求。"百家讲坛"真正有明星效应的学者来来回回就那么几张老面孔,让人产生审美疲劳也在情理之中。但他同时表示了乐观的态度,认为畅销书销售有点起伏很正常:"百家讲坛已经培养了一批读者群,并以主讲人的思维影响着他们。"文史类大众读物在 2009 年需要挖掘新的市场潜力与阅读热点,看谁能占得先机。

猜想 7　健康书出版继续遍地开花

从 2007 年开始,大众健康类图书销售进入了火爆期。据统计,每年销售增幅比上一年超过 25%,远远高于图书市场的整体增长速度。因此,大量出版机构涉足该领域。伴随着这类图书市场的热闹非凡,"健康书到底科学不科学"、"谁来给健康书把关"等话题也成了大家争论的焦点。但无论"健康书"如何备受争议,2009 年,该领域继续高歌猛进的势头难减。毕竟,最贵的健康书,也不足最便宜的俱乐部健身卡十分之一的价格。同时,快节奏的生活和都市白领亚健康的生活状况并没有得到根本改变,人们对健康重要性的认识在不断提升。这一切,都让 2009 年健康书的出版前途光明。

至于健康书如何设定门槛,标准是什么,不好确定。出版社要达到什么标准,什么样的作者才有资格写健康类图书,似乎也无法明确规定。因此,也有人认为,市场的优胜劣汰就是最好的标准和门槛,并建议读者在选择时,首先看作者是否专业,在业内是否有一定威望;其次,还要看出版社的资质和读者的口碑等。北京出版社出版集团科学生活编辑中心医学编辑室主任张浩忠说："大众健康类图书目前这种局面不会永远这样下去，经过市场的洗涤，我相信终究有一天，只有那些科学权威有效的图书才最终为广大读者所选择和接受。"

猜想8　民营策划公司机遇困难并存

早在2007年底，已经有民营策划公司的负责人悲观地预测，"2008年将迎来民营策划公司的冬天"。该人士的理由是：纸张等成本的过度增长让资金链原本就脆弱的民营策划公司无力招架，上下游的双重挤压又加剧了资金压力，大多数失去完整的现金流又在选题策划上堕入"跟风"、"被跟风"恶性循环的民营策划公司，在市场失去了竞争力，日子注定难熬。从记者的MSN就可以看出端倪来，一些中小型民营策划公司的工作人员往往在某一天突然自MSN上消失，再问可能是裁员或者公司关门了。一些原计划要在2009年进一步快速发展的民营策划公司，在2008年年底也表示了自己的担忧，他们觉得资金上的压力很大，要撑下去就需要有融资，但从目前的情况看，融资并不好找。一家民营策划公司的负责人坦率地告诉记者："未来是走一步看一步，2009年的发展道路可能会很艰难。"这家民营策划公司在2008年10月份与记者交流时还信心满怀地打算进一步加大对财经、社科图书的策划力度，但在12月初，已经得到确切消息，公司出资人放弃了图书策划的业务，转投其他领域。

有人分析说："民营策划公司一直在凭借对市场的灵敏嗅觉操作，而现在市场动态需求性越来越强，再加上资金短缺的困扰，使其面临更大的挑战，市场对产品元素要求越来越多也是民营策划公司面临的困惑之一。这些因素都造成了民营策划选题灵感的枯竭。失去了经营想象力的民营策划公司必须停下来思考一下自己的方向，寻求新的发展点。"

但另一方面，随着主管部门对民营书业利好政策的不断明晰，经过优胜劣汰的大型民营策划公司在市场上将浮出水面。

猜想9　励志书出版重新获青睐

有业内人士在与记者的交流中,提出了自己的观点。他认为,励志书的发展分几个阶段,最早的是"知心姐姐"风格出现的《罗兰小语》等作品,将人生道理用亲切隽永的语言表现出来。随后,励志书"变形"加入了"洋味",也因此造成过良莠不齐甚至伪书泛滥的局面。第三个阶段,是励志书与其他形式相结合,比如和管理结合、和心理学结合等等。而2009年的励志书的形式,可能要反映出现阶段读者的精神需求。"需要重点表现出一种精神的力量,《秘密》的畅销就是一个明证。"

另有一本百家出版社刚刚出版的《谁杀了我的牛?》在读者和书评人中间得到的良好反响,也在一定程度上印证了2009年励志书将重新引发出版热潮的猜想。该书刚一推出,就在两家网络书店被首页推荐,曾经先睹为快的书评人麦坚对策划人路先生表示:"我可以不要稿费,多给几本书就行,想送给身边的朋友们读,因为我们都需要杀死自己的'牛'。"

人生需要安慰,低迷期尤其如此。2009年,注定是一个励志书出版大年。

[链接:中国图书商报 2009.1.2,江筱湖、李雅宁《中国大众出版'09九大猜想》]

第 10 章　2009 教育出版四大猜想

□ 猜想 1　新课程改革效应持续影响助学读物

从 2001 年开始制定并逐步推开的新课程标准,到 2010 年将在全国高中普及;而到 2013 年,全国范围内的高考都将贯彻新课标的理念。在一些省份,新课标带来的变化已经部分地显现出来:广州 2008 年参加英语口语考试的考生达 3.1096 万人,比 2007 年增加了 3408 人;浙江省 2009 年的新课改高考方案也引入综合素质评价,将其作为高校选拔新生的重要依据。可以预见的是,一些率先进行新课改的省份在这两年高考中发生的一些变化,对 2009 年甚至未来几年当中的基础教育和中考、高考都将产生更为深远的影响。江苏教育出版社总编辑王瑞书在谈到这个问题的时候认为,其最根本的原因就在于新课标的制定、新课标教材出版的管理、各地教育工作的开展以及中高考考试命题的主管部门并非一家,不同部门之间在教育理念上的对接需要一个比较漫长的过程。以《高中通用技术》这门课程为例,这门课程很好地体现了高中新课改的亮点,虽然有 19 个省份已经开始使用新课标教材,但一半以上的省份都没有开设这个课程。学校师资队伍的建设与各地教育主管部门领导的重视又是一个互动的关系:主管部门只有看到这方面课程的建设有特色,才会对其加以扶植;而如果没有上级主管部门扶植的话,学校的该类学科教学建设又很难发展起来。王瑞书认为,2009 年文教类图书的出版在本质上不会与 2008 年有很大差别,只是会根据教材学科内容、学科知识点的取舍做一些调整;有一些内容虽然有本质上的变化,但只局限于"点"——比如答案不唯一,理科试卷里出现一些研究型、探究性的考题,考题强化对于考生操作能力的考查,更加关注环境问题、民生问题、理财问题等社会热点,等等。

就出版格局来说,在推行新课程标准之后,各地使用不同的教材,因此高考也已经地方化,这就给出版高考辅导书的出版社带来了很多困难,跨省出版将会越来越困难。西藏人民出版社北京办事处主任张玉平认为,区域化、本地化肯定会成为2009年教辅市场的一个发展趋势。就西藏人民社来说,一些新课标地区的专版产品的销量上升幅度很快,有些省份甚至出现和西藏人民社的传统品牌书一争高下的局面。在2009年,一些本土化、区域化的教辅图书将占据市场优势地位。而且,由于教材数量和版本的增加,使得全品种教辅的出版投入越来越大,在市场竞争日趋白热化的同时,利润空间也会大幅度缩小——在以前的竞争中,10家出版单位中可能有3家会亏损,2009年或许就会增加到7家。因此,教辅图书市场虽然在2009年还不会出现竞争主体收缩的现象,但至迟到2010年或者2011年这个局面就可能形成。

猜想2　出国留学相关用书稳中有增

持续到2009年的金融危机对那些需要依靠经济资助才能赴美留学的学生将会造成一定影响——一些学校的奖学金的金额和名额都会减少,因为金融危机而减少的就业机会也给留学生打工、实习带来了一定的困难。但另一方面,人民币的升值与国内经济水平的上升让更多学生有实力自费出国留学,再加上多国签证政策的普遍放宽,2009年仍然有可能成为中国学生出国留学的"大年",相应的出国留学用书出版也将会保持升温的态势。据新东方大愚文化图书事业部策划人孙春红介绍,国外的一些学校为了缓解财政负担,将加大一些招生名额,这对要出国留学的人来说,留学机会就增加了。另外,国际学生在申请美国大学时,除托福外,雅思成绩在美国院校的认可度也越来越高。截至2008年8月份,超过1800所美国院校均认可雅思成绩,其中不乏广受中国学生青睐的美国顶尖公立、私立大学和商学院等。这些情况表明美国院校对国际学生尤其是中国留学生的欢迎态度。

人们对于教育投资的热情也会在无形中刺激出国培训市场以及图书出版等相关领域的消费，因此出国留学图书出版也将会在2009年呈现出良好的成长性。资深书业从业人员的意见主要体现在如下几个方面：在出版门类上，出国留学考试用书还将继续细分，在传统的出国留学考试备考类图书之外，各个国家选校指南、国外生活、个人留学经验以及和海外求学相关的职业生涯规划图书等都将继续升温；在读者年龄层划分上，针对高中和大学一、二年级学生出国所需图书的出版，将在2009年有比较快速的发展，并且成为新的增长点；从出国留学图书出版的整体格局来说，一些语言培训学校、出国留学咨询机构由于拥有稳定的读者群体，在图书策划和销售方面也占有独特的优势，因此专门为这些学校和机构策划出版的培训用书也将继续保持平稳增长的势头。

猜想3　公务员制度催化应考书新市场

2008年，公务员报考人数首次突破百万，达到105万人，远超过上次的80万人，连续3年报考人数成数10万增长。对于出版业者而言，这种"膨胀式"的数字增长自然具有不小的吸引力，不少在去年跻身或者继续"热身"于公务员用书出版领域的大小出版社在盘点完收成后自然也少不了展望一下这个市场在未来一年里的走向。

经过几年的发展，公务员考试用书市场已经达到了所谓"激烈竞争"的状态，而这类图书的出版也不断向着更成熟的方面发展。在内外因素的推动下，在纵深方向上开发产品成了2009年公务员用书出版中一个较为明显的趋势。中国铁道出版社副总编辑郭宇表示，该社公务员图书的内容涉及国家公务员考试、地方公务员考试、领导干部公开选拔及事业单位录用人员等相关考试，目前已经推出了13个系列，不仅在品种数量上拔得头筹，而且在整体上也赢得了不错的市场反应。在这一基础上，该社2009年将通过公务员考试用书出版、网上增值服务和培训"三位一体"的思路深入推动公务员考试用书板块的发展。目前，名为"天路公考"的网站已经完成注册，正在进行后台技术开发，该网站将为公务员考生提供网络课程等一系列增值服务。此外,该社2009年还将在原有基础上进一步加大公益讲座的举办力度。中共党史出版社副总编辑冯世平也表示,该社公务员考试用书板块在2009年的一项重要任务就是将现有的产品根据从考生中收集来的各种反馈信息进行全面修订,在最大程度上提高产品质量。同时也初步考虑在争取部分省份相关层面支持的前提下组织培训活动。

对于产品如何进一步提升竞争力,华图图书公司副总编辑宫浩奇提出了以下几点看法:一是进一步改进编写模式,模块化可能是一个趋势,即每个模块单独编写成书;二是公务员用书的编写更加专业化,比如请亲自参与出题的专业人士从命题者的角度出发编写图书;三是公务员图书要不断求变,比如2009年国家公务员考试在延续已有题型的基础上改变了考试内容,以往比例较大的法律常识在此次涉及量极小,因此图书的编写也就必须不断求新,否则就会被市场淘汰。宫浩奇还表示,培训已经成为"大势所趋",它在很大程度上可以起到引导图书编写方向的作用。此外,公务员考试培训也会不断细化,由以往的一个老师培训一个科目变为一个老师培训一个模块,这样也会促进培训向着更为专业、更具深度的方向发展。

2009年,在经济危机的影响下,在部分企业裁员及岗位冻结导致就业不利的大环境下,公务员考生在很大程度上只会有增无减,这个市场也因此具有相当的引力,因此这也就决定了"进入和退出"仍旧是2009年公务员考试用书细分市场中各家力量所表现出来的一个状态。但是,这种新旧力量的激烈竞争所带来的大浪淘沙效应会带来品牌产品的形成。宫浩奇表示,在以后的一年以及更远的时间里,公务员考试用书的市场和资源可能会经历一种更为明显的优化整合,即优者更优。因此,在2009年,计划涉足该板块的出版力量需要认真考虑自己要不要进入以及能不能进入。

对于如何进一步扩大市场空间这一问题,业者表示,现在多家出版社都已涉足国家公务员考试用书出版,导致这一市场相对拥挤,地方公务员考试用书的出版可能是一个可增长的空间。另外，出版社和文化公司通过深度合作，在优势互补中可能会使公务员用书出版获得更快的发展，部分文化公司目前已经在这一板块有了较为活跃的表现，并呈现出了较强的竞争力。

郭宇表示，数字化出版为出版社提供了新的竞争空间，各出版社可以借助这一平台提升产品价值，拓展市场，只是这种模式需要较大投入，如果资金力量不足可能就很难借助这一平台增强竞争力。

猜想4　多重利好促职教用书精品化

2008年的"两会"上，温家宝总理再次提出要大力发展职业教育，"要把发展职业教育放在更加突出的位置，使教育真正成为面向全社会的教育"。这种不断增强的引导力无疑也会不断吸引更多出版业者的目光，从这一点出发，2009年的图书细分市场预测势必少不了职教图书板块。根据《国务院大力发展职业教育的决定》要求，到2010年，"高等职业学校招生规模占高等教育招生规模的一半以上，为社会输送1100多万名高等职业学校毕业生、建设100所示范性高等职业院校。"与此同时，2010年中职在校生据测算可达到2200万左右。由此看来，作为职教发展的承接年和深化年，2009年将为职教图书出版带来更为牢靠的着力点和发展机遇。

外语教学与研究出版社职教分社社长吕志敏表示，职教在良好环境下深入发展，社会对学校教学水平的要求逐渐提高，出版社就要开发更高水平、资源更为丰富的产品，也就必须加大投入，因此成本的增加是出版社需要面临的挑战之一。

对于2009年职教出版板块所面临的不利因素，中国劳动社会保障出版社高职高专教材编辑室主任宋长池表示，职业教育的校企结合程度在我国还很低，这也在一定程度上阻碍了相关教材的开发和使用，因此出版社必须紧跟学校的发展动向，灵活、即时地挖掘相关选题。中国劳动社会保障出版社在2009年将着力瞄准终端，保证教材开发的针对性和高质量。

科学出版社职业教材出版中心经管分社副社长李娜表示，在整体环境利好的情况下，中职和高职图书出版板块都会有一定程度的提升；高职出版板块发展相对成熟，不少出版社的运作转向了项目化、品牌化，市场优胜劣汰的作用会体现得更明显，这会催生出更多精品教材；中职图书出版会进一步强调前期起步的积累作用，市场细化情况表现得会更为突出。

此外，国际合作有望成为下一个亮点。2008年下半年，外研社组织了题为"实践与创新——中等职业学校国际合作展望"的论坛。该社副社长沈立军在接受采访时曾表示，国际合作是外研社进军职教领域的一个重要突破口，而类似的论坛活动还将在2009年及以后持续开展，通过这样一个力求影响我国职业教育办学模式、教学内容的交流平台的搭建，外研社将着力挖掘涉及图书出版发行及其他可行性内容的全方位合作项目，并通过论坛的持续开展树立该社在职教领域内的品牌影响力。除外研社之外，也有出版社表示愿意寻求国际合作的机会，其中既包括通过引进出版吸收国外先进理念，也包括其他形式的深度合作。

［链接：中国图书商报2009.1.2，王东、刘海颖《中国教育出版'09四大猜想》］

第 11 章　2009 专业出版五大猜想

▢ 猜想 1　财经书哪个细分板块会畅销

可以说,财经图书市场是专业出版这些年一直有这样或那样热闹看点的细分市场,在 2006 年至 2007 年间抢占了绝对的风光,在全国大大小小的书店里都能看到股票书和理财书的身影。但好景不长,金融危机的蔓延打破了股票书一路高歌猛进的势头,此类图书在书店也像股市一样跌至冰点。那么在 2009 年里,与金融危机密切相关并首当其冲的财经图书,当中究竟有哪个细分板块将会畅销呢?

以策划"派力营销思想库"著称的北京派力营销管理咨询有限公司总经理屈云波跟记者表示,就财经图书市场而言,金融危机肯定将给其带来不少影响,具体反映是纯粹消遣类甚至包括泛管理类的财经图书会有所下降,但对生产类即对工作进行具体投资的图书反而是有帮助,其市场将有所增长。那些简单的理财和炒股书必将成为库存和退货。"而对于此前占据经管图书 20%以上份额、这几年多少受到压制的营销类图书,在金融危机当前又有可能重拾上涨势头。"屈云波如是说。

中信出版社第四编辑室主编蒋蕾表示,最近有关金融危机方面的图书确实出了不少,但市场预期并没有想象当中的那么好,因为真正解剖金融危机并提供解决方案的图书并没有,因此大多图书犹如浮光掠影。"但从日前热炒'一个星期只花 100 元'这样的事情看来,大家对理财还是有很大需求,只不过应有别于此前那种泛泛而谈的理财图书。"蒋蕾认为,2008 年下半年又重新火起来的心理励志类图书,预计在就业困难及失业潮下还会有较大的市场前景。

清华大学出版社第五事业部经管部主任张立红也认同这种观点。她说,因为金融危机很直接地将增加失业率,而由此引发的抑郁症患者某种程度上也将增加,因此无论是安慰别人的还是自我励志的,类似的图书应该都有一定的市场。"当前的就业困难也是有目共睹,决胜大学生如何找工作、如何就业肯定也将是一个热点所在,但市场更需要那种实操性较强的此类图书,比如说到上海的大学生就业率最高,要用数据和例子来说话,因为上海的大学生平均投递简历都在 29 份以上。而与其没完没了地参加诸如公务员考试,或许寻求创业机会也是解决就业的一个途径,当然这也要提供实际的创业思路,那种资料堆砌、内容道听途说的图书就很难有市场。"张立红说,"再如职场小说,光说职场的热闹肯定是不行的。读者更加关注切实的内容,包括灾难预警、危机管理等解决方案,因为像风险管理这样的内容其实是企业管理的常识和首要思考的问题,这势必将提高此类图书的进入门槛。"

猜想 2　地科社合纵连横路在何方

近两年来地科社之间的合纵连横比往年都要急切和密集,社际合作、抱团取暖一再被大家提起。如 2008 年 7 月底,由中国版协科技委牵头,湖南、湖北、江西、广东、广西、河南、江苏、浙江、福建、四川、陕西、辽宁和山东等 13 家地科社的负责人聚首长沙,就"农家书屋"出版发行进行了广泛的讨论,并就各省农家书屋联合书目的制定、各省农家书屋备选书目的参评遴选及招投标工作达成了相关协议。那么,地科社之间的合作究竟能进行到何种程度,有朝一日是否有可能建立中央和新闻出版总署提出的专业出版集团等实体呢?

据中国版协科技委副主任、福建科学技术出版社社长兼总编辑林万泉介绍,目前"农家书屋"联合发行的工作取得了较大的进展,已陆续有省份开始报订单和订货,高职高专教材领域的合作也正在动议阶段,接下来还将在大学教材出版领域进行尝试,如在 2009 北京图书订货会上,地科联地方工作部就开会讨论这些问题。但他表示,"就现实来讲,目前的专业分工确实存在条块分割的问题,因为地科社都分属于各地出版集团,有不少在其出版集团内有着举足轻重的位置,要单独出来将遇到包括利益分配等非常敏感的问题。"因此在短期之内甚至更长的时间里,尚无就地科联成立专业出版集团之类的考虑和动议。

辽宁科技出版社社长兼总编辑宋纯智也认为,地科社在"三农"图书、职业教育等有地域差异领域的合作是有可能且有前途的,并且将逐步扩大相关领域的合作,形成区域性战略合作和公益性合作两种模式。但在零售市场图书方面的合作肯定有难度,更不用说各地单拎出地科社成立专业出版集团。他认为,预计中央相关部委出版社倒是有可能成立类似的专业出版集团,但那样也将对地科社的固有市场产生更大的威胁。

猜想3 网络技术书惨淡与金融危机无关

2008年夏天,继IT业界抛出"博客过时论",马云、马化腾这两位中国互联网重量级人物相继警告业界"互联网企业要再次准备过冬天",也就在同一时间,中国互联网络信息中心(CNNIC)发布报告,称中国网民数量达2.53亿,超越美国位居世界第一。但中国网民上网的主要目的是看新闻、听音乐和打游戏,对网上内容和网上交易的信任感很低。

"不过,网络方面的图书在2008年的销售确实不是太好,这跟外部环境是有关系的,这种境况很有可能会延续到2009年",人民邮电出版社计算机图书出版分社计算机编辑室主任屈艳莲表示,但是外因对于网络技术的初学者的打击并不会有这么大,他们不会因为金融危机和所谓的网络冬天就不学网络技术了。网络技术图书市场不好的根本原因还是图书本身造成的,特别是2006年至2007年的大量供应导致供大于求,加上图书整体质量不高,单品种效益自然下降。因此,屈艳莲认为,网络技术图书市场表面看比较惨淡,但这并不能简单地拿金融危机来说事,"即便在2008年,网络技术图书市场还是有个别亮点图书出现,所以说最终还是内容为王,需求本身是不会消灭的,消灭的只是内容简单堆砌、仅仅发生物理变化的那些图书,而读者需要的是有化学变化的作品,包括一些较浅显的、较基础的网络技术知识同样还是有初学者在学习和使用。"屈艳莲如是说。

猜想4　家装书延展关联板块选题

楼市自2008年下半年先是放慢了脚步,随即陷入各种各样的打折促销热潮。不过,对于已经远离人们的购买力范畴的楼市来讲,持币观望或许并非出于真的没有需求。

那么,对于与楼市密切相关的家装图书而言,又会进入怎么样的一种境地呢？楼市成交率的下降是否将影响到家装图书的销售呢？中国轻工业出版社家居图书编辑安雅宁表示,仅从该社2008年的情况来看,家装类图书并没受到太大的影响,但整体看来家装图书的确受到了一定的影响,为此该社在2009年将把时效性的家装畅销书向常销书转移。"按说每年12月份都是各个单位来团购图书的时候,但从王府井书店的调研结果显示却少得可怜,店员说支撑相对最好的就是大众健康类图书,如《求医不如求己》之类还没受什么影响。"

有意思的是,家装图书市场还有一个现象,那就是进入家装图书市场的出版社越来越多,除了中国建筑工业出版社、中国轻工业出版社、机械工业出版社、中国电力出版社有限公司、福建科学技术出版社、辽宁科学技术出版社、吉林科学技术出版社等几家市场相对靠前的出版社外,像上海辞书出版社、中国人民大学出版社、法律出版社、北京出版社等也都先后介入,并有一定量的积累。"这说明,短期看家装书市场是会受经济大环境影响,但从长远看,越来越多的出版社在关注这个领域,这个市场只会越来越健全、越来越细化,毕竟家装本身是一个不断优化和不断推新概念的领域。"但安雅宁同时表示,因为竞争激烈,2009年将慎重做好选题策划,把握好方向和市场需求,挖掘优质作者资源,同时向室外园艺类、家居配饰和插花等家装连带板块延伸。

猜想5 专业考试市场再生变局

2009年北京市公务员的录用考试制度将进行改革，取消目前的资格考试而改为按职位招录推行职位竞争考试，拿着证书等空缺招考的情况将成历史。人事专家表示，相比于资格考试制度，职位考试的竞争更为明确，简化了考试程序，提升了公务员考试的公平性、合理性，但同时也会提高竞争的激烈性。当然，这种取消从目前看来还仅限于北京，至于国家公务员考试和其他各地的公务员考试是否也将追寻此路尚不得而知，对于相关图书市场是利好还是利空也待观察。

而自2006年开始试行的中国银行业从业人员资格认证考试则正好相反，参考人数也从当初的22万人次上涨到2008年下半年的43万人次，创出了参报人数的历史新高。据银行业协会专家介绍，银行从业资格认证考试还将在2009年初推出《公司信贷》和《个人贷款》两个新科目的试点考试。那么，增添的考试科目究竟能否给出版者带来一些机遇呢？中国金融出版社第三图书编辑部主任戴硕表示，2009年新增的两个科目，暂时还只是在北京等三个城市开始试点，一旦正式进入考试后肯定会增加此类图书市场容量，因为在银行系统，公司信贷和个人贷款是非常重要的两项业务，从业人员占业务人员的比例一般都在50%～70%。但戴硕也讲道，这项资格考试目前还是认证性质的，并非相关从业人员都必须参加，因此未来报考人数是否增加，很难说将与政府促进和放宽中小企业贷款有何必然联系。更有意思的是，"除了推荐教材外，目前银行业协会并不允许金融社出版其他相关辅导书，以免考生认为二者有着天然的联系，特别是不能出版练习题"。据他介绍，目前盗版对该推荐教材出版的影响比较大，甚至有时开会都能看到专家手里还拿着盗版书。而在辅导书市场，诸如中国财经出版社、上海财经大学出版社、中国发展出版社和中信出版社也都有涉及。

此外，经卫生部医师资格考试委员会批准，新修订的《医师资格考试大纲（2009年版）》即将颁布实施，并将在2009年全国医师资格考试中正式使用。

据介绍,《医师资格考试大纲(2009年版)》内容、结构较原大纲有较大调整,医学综合笔试部分将大纲考核的内容整合为基础综合、专业综合和实践综合三部分。临床类别专业综合打破原大纲按传统学科划分的模式,紧密结合工作实际和工作场景,将内科、外科、妇产科、儿科等学科综合成各个系统。值得一提的是,自2008年开始,由国家医学考试中心组织专家编写"医师资格考试系列指导丛书"作为国家医学考试中心指定唯一推荐用书,开始由人民卫生出版社独家出版发行,该社一举推出了包括临床、口腔、公卫执业医师和执业助理医师二级三类的《医师资格考试医学综合笔试应试指南》、《医师资格考试实践技能应试指南》、《医师资格考试模拟试题解析》共18册。据业内人士分析,这首先改变的是由北京大学医学出版社和协和医科大学出版社两家共出推荐教材的出版格局,接下来相关辅导用书市场或许将受医学考试中心限制使用考题资源而发生剧变。

[链接:中国图书商报2009.1.2,蓝有林《中国专业出版'09 五大猜想》]

第三编
年度书业焦点热点

第 12 章　区域经济成出版产业新趋势

进入新世纪以来,区域经济成为国民经济发展的一种新形态。国家提出针对不同地区的情况,实施"东部腾飞、西部开发、东北振兴、中部崛起"的区域协调发展战略。在这一背景下,各区域之间的合作不断增强,从单纯的企业间、产业间的局部合作上升为区域整体的合作,如泛珠三角合作、长三角合作等。出版业也借助区域合作平台积极参与到区域合作之中。

近年来,随着集团化和产业化的发展,出版区域间的合作从作为多个产业合作的一项逐步走向纵深,开始独立搭建合作平台。如始于 2005 年 10 月的泛珠三角出版论坛已举办了 4 届,从最初的行政联合向资本运营、资源重组方面拓展;安徽、河南、湖南、湖北、江西、山西中部六省的出版产业发展与改革研讨会开启了集团层面的高峰会谈;"华东六少"在 21 年的联合中,从当年年发货码洋不过一两千万元的地方小社,成长为年发货码洋过亿元甚至数亿元的出版劲旅;立足东北、抬头西顾的"北配"通过"全额联网经营"与内蒙古东四盟合作,两者的合作具有跨区域物流联合的里程碑意义……如此种种,可以窥见出版业渐兴的"区域经济"趋势。

1. 产业发展的新形态

"出版区域经济是出版业发展的新形态,是从出版的省域经济向全国统一市场迈进的结果。"中国出版科学研究所研究员刘拥军这样分析。由于传统出版格局的影响,集团化和连锁经营基本上采取了行政推动的方式,这一方式的一个直接的结果,就是在一个行政区域内出版的产业链条得到了强化,以省

(直辖市)为主的出版经济基本形成。由于各省域出版经济之间的发展存在极大的差异,部分省域经济不断壮大,而部分省域经济则相对迟缓。壮大的要发展自己,就必须克服省域壁垒,实现跨省域发展;迟缓的要保护自己、发展自己,就必须联合同等发展水平或与自己优势互补的省域,实现跨省域合作。总之,无论是壮大的还是迟缓的,都要求实现从省域经济向区域经济的转化。

区域经济对于地方出版业而言,也具有迫切的意义。长江出版传媒集团有限公司产业一部部长陈壮军认为,出版业的区域经济是各省的资源配置自然形成的,是市场经济发展的结果,地方出版业只有加快区域合作,才能够共同把市场这个蛋糕做大,产生资源聚合效应,形成多极的出版市场。地方出版业由于资源的限制并不适宜单打独斗,要走区域联合之路形成优势,逐步发展为两极间的节点,并进一步发展为第三极、第四极、第五极等,这样才会有优势人才和资源"游"过来,才有可能增加自己的"浮力"和影响力。

文化产业带和产业群具有鲜明的地域特色和文化,安徽出版集团出版部韩飞将出版区域经济的存在与区域文化联系起来。他认为,文化的趋同性和读者消费习惯的相似性共同构成区域性的文化市场,地域文化的存在即是出版业形成区域经济的根基。随着出版业竞争的不断强化和兼并重组的逐步进行,出版区域经济的形成有利于整合地域文化资源,形成区域出版中心和出版经济体。

2. 合作需要"化学反应"

区域经济的实质是合作,是合作各方根据资源、发展环境等优势互补、合理分工,实现区域间出版、印刷、复制、发行等多领域、全方位的互惠合作,以促进区域出版业的整体发展以及各合作省市区出版业的发展。第四届泛珠三角出版论坛上,湖南省委常委、宣传部长蒋建国将论坛定位为"深化同区域内各方的交流和合作","9+2"合作各方签订了《关于建立泛珠三角地区"扫黄打非"工作联防协作机制的协议》和《关于进一步加大开放力度,促进泛珠三角地区出版物市场繁荣的协议》两个目标性文件。

从发展趋势看,出版的区域经济的形成能够打破出版资源过于集中、图书同构化严重等现象。据安徽出版集团办公室主任唐元明介绍,中部地区出版集团的省际"会晤"以半年为周期,第三届研讨会将于 2008 年上半年在江西举行。2007 年 11 月在安徽举办的研讨会上,中部六省出版集团就纸价上涨、体制改革等问题进行了探讨,并列出可互相参股合作的产业项目,供选择对接;提出加强集团主办的报刊媒体合作,资源共享,资本嫁接。

也有部分受访者认为,从现状来看,一些区域合作还存在着组织较为松散的现象,缺乏合作间"化学反应"。而出版的区域经济不是各合作省市区出版业的简单加总,应有特定的组织形式和合作框架,是一种显性的经济形态。如一些出版业内的联合体现象,尽管也有组织形式,也跨地域,但不是区域经济,仍属于区域合作。

3. 三大区域呼之欲出

《国家"十一五"期间文化发展规划纲要》指出:"以建设文化创意产业中心城市为核心,加快产业整合,形成长江三角洲、珠江三角洲和环渤海地区三大文化产业带。积极发展我国西南、西北地区等具有鲜明地域和民族特色的文化产业群。""充分发挥产业带、产业园区和产业基地的带动与辐射作用。鼓励东部地区率先发展,中部地区加快文化产业崛起,西部地区结合地方特色和资源优势,着力增强文化产业自我发展能力,努力形成东中西优势互补、良性互动的区域文化产业协调发展新格局。"

如韩飞所说,出版区域经济的形成与区域的文化资源、经济特征有着一定的联系。如长三角经济圈产业门类齐全,轻重工业发达,是中国最大的综合性工业区,不仅传统工业在全国占有重要地位,而且以微电子、光纤通信等为代表的高新技术产业也比较突出。珠三角经济圈产业主要由加工贸易导引,产品多为劳动密集型产业,已成为全球最大的电子和日用消费品的生产和出口基地之一;环渤海地区是中国重化工业、装备制造业和高新技术产业基地。

不同区域的出版业也呈现了不同特点,相邻省区的出版业发展有一定的共性和互补性,这就为区域出版经济的形成创造了条件;相邻省区的出版业在合作中可以形成整体的竞争优势,这就在客观上要求形成出版的区域经济。以出版区域经济发展最早的"泛珠三角"为例,"泛珠三角"区域面积为全国的1/5,人口的1/3,经济总量的1/3。加上香港和澳门两个特别行政区,"泛珠三角"区域在全国的地位十分突出。"泛珠三角"区域拥有雄厚的出版资源,就内地九省而言,有图书出版社89家,占全国出版社的16%;报纸668种,占全国报纸总数的34%;期刊1788种,占全国期刊总数的18%。2003年,"泛珠三角"区域新闻出版行业总销售收入不少于180亿元,利润不少于80亿元。特别是印刷和音像电子出版物的出版和制作,在全国具有举足轻重的地位。"泛珠三角"区域九省二区(香港、澳门)通过优势互补、合作发展,为中国出版业的发展提供一种新的模式。

陈壮军表示,北京作为中国政治、文化中心,无可非议地成为出版区域经济一大中心;长三角地区,如上海、江苏、浙江也形成了较强的出版资源优势。总体来看,区域出版经济在逐步得到显现和加强。

刘拥军认为,目前,珠江三角洲、长江三角洲和环渤海三大地区已初步形成若干书报刊音像出版、印刷复制、出版物物流、动漫游戏开发、影视生产等文化产业基地和特色文化产业群,已经形成了出版区域经济的雏形,区域经济呼之欲出。除此之外,以两湖(湖南、湖北)为中心的中部区域经济,以辽宁为中心的东北、内蒙区域经济,以西安为中心的西北区域经济也将是未来的发展趋势。

区域经济强调分工,因而与出版资源向北京、上海等中心城市的集中化倾向不矛盾,部分出版资源的聚合与区域间出版业的全面合作是出版业发展的两条线。一个区域经济圈要积极与区域外的出版业合作,推动全国出版分工的发展,并进而促进本区域经济圈的发展。

[链接:中国图书商报 2008.1.25,马莹《区域经济成出版产业新趋势》]

第 13 章　欧美 vs 中国：书业各展奥运商机

2008 年北京奥运年，奥运是否能为中国书业带来商机，商机到底有多大？如何挖掘潜在商机，并借这股崛起之势推动中国书业的前进？在奥运商机之外，书业还承载着什么样的责任？

◻ 1．奥运书：畅销还是常销？

在英美国家，涉及足球世界杯及奥运会等体育赛事的图书往往会在体育迷中受到追捧，但在赛期，精彩的比赛将大众从书店吸引到了球场或者电视机前，图书销量走低也是一个不争的事实。因此，不少国外出版人都认为，体育书很难做到畅销，只能打常销。对此，国内同行有着相同的看法。北京出版社奥运读物编辑中心杨钢认为，通过调查发现，奥运书在整体上是一个小众市场，除少数名人传记等作品外，一般宣传奥运知识的读物难以成为畅销品种。奥运图书与其他人文社科类图书相比，由于它的内容局限在围绕奥运会所形成的知识领域内，隶属于体育科学这一大的门类之中。这些知识对人们常年的政治、经济、文化、军事、思想等活动的指导与启迪，在整体上远不及哲学、经济、文史、时政等图书起到的作用，因此其读者面有限；二是它对读者的吸引力，往往在奥运会举办国才会形成，在其他国家难以出现有兴趣购买奥运图书的批量读者；三是它对读者的吸引力不会长久，奥运会一闭幕，因关注奥运会而购买奥运图书的人群将会显著缩小。因此，虽然随着奥运会筹办进程的缩短，社会大环境在一定程度上会促使奥运图书的品种和销量有所增长，但在整体上难以成为图书零售市场上的常销书。墨客网版权代理人王平也认为，奥运热已经进入空前的高涨期,图书相对于媒体和网络,其制作周期和时效性都滞后,因此想要策划真正有潜力的奥运图书,只能走常销路线。而从出版奥运书的几个阶段来看,王平认为:"奥运前期人们的关注点是粗放型的,多是奥运文化、历届奥运会介绍,以及配合奥运主管部门的产品。进入了奥运出版的中期,读者会把重点放在交流沟通方面,比如主动寻找自身关注的话题或者语言类图书等,因此,这一阶段应侧重读者的细分市场。而奥运后期的产品,应该有两个方面的重点,一是配合比赛,做单项的介绍和说明;二是对国外的关于中国文化民俗的宣传或者普及读本。"

从奥运选题来看,主要有两大读者群,一个是国内的体育迷和广大读者,另一个是对中国奥运会感兴趣并来中国旅游的国外运动员和游客。国外出版社会考虑针对本国读者推出一些奥运图书,但对选题会慎之又慎。据业内人士介绍,兰登书屋原来计划向海内外读者组织编写三部有关中国奥运的英文版图书,但后来经过斟酌,只组织编写了一部出版。

2. 国外选题品种众多,注重创意

由此看出,奥运要成为很大的商机,其机会并不大,但在市场上我们看到与此相关的出版物众多,竞争已十分激烈。在亚马逊网站搜索奥运相关图书,可以找到英文版图书有数万种,中文版图书有数千种,德语版的也有数百种之多。而综观国内奥运书,不免给人一种内容扎堆、缺乏亮点的感觉。

我们可以看到国内出版市场一个很明显的例子,就是奥运礼仪书的重复出版现象。在2005年底曾有一份调查显示,当时市场上介绍奥运礼仪的图书比较少,此后,一窝蜂地涌现了大量介绍礼仪知识的图书,其内容单一重复、缺乏新意。而反观国外,图书虽然也存在着供大于求的现象,但商业化的市场机制不允许进行重复出版,这也造就了选题不断出新、出版内容日益精彩的局面。国外优秀的出版社会选择最佳的选题角度,以最适宜目标读者的方式来呈现内容。如英国DK公司在上届雅典奥运会前夕推出的《雅典1896到

2004》,回顾了从举办首届奥运会到 2004 年近 200 年的奥运经典图片和历届冠军的精彩瞬间,法国家喻户晓的漫画人物阿斯特里克斯也在 2004 年奥运会结束季的《奥运会上的阿斯特里克斯》一书中,为儿童读者上演了与朋友在古奥林匹亚山上举办奥运会的演出,众多古代奥运会的竞技项目悉数登场,高卢的小英雄们服用自己特制的药品来增加实力并获得了胜利,这也为一直受兴奋剂问题困扰的体育赛事增添了讽刺幽默的色彩。

国外的出版社在看到海内外读者对中国以及奥运的关注后,选择不同的角度推出英文版旅游图书,如企鹅、哈珀·柯林斯以及兰登书屋推出的有关中国旅游指南的图书。在 2007 年北京国际图书博览会期间,哈珀·柯林斯组织编写的《游遍中国》(Travel Around China)、兰登书屋旗下的旅游机构福多(Fodor's)组织编写的《2008 北京奥运旅游指南》(Fodor's China)(由北京出版社出版)以及 DK 的《目击者系列之中国》都推出新版上市。

在选题策划和编排上,这些旅游图书通过突出差异化满足了不同旅游者的需求,凸显了特色。如《游遍中国》按照六大地区以及港澳台划分,请中国旅游专家筛选出 1247 处旅游胜地逐一介绍,提供各旅游区详细旅游信息,同时配有中国摄影家拍摄的精美图片,另外,还增加了对北京奥运会比赛场馆的介绍。《2008 北京奥运旅游指南》则以独特的奥运五环的颜色为标志,将北京城划分为东西南北中五个部分,配有大量精美图片,将北京的历史文化、现代气魄与奥运会的相关信息有机融合在一起,使阅读者在丰富的旅游信息中了解北京的历史文化与发展,奥运会的相关信息和各地的特色饮食、住宿建议以及当地的节日活动和文化活动。此外,还为读者设计有旅游行程、旅游季节推荐及各地主要活动,为远程骑车的旅游者也提供了参考意见。DK 推出的《目击者系列之中国》采用红色丝绸作封面,按地区、城市和不同主题划分,将丰富的历史知识以及详细的住宿和交通信息融为一体。企鹅的《中国》(The Rough Guide to China)除提供旅游签证、住宿和保健方面的信息外,还给出了中国各城市地图以及各地饮食的建议。详尽的目录表及方便的导航模式对初次旅游者很有吸引力。Lonely Planet 的《中国》(China)旅游指南除了提供丰富的旅游信息，还考虑到亲子旅游的需求，设计了亲子旅游线路及注意事项。而威立旗下品牌弗洛默(Frommer's)出版的《中国》旅游指南虽没有彩色照片和详细的地图，却以其详尽的索引、菜单拼读指南以及文化景点介绍吸引新老旅游者，开头部分"最好的寺庙"、"最好的购物场所"等内容为国外旅游者提供了需要的索引。Simon Foster 出版的《中国探险游》(Adventure Guide China)则主打探险和亲子游概念，为热气球旅行者、生态旅游者以及亲子旅游者提供了"Top 25"的旅游线路。

除了旅游书，健康饮食图书也成为奥运出版的另一道风景。介绍北京饮食文化、特色小吃与烹饪史以及一些特色小吃店的信息，恰好满足了对中国饮食文化感兴趣的旅游者的需求。

体育明星传记书是出版社抓住商机的另一大主题。哈珀·柯林斯借世界杯赛的时机，签约了几位球星，借助他们的明星效应大获丰收。在 2002 年向贝克汉姆预付 200 万英镑购买其自传《我的立场》(My Side)，至今全球销量已达 100 万册；在 2006 年 3 月德国世界杯足球赛前夕，又预付 500 万英镑签下了英格兰球星鲁尼，在 12 年间陆续出版他的 5 本自传。继鲁尼之后，其他出版社也相继推出弗兰克、科尔、杰拉德、费迪南德等其他英格兰球星的传记。出版社让球迷为这些传记买单，据悉，鲁尼和弗兰克的传记分别有 1/8 和1/10 被世界杯观众订购。盛大的营销活动为图书的大卖奠定了基础。据悉，哈珀·柯林斯为《我的立场》制定了全球同步上市的计划，并在母公司新闻集团旗下的《太阳报》和《世界新闻》(News of the World)报刊上分别做了 12 页的专刊报道。同时，加上在各大电台及媒体请小贝参加的地毯式宣传报道，使这本书成为最畅销的体育传记。

礼品书和纪念册是奥运板块的另一大出版品种，这类书以精美的图片、优质的文本内容和高端的价格，主打团购市场。1996 年亚特兰大奥运会期间出版的纪念图书《亚特兰大 1996：百年奥运认定纪念图书》(Atlanta'96：The

Official Commemorative Book of the Centennial Olympic Games），汇集了300幅精彩照片，并配有《伦敦时报》奥林匹克专家对这次大赛的深入分析。而德国贝塔斯曼旗下的德国知识出版社也在去年法兰克福书展期间推出大型画册《今日中国》，聘请中国摄影师拍摄的该套画册装帧精美，有500多幅风格各异的作品。

3. 国内出版社：市场意识有待加强，市场开发瞄准细分

近年来国内体育图书在从知识类向时尚、休闲类的过渡中，也出现了一些有市场意识、内容吸引人的图书，如传记类的有萨马兰奇的《奥林匹克回忆录》、何振梁夫人梁丽娟的《五环之路》（两本均由世界知识出版社出版）、韩国作者朴世直的《我策划了汉城奥运会》（中信出版社出版）、姚明的《我的世界我的梦》（长江文艺出版社出版）等。据了解，这些名人及明星传记大多有2万至20万册的销量，但距国外同类书百万册的销量还有不小的差距。在礼品书领域，《北京 奥运之城》、《2008北京奥运旅游指南》等首批图书以独特的选题和优质的内容入选政府采购图书书目并向中国驻外使领馆、国外图书馆等机构发送，赢得了不少读者群和很好的声誉。

虽说奥运图书在有些国家会因赛事的影响而出现销售低迷，但2002年汉城奥运会前后，韩国出版的大量民族文化类图书却收到很好的效果。由此我们有理由相信，在中国，如果对选题角度精心斟酌，内容细心编裁，再配合适当的营销活动，奥运书也会打破固有的低迷态势。在国内以策划畅销书著称的长江文艺出版社，2004年推出的姚明的传记《我的世界我的梦》达到了20万册的销量，在国内同类书中堪称典范。据该社副社长黎波介绍，他们通过"姚之队"获得了该书中文版授权，同时借姚明首次在上海、北京打NBA联赛的机会，请他参加了新书的首发式。此外，提前面向全国分销商做了大量工作，再加上渠道内的配合，为此书的成功奠定了基础。

北京出版社出版的大型精装画册《北京 奥运之城》，则收录了10位世界

知名摄影家的优秀作品,从各个角度介绍北京,并配上摄影家亲笔书写的生动文字,其创意颇有新意。而浙少社推出的《福娃奥运漫游记》,借助电视台播放动画片的黄金期推出图书,使该系列图书获得了广泛的影响力和市场反响,该系列前15本取得了400万册的销量。

对于奥运出版板块,国内有的出版社不看好,有的则表态不会出版此类"应景之作",而与此同时,我们也看到大量选题雷同、内容重复的奥运图书充斥市场。不少书没有明确的目标读者,内容简单重复,缺乏各自的突出特色,因此很难对读者构成吸引力。

墨客网版权代理人王平表示,目前国内主渠道和二渠道的订货会上,大家对奥运书都反应平淡。其主要原因还是产品线的策划问题,因为多数出版单位会考虑推出丛书,可策划丛书的人力、物力花费都很大,因此只得暂时放弃,而对于一些热点单本选题,如奥运礼仪等等,却又存在扎堆现象。此外,渠道细分复杂、产品营销成本较大也是一个问题。

4. 奥运出版:既打文化牌又打市场牌

北京出版社的杨钢认为,从奥运经济的角度分析,奥运图书不具有创收的必然性,因此它很难带来稳定的收入来源。从这个意义上说,奥运时期的图书更多地承载了文化传播的社会责任。

国内市场上,有不少大部头的著作在赶制中,如人民体育出版社将推出《中国体育通史》及《奥运会医学百科全书》,主打大体育概念,面向图书馆及文化机构发行。杨钢也表示,将继续高质量地完成正在运作的奥运图书的收尾项目,同时积极而又慎重地开发既有市场效应又有文化效应的新项目,并做成精品书,获得读者的关注。

长江文艺社赶制出版的《新中国体育明星大辞典》也是一部集大成之作,奥运前将正式面世。该书将收录新中国成立以来至2003年前在世锦赛、世界杯、奥运会三个世界级比赛中获金牌的1000余名运动员的介绍。记者了解到，由于长江文艺社有很强的市场意识和畅销书运作能力，因此赢得了该书的出版权。与此同时，国内还有不少出版社及机构在积极策划奥运图书，未来还将有不少的奥运图书问世。而是否能在选题创新、内容创新、市场创新以及宣传文化这些方面取得新的突破，我们将拭目以待。

国外非常强调图书要有好的创意，而且有讲故事的能力，这与我们常说的选题创新和内容创新不谋而合。只有这样，我们才会做出有自己特质，别人无法效仿和替代的差异化产品，并逐步确立在读者群中的地位，这也是中国出版业借助奥运热潮在世界书业逐步站稳脚跟并展现文化大国地位所要做的必要而紧迫的功课。

［链接：中国图书商报 2008.2.15，渠竞帆《欧美 vs 中国：书业各展奥运商机》］

第14章　纸价震荡催化出版转型

纸张供应紧张、价格只升不降……近年来,纸价问题一石激起千层浪,成为出版业讨论最多的话题。据业内人士估测,尽管上涨幅度近20%,但成本推动、供应缩减、供小于求等原因仍会促使纸价在未来两年内保持走高趋势。不少出版社向纸张供应商支付预付款囤纸,一些出版集团因纸价上涨而增加的成本达到了几千万元,有的出版社、民营书商甚至拿着现金到纸厂排队等纸……在纸荒的震荡下,出版业似乎正陷入恐慌之中。但翻看硬币另一面,也有人认为,通过纸价风暴的洗礼,出版业也将借此修炼内功,专注于产品转型、管理转型,并在优胜劣汰的竞争中推动产业转型。

1. 产品转型:放缓书业滞胀

"由于成本加大,对于2008年的图书选题,出版社现在是采取'保一批、缓一批、停一批'的政策。纸价上涨影响到了重版和常销书,一些出版社目前采取'死扛'政策,正好可以压缩一批平庸选题。"现任人民文学出版社社长潘凯雄如此感慨。"死扛"表面上是一种消极应对的措辞,然而在"死扛"过程中若能够使一批重复选题、同质书远离市场也未必是坏事。人民出版社社长黄书元则表示,虽然目前人民社还没有压缩选题的计划,但会进一步优化选题,为大众读者提供更多有价值的图书。

市场上没有竞争力的同质类图书是库存积压、书业滞胀的主要"元凶",造成了大量的资源浪费。纸价上涨催化了出版社优化产品结构,加大了对平庸选题、同质选题的淘汰率,有助于出版社策划好选题、出版好图书,减少材料涨价带来的负担。江苏教育出版社也在2008年对部分发行量过小的助学类图书进行整合,把产品做精。

中国劳动社会保障出版社发行部经理李亚峰告诉记者,此前,各社的选题委员会更多是从内容角度论证选题,在优质选题比较缺乏的情况下,所谓的审查往往流于形式。目前,纸价上涨的压力直接与经济利益相关,审查选题时开始强调经济因素的考量。尽管这并不是选题优化的有效途径,但却从反向推动编辑部门挖空心思考虑选题的含金量,避免大量资源的浪费。

除了调整结构、提高质量,纸价还在一定程度上减缓了新产品研发速度,压缩了图书印量。中国科学出版集团公司董事长汪继祥坦言,集团因纸价因素增加的成本达到了3000万,为了消化这部分资金,集团也在考虑对图书结构进行优化,如放缓部分高档装帧图书、专著类图书的出版速度。北京弘哲文化发展有限公司总编辑贾洪君表示,在成本增加之后,很多靠铺货来抢占市场的图书就会改变策略,单品种起印的数量和后续补货的数量会有所压缩,各公司对于自己图书的库存以及退货也会加强控制。

作家出版社副社长扈文建在2008年初中国图书商报主办的营销创新论坛上提出,纸价上涨对于净化正版图书市场、打击盗版书有"意外帮助"。他说:"在生活中可以发现,盗版书减少了,但这并非主动减少,而是被动减少,因为很多被关掉的小型造纸厂几乎都是盗版书的纸张供应商。"由此,不但读者购买到一些质量低下、跟风图书的机会减少,被盗版书干扰的机会也将大大下降。

2. 管理转型:从粗放到精细

一场"书业暴风雪"后,纸价上涨带给书业的不单是微观选题、产品结构的优化,还促进了出版业由粗放到精细管理的转型。李亚峰分析,纸价现象的背后,出版社内部成本管理、机制创新、上下游产业链条整合和利益调整等方面也发生了微妙的化学变化。

北京大学出版社出版部主任商鸿业表示,合理确定印数是节约成本的关键。出版业应该借纸业从定性、粗放式管理到定量、精细化管理过渡。很多出版社已经越来越多地考虑用数据和财务报告来做决策了。据介绍,确定重印数时,该社更倾向于利用量化的分析手段,由社领导、发行人员、编辑人员群策群力决定,将前面所有印次的总印数和销售情况进行统计分析,多问几个问题,例如,总印数是多少,每个印次之间的间隔,每印次的印数,退货的情况如何,当前订货的情况,然后再决定重印的印数。

面对纸张涨价,在生产成本管理和控制方面,一些国有和民营出版机构都在不断地探索着转型的"密码"。唐码书业(北京)有限公司总经理曲波曾透露过一个出版社不太关注的事实:常规的印刷品是固定开本印刷品,印刷效率在56%左右。这意味着,即便是最好的设备,利用效率也不过在56%,而唐码可以使运行效率达到95%以上,这需要包括加工产品、设计、设备保障等所有的环节的后备保证。除此之外,由于大型超市卖场本来就是很随意的购买场所,没有严格限制,这就给很多大型书城不太愿意接受的小开本、不规则开本图书以生存机会,印刷纸张的边角料就发挥了作用,唐码"将这些环节充分利用起来,成本自然就下来了"。

商鸿业提出了采用"连续加权平均"的方法优化材料成本。他认为,图书纸张材料使用出库的价格有"先进先出"、"后进先出"和"连续加权平均"等方式。前两种方法在纸张材料价格波动较大时,会引起图书材料成本的较大波动,而采用"连续加权平均"的方法,通过对库存材料的价格与新入库的价格的加权平均,使材料价格的剧烈波动变成连续而缓慢的变化,可降低材料价格波动对图书成本的影响。

纸张管理一直是出版社成本管理中的重要因素,此次纸价的上涨无疑将其提到了更加重要的位置。在年度预算中,很多出版社会为纸价上涨预留较大空间以应对目前的市场形势;在采购环节,开始强调全方位和纸厂联系,比较纸张型号和价格;在内部运营方面,编辑部门开始更多考虑在纸张紧缺约束条件下的图书成本问题。

化学工业出版社为纸张采购和排版印刷装订成立了专门的决策小组,工价计算相当明确,而且有印务、审计和财务三道审核机制。该社副社长、总会计师刘海星坦言,化工社仍能维持之前的价格水准,在很大程度上取决于一直以来严格执行的成本管理,这一机制的严格执行节省了大量成本。

3. 产业转型破茧而出

目前纸业供应商不断提高纸张价格,不能很好地保证纸张供应;出版业规模逐年扩大,对上游资料需求日益加强,由此导致纸张供应数量少而需求方竞争者数量多的状况。从产业链延伸的角度考虑,上游纸价的上涨势必会引发一系列的连锁反应。李亚峰认为,纸厂、出版业、印刷业以及消费者的利益,因为纸价上涨出现了此起彼伏的博弈,各方之间的关系也会由此发生较大变化。尤其这种变化发生在目前全国结构性通货膨胀比较严重的大势下,消费者的承受度将在某种程度上影响着书业的总体规模和增长态势。此前"消费者→出版业→纸业"转变为"消费者→纸业→出版业",纸厂和出版业在博弈中的产业地位发生了逆转。

对于这一现象,中国出版集团公司出版部全冠军认为,制造业在激烈的市场竞争中也遇到过类似的问题,它们的解决办法之一就是实施后向一体化战略,即企业把原来属于外购的原材料或零部件改为自行生产的战略,通过获得供应商的所有权或增强对供应商的控制来求得发展的战略。出版企业实施后向一体化战略,要通过参与纸张生产与印刷能力建设,来加强对供应商的控制,从而提高议价能力稳定供货来源。后向一体化的模式主要有收购、参股和战略合作三种。他建议,出版企业可以通过参股或战略合作,提高自身的议价能力,在获得更为优惠的价格的同时减少投资风险,降低生产升本,从而有效提升市场竞争力。但是,后向一体化的目的是为了确保企业关键原材料的充足供应,内容主业仍应作为出版企业的主要经营对象。

商鸿业预测,对于印数难以确定的市场类图书,如销售面比较窄的学术类图书,按需印刷模式将是未来发展趋势。他说:"大量印刷,大量发货,大量退货,这种靠增加生产和大面积铺货来增加销售的模式是典型的粗放型生产模式,特别是市场类图书,造成资源的极大浪费。"应提倡根据订单生产,虽然现在按需印刷的成本还处于较高水平,但是已经比前几年降低了许多。

很多行业的产业转型都通过产业链变革引发,如由于原材料供求趋紧、劳动力价格上扬原因导致企业成本全面上升,劳动密集型产业受到严峻挑战,特别是沿海地区的部分小企业开始向内陆迁移,寻求产业转型的路径。对于出版业,此轮纸价上涨将加速行业的优胜劣汰,已成为业内人士的共识。贾洪君表示,纸价上涨加速了教辅图书出版行业尤其是民营教辅行业内的洗牌,一些中小企业或者资金链不够完整的企业会萎缩或者退出,有助于净化产业,规范产业的交易规则。可以预见,出版业应对本次纸价震荡,将提高企业的风险控制能力,并在无形中加速产业转型。

[链接:中国图书商报 2008.2.22,马莹《纸价震荡催化出版转型》]

第 15 章　大部制牵动出版资源再分配

近年来,为转变政府职能和理顺部门职责,政府机构改革力度可谓越来越大,而自十七大报告提出的大部制改革思路,因是将那些职能相近、业务范围趋同的事项相对集中,从而提高行政效率、降低行政成本受到广泛关注,国务院2008年3月11日将此次机构改革方案提请十一届全国人大一次会议审议后立即吸引各方眼球。据了解,此次国务院改革涉及调整变动的机构共15个,正部级机构减少4个,新组建工业和信息化部、交通运输部、人力资源和社会保障部、环境保护部、住房和城乡建设部,改革后除国务院办公厅外还有27个组成部门。为此,中国图书商报在第一时间采访了相关部委出版社,探求当中或有出版资源再分配的可能。

1. 影响大小看法不一

作为与新组建的交通运输部密切相关的人民交通出版社,该社总编辑韩敏在接受记者采访时表示,早在3年前,交通社在制定"十一五"规划时就确立了"大交通"的发展目标,如今将交通部、中国民航总局的职责以及建设部指导城市客运的职责,整合划入交通运输部,组建国家民用航空局,由交通运输部管理,国家邮政局改由该部管理,与出版社"大交通"的发展目标可谓不谋而合,并有望从出版资源和发行资源两个层面促进目标的实现。他说,对于民航和邮政出版方向,该社短期内不会过多去涉及,主要精力是放在大交通、大土木和交通地图三大板块,但此前属于建设部管辖的市内道路工程、城市轨道交通等领域,其规范管理、设施建设以及载运工具的设计、维修此后均可名正言顺地出版，交通运输出版板块将因此更加完整，若能争取到民航方面的机场建设也将对大土木是个补充。同时因为与国家邮政局同在一个系统内，今后出版社也可借助其网点强化自身的发行力量。

北京理工大学出版社社长杨志坚认为，作为大学社肯定是跟着学校走，现在学校都还没有明确归属哪个部委或划归北京市，所以客观上讲影响有限，具体涉及的就是国防科工委系统的"十一五"规划教材，原先就是由包括该社在内的五家大学社分别承担，现在看来主要是速度会放慢半拍。他说，从上一次部委改革时的情形来看，原先隶属国防科工委的20多所院校最后只留下7所没有划归教育部或地方，而现在军工企业都允许并鼓励整体上市，要靠参与政府采购、主动争取市场订单来发展。从出版社本身来看，希望能取得有一定利润保障的专业归口出版物出版权，出版社下一步也要加快转企改制，关键得加强自身建设。据他介绍，占该社利润70%～80%的教辅书自"一费制"萎缩后，这些年一直在开辟校内专业课教材、高职高专教材和市场图书三个领域，如在高职高专板块，前段时间与世界计算机协会达成了战略合作，马上要跟汤姆森进行签约；2008年计划将原来年出版40～50种的市场图书扩大至150～200种，销售码洋突破亿元大关；出版社事业编制的员工比例也在下降，与企业编制的员工相比为6∶4，并提交了转企申请。

同为国防科工委高校出版社之一，北京航空航天大学出版社社长兼总编辑乔少杰表示不愿意就此事发表看法，在归口管理未定之前最好顺其自然，对于记者问起国防科工委"十一五"规划教材出版会否受影响一事，他认为如果能够继续出版就一定出好。人民邮电出版社社长季仲华在接到记者电话时也笑称，大部制改革对出版社的影响现在谈还为时过早，但有一点需要明确，那就是当年邮政和电信分家，但人邮社的电信类图书市场并没有受任何影响，关键是要把自己的事情做好，把握市场脉搏，尽可能地将自己的品牌做大做强。

此外，电子工业出版社社长兼总编辑文宏武、中国劳动社会保障出版社社长张梦欣等则以这个话题比较敏感为由婉拒了记者的采访。

2. 借势调整更须主动寻求市场

事实上，此次政府机构改革是自1982年以来的第6次改革，国务院的工作部门从当初的100个陆续精简，到1998年部委已减至29个。中央部委出版社因政府机构改革而更换主管部门也不是首次，如在1998年之后更是发生了巨大变化，诸如化学工业出版社、中国轻工业出版社等分别从化工部、轻工业部划归相关协会主管，石油工业出版社、航空工业出版社等则划归转企后的集团公司主管，还有的归并到诸如国资委等其他部委或者科研院所，如中国经济出版社是原国家经济委员会创办，曾隶属于国家计划委员会、国家经济贸易委员会直属的中央一级出版社，现为国务院国有资产监督管理委员会直属出版社。

据业内人士介绍，不少部委出版社在未换"婆家"之前，彼此之间的发展差距并不像现在这么明显，但从原部委出来后因缺少往日的行政力量大力推动，除主动寻求市场之外，彼此间的竞争更多的是看所处行业的大小和所掌握的资源多少，并逐渐演化成强者越强、弱者越弱的局面。

值得一提的是，2003年当国家经贸委和外经贸部合并组建商务部后，其主管的中国商务出版社（原中国对外经济贸易出版社）也因此获得了更为宽广的发展空间。据该社社长兼总编辑严卫京表示，当时出版范围一下子扩大了，其中有关内贸方面的图书可以说是从无到有，市场也从外贸院校向所有商业院校全面铺开，推出后因其权威性的提升，基本都有3万册以上的销量。据他介绍，目前中国商务出版社已经形成内贸、外贸和国际投资三大板块，内贸教材的品种已经占出版社总品种的10%，而高职高专国际贸易方向教材更是抢占了75%的市场份额，目前还在组建相关中专教材。"2006年，出版社还对发行部进行了改革，成立了北京中商图出版物发行有限公司，不仅发行力量得到增强，目前回款都在85%以上，对上游的选题也有很大的促进。"严卫京甚为自豪地讲，"出版社的销售码洋自2003年以来，累计涨幅已达65%。"

韩敏也举例说，当初"交通公安"从交通部划归公安部后，交通社的"驾驶员培训"图书这一块刚开始还是因权威性和市场网点受到了比较大的影响，近年来经过自身努力才发展起来了。他表示，尽管此次大部制改革短期内对相关出版社的影响估计不会太大，但主管部门的变更或者分开，原有主管部门范围内的一些标准规范以及规制性出版物，将会因对口运作而发生转移，而其市场类图书的权威性也会因此受损。相反，现在与主管部门对口的出版社则可从中获得资源和市场。

尽管业内人士普遍认为大部制肯定带来出版资源的重新分配，但对于原先就相对较弱的出版社来讲，首先应考虑如何保住原有的那一块市场，同时设法拓展相关资源。但即便是强势出版社，在进入新的领域后，也需要强化编辑等相应的内在力量。

［链接：中国图书商报 2008.3.14，蓝有林《大部制牵动出版资源再分配》］

第16章　新华书店如何迈过三道槛

从2008年春季起,农村义务教育阶段学生教科书,包括国家课程教科书、省级地方教材和部分教学辅助资料由政府统一采购,免费向学生发放。2008年3月5日,温家宝总理在十一届全国人大一次会议上所作的政府工作报告中提出,2008年将更加着力保障和改善民生,在试点的基础上,从2008年秋季起全面免除城市义务教育学杂费。与此同时,教材循环使用在部分城市经过试行后即将逐步推广至全国。

这些政策的推行,意味着新华书店长期赖以生存的政策支撑就此真正终结,教材发行模式将发生根本性的变化,与教材发行权休戚相关的教辅读物,完全失去政策依托,被彻底推向市场。教材免费、循环使用、教辅市场化,新华书店面临教材教辅政策的剧变,会产生什么样的影响呢?

1. 教材发行方式发生根本变化

接受采访的所有新华书店几乎异口同声,认为国家对义务教育课本实行统一埋单和课本循环使用后,对依靠课本发行的新华书店会带来销售下降、利润减少等影响。如河北省中小学教材销售收入中约有72%由政府统一采购,即使政府同意完全由新华书店单一渠道供货,按照当前免费教材的让利情况保守估算,全省每年将减少约1000多万元的纯利润。另外,河北省从2008年春季开始,正式启动了教科书循环使用制度,国家财政每年只安排这些科目教科书款的1/3左右用于补充和更新。从2009年起,全省教材销售收入将每年减少1亿元左右,利润也会相应减少。这一制度逐渐成熟之后,纳入循环使用的科目将会更多,对新华书店造成的影响也将更大。福建省中小学循环使用的教材不仅包括国家要求的音乐、体育、美术等副科教材,还包括地方课程教材,占整个教材的1/10左右,达几千万元。

　　江苏新华发行集团董事长张佩清认为,销售下降、利润减少目前对新华书店会有三个方面的影响:一是影响转企改制过程中改制成本的支付;二是会对准备上市的公司保持持续发展业绩造成一些影响;三是对于国有新华书店坚守宣传阵地,守住盈利能力本身就比较低的中小网点和农村网点产生一定影响。从全国来看,还可能对整个出版产业的发展产生一定影响。因此,建议政府在出台相关政策时,尽量考虑国有书店在重大转型期的平稳过渡问题。同时,企业本身前进中的困难也只能通过体制机制改革、业态创新找到解决问题的途径。也有新华发行集团老总表示,免费教材、教材循环使用等作为"民生工程",要求书业各环节出让折扣,对行业的冲击是肯定的,希望政府在优先发展教育事业的同时,也能兼顾文化产业的发展,渐进推进。内蒙古新华发行集团股份有限公司董事长吴力田则呼吁,教材发行单位应争取政府的理解,希望政府在制定相关政策时综合考虑。

　　免费教材政府埋单加大了教材发行的工作量。目前教材采购分为两类,一类是政府采购,一类是非政府采购。政府采购主要是义务教育阶段教材,而高中阶段教材以及职业教育教材等仍然属于非政府采购范围。未实行免费教材政府采购时,教材发行只走一条线,现在则要走两条线,不论是免费还是不免费,都要经过包括征订、发行、回款和售后服务各个环节。还要加上去教育局、财政局确认哪些属于免费范围,哪些属于不免费范围。教材发行的工作量实际上是加大了。

　　与过去书店从学校收款相比,一方面国家下发免费教材款使教材回款有了保障,可以解决拖欠教材款的问题;另一方面,部分地区也存在教材回款到账时间较长的问题。有的地区反映,从审核、审批到到账,最快也要半年。一季3亿多元的教材款,延迟到账半年就会增加书店财务费用近1000万元。尤其是对一些用教材发行补贴一般书发行的省级新华书店,造成了更大的难题。还有一个问题值得关注,实行教材免费之前,很多教材发行单位的教材回款都是一季压一季,实行教材免费之后,教材的买主由学生变成了政府,书店应尽快催缴以往拖欠的教材款,以避免由于买主转换形成呆账坏账。

完全进入市场的教辅销售,对新华书店的影响也是巨大的。据了解,2001年前后,内蒙古自治区的教辅书发行就已经全面走向市场,这几年,由于市场的不规范,新华书店的教辅书销售已经从3亿元锐减到5000万元。黑龙江省也早已没有随教材征订的教辅,2007年其教辅销售为1500多万元,仅占教材发行量的4%。

2. 多元策略把风险降到最低

面对生死存亡的严峻形势,各地新华书店纷纷行动起来,除了继续做好教材教辅发行服务,还拓宽思路,创新一般图书经营和多元经营。希望以此弥补经济效益上的损失,促使企业健康可持续地向前发展。湖南新华书店集团有限责任公司总经理秦玉莲告诉记者,2008年,集团将抓住优质服务这个中心,迅速完成从产品提供商到服务运营商的转型。

首先,要牢固树立服务观念,始终将学校和学生、政府和社会对教材发行工作的满意度放在首位;其次,要制定高标准的服务措施,尤其是保障免费教材的及时、规范供应;第三,要充分发挥业务人员的主观能动性,因地制宜,创造性地开展服务工作。关于教辅发行,一要努力打造教辅发行新团队,组建一支规模大、素质高、能力强、业务精的市场营销队伍;二要开辟教辅发行新阵地,打造覆盖面更广的发行网络,全面铺开校园书店的建设;三要努力探索教辅发行新模式,集团将以独资或合资的方式构建完全市场化运作的教辅发行实体,提升市场竞争力;四要继续加强对外协调,争取学校、教育管理部门和社会力量的支持,提高市场认可度和接受度。

浙江新华专门从教材部中划出一部分业务和人员成立文教部,开展教辅推荐工作。他们设计教辅推荐目录,推荐品牌教辅以及大社名社的教辅,采取流动供应、预约征订、门市零售等方式积极发行教辅图书,并做好售后服务。浙江省新华书店集团有限公司副总经理王忠义介绍说,2008年春季开学两周,浙江新华平均每天销售教辅达50万元,同比增长30%以上。目前他们正在以学校为单位,探索教辅套餐销售的新模式。

福建新华一直采用上门服务、流动供应的方式,保证了教辅图书较高的市场占有率,每年达3亿多元。福建新华发行(集团)有限责任公司副总经理刘子华告诉记者,他们的上门服务流程包括发放致家长的公开信,填报目录,家长签字,发书,逐个学生地收费、开发票,增加了很多工作量。

河北省新华书店集团公司则将加快教材经营结构调整,在继续抓好中小学教材发行的同时,深入挖掘高中和私立学校的增量潜力,同时加大对幼儿园教材、职业学校教材和大中专教材的投入力量,不断提高市场占有份额,以多元的品种、多元的市场、多元的策略,将市场风险降到最低。

说到多元经营,湖南新华完整的文化用品经营战略也许会给同行些许启示。为了实现湖南新华的文化用品经营的快速扩张,他们计划从五个方面实现突破:一是全面实现连锁经营,全省100家连锁门店必须在显著位置开展文化用品经营;二是大力开发系统外客户,向上游要优惠,给下游以实惠,使文化用品的批发业务走向社会;三是研发自主品牌产品,充分利用企业形象设计的资源,研发和生产"小布克"系列学生文具产品,拥有一定销售规模和经营利润的拳头产品、支柱产品;四是大力开发数码产品销售市场,今年要在具备相应条件的卖场和具有市场潜力的市州和县市公司大力开辟数码产品的经营业务,使之迅速成长为文化用品经营的重要支柱;五是全面深化文化用品卖场环境建设,形成湖南新华文化用品的经营品牌和服务品牌。

[链接:中国图书商报2008.3.21,郭虹《新华书店如何迈过三道槛》]

第17章 "和平号"重组新装出海

2008年3月24日,中国和平出版社有限责任公司在北京人民大会堂举行揭牌仪式,此举标志着国内首家由地方出版集团联合中央部委所属出版单位进行跨地区重组、资源整合的"破冰之举"取得重要进展。中宣部副部长欧阳坚,新闻出版总署副署长孙寿山,中国宋庆龄基金会常务副主席俞贵麟,中宣部出版局局长张小影、改革办主任张晓虎,江西省出版集团公司董事长钟健华等出席揭牌仪式。

在揭牌仪式上,孙寿山表示,中国和平出版社转企改制与跨地区、跨部门联合重组一并进行,改革一步到位,具有重要的示范意义。这种实质性的改革,完全符合我国出版发行体制改革的要求,必将充分发挥地域优势,整合出版资源,进一步促进出版产业做大做强。

拥有"中国"字头的中国和平出版社依托宋庆龄基金会,已经在国内、国际市场上具有了一定的影响,具备较为完善的产业链雏形。据该社社长肖斌介绍,除图书出版权外,该社还设有电子音像出版社,并于2005年向广电总局申请了影视制作权,出版有《中华少年》、《动画世界》等在国内有一定影响力的刊物。此次成立的中国和平出版社有限责任公司作为国内真正意义上的首家跨地区重组国有股份制出版企业,江西省出版集团公司对其寄予厚望。据了解,新组建的公司不仅包括中国和平出版社,江西省出版集团公司北京白鹿苑文化传播有限公司也将并入其中,集团其他出版社在京工作室也将整合进来。"我们要将其打造成面向全国、面向全球开拓市场的基地,打造成坚实集团实力、展示集团品牌形象的窗口,在北京打造集团的第二个总部。"江西省出版集团公司董事长钟健华如此描述新公司的定位。

据了解,宋庆龄基金会与江西省出版集团公司围绕新公司的筹备和组建,专门成立了中国和平出版社有限责任公司筹备工作小组,就公司的基本架构、经营管理机制等进行了详细的磋商,并讨论了过渡时期的人事政策。肖斌说:"改制重组是整体推进,分步实施。我们现在是两步并作一步走,过渡时期不仅仅牵涉到人事政策,整个组织架构、经营方式也需要一段过渡期来梳理和并轨。过渡期越短,原有体制弊端越容易克服掉。"

钟健华告诉记者,江西省出版集团公司将进一步建立健全新公司的组织架构和法人治理结构,成立董事会、监事会和经营管理班子,明确公司的经营方式、盈利模式和发展方向,建立健全民主决策、科学管理的程序与制度,实行"按能力大小论职务高低"的用人机制,"按贡献大小论报酬高低"的分配机制,全面实行"人事代理、全员聘用、竞争上岗"。而对于此前"江西省出版集团公司将为新公司投入数千万资金"的坊间传闻,钟健华表示,"投多少资金是从发展需要出发的。但每投一分钱,根据集团的资产经营责任制,都要创造出相应的利润,确保国有资产保值增值"。肖斌也强调,"这不是一般意义上的商业合作行为,更不构成买卖交易关系,而是各方从自身发展需要和推动出版事业发展的基本战略高度进行的以实现资源整合和优势互补为内容的价值重组"。

为加快改革步伐,中国和平出版社有限责任公司正具体实施五项制度改革。首先在全社推行全员聘用制,实现人事工作由身份管理向岗位管理转变,由行政任用关系向平等协商的合同契约关系转变;二是实行主任主编负责制,建立部门负责人责、权、利相统一的工作管理制度,使部门负责人成为本部门经营决策或者管理决策的核心,充分调动部门负责人的积极性和创造性;三是实行全社部门财务的二级核算制度,强化内部控制和审计核算的观念;四是建立绩效与劳动生产力挂钩、激励与约束相结合的收入分配制度,做到奖勤罚懒,从而激发全社职工的积极性和创造性,提高工作效率;五是建立以营销为主导,编印发全流程协调运营的图书开发机制。"五项制度改革的推进作为出版社体制改革创新机制的措施,将有效地促进转企改制的进程,并进一步提升核心竞争力",肖斌总结说。

虽然是在过渡期,但相关的选题资源已经在研究中,并已经有部分付诸于实践,如中国和平出版社从英国 GE Eaglemoss 出版集团引进的"蓝猫环球探险"丛书已于3月份出版,预计销售码洋达6000万~8000万元。此外,中国和平出版社正在筹拍一部电视剧。肖斌表示,"我们将以图书出版为主营业务,同时拓展文化产业相关业务,并将有条件开展其他经营业务,发展成真正的现代文化企业"。

在中央"进行跨地区、跨行业资源整合,着力打造一批有实力的出版集团"的总体要求下,江西省出版集团公司对中国和平出版社的战略重组无疑具有"标本意义"。而随着大部制改革的推进,以及总署2008年将中央在京出版社的改革列入工作重点,会有越来越多的"中国和平出版社"进入地方出版集团的视野。作为"第一个吃螃蟹"的先行者,江西省出版集团公司未来是否会继续复制这一模式,将战略重组之路延伸下去?"我们有这个考虑,在时机成熟时,只要是符合企业发展方向,整合成本也在集团的承受范围之内,就会继续做下去。"钟健华说。

事实上,随着出版发行体制改革的深入推进,有同样考虑的并非江西省出版集团公司一家。据了解,吉林出版集团与中华工商联合出版社的合作进展顺利。吉林出版集团副总经理邢世杰向记者透露,该集团与中华工商联合出版社的合作已经得到新闻出版总署的批复,有望在2008年上半年实现实质性进展。

[链接:中国图书商报 2008.3.21,田丽丽《"和平号"重组新装出海》]

第 18 章 苏琼新华联姻首尝"化学反应"

我国书业分销史上以资本为纽带、跨地区战略合作的精彩开篇——由海南省新华书店集团有限公司与江苏省新华书店集团有限公司整体重组的海南凤凰新华发行有限责任公司,2008年5月9日从"天涯海角"扬帆起航。

苏琼两省书业巨头战略合作从2004年开始酝酿并逐步向纵深推进。2008年4月8日,双方在海口签署了合作组建海南凤凰新华发行有限责任公司协议书。

江苏、海南两省新华系统的合作模式,充分集聚了创新成果:先整合优化海南全省发行资源、组建海南省新华书店集团有限公司、实现整体转企改制。在此基础上,江苏省新华书店集团有限公司以现金投入,占51%股权,海南省新华书店集团公司以全部净资产出资,占49%股权,合资组建股份制的海南凤凰新华发行有限责任公司,注册资本为3.8776亿元;并按照《公司法》、《投资协议》和《章程》规定,设立股东会、董事会、监事会,健全法人治理结构。江苏新华并承担海南新华51%的改制成本。

海南凤凰新华公司实行母子公司管理体制,母公司下辖18家市县全资子公司,主要经营图书、期刊、电子音像等出版物,文化、办公用品,电子音像设备、器材、仓储、包装、运输、广告信息、文化娱乐、旅游、餐饮、宾馆、进出口贸易等。海南凤凰新华公司现有员工925人,拥有覆盖海南全省各市县城区、乡镇的发行网点32处。

海南新华引资合作最不凡之处在于合资公司由江苏方面控股,对这超乎寻常之举,引资合作的发起人、策划者、海南省委宣传部部长周文彰自有说法:

经济特区的实践使我们认识到,控股不控股,对我们自身、对海南并不重要,重要的是它能实现我们的需要。而海南新华书店集团有限公司董事长、总经理温毅则表示,我们重发展,轻控股权,一切立足于满足社会文化需要,立足于海南文化产业的发展,立足于把企业做强做大。

江苏、海南两省新华书店跨区域战略重组,从体制上率先打破了条块分割、地区封锁的市场格局,突破了两省市场的行政边界,为建立统一、开放、竞争、有序的出版物大市场进行了成功探索。苏琼两省的战略重组,已不是浅层次的"物理反应",而是一种全方位、整体性的"化学反应"。通过资本、市场、业务等资源的全方位整合,实现优势互补、共同发展。

江苏新华发行集团作为全国发行行业领军型企业,通过出资控股海南新华系统,率先迈出了由"以业务扩张为主导"的书业流通企业,向"以资本扩张为主导,带动业务和市场扩张"的书业运营商的转变,实现了由单纯产品经营者向文化领域战略投资者的转型。

跨省重组海南方面的收益是显而易见的,江苏方面的投资回报、收益如何估价?将出任海南凤凰新华发行有限责任公司董事长的张佩清在回答记者提问时表示,跨省重组要着眼于大局,着眼于全局,着眼于双赢。对江苏方面来讲,主要从战略高度、从长远利益来分析与海南方面的合作。江苏新华要跳出江苏跨地区发展,必须选择跨省整合。我们通过整合把海南凤凰新华公司越做越大,越做越强,我们的利益也就在其中了。从长远来看,我们能控制海南市场,和海南新华一起把市场做大。这种合作长远利益是有的,战略意义也是有的。我们要打造一个全国性的集团,打造一个在中国图书市场上有一定控制力和占有率的集团,必须迈出这一步。

国外有些大的出版商进入中国还准备亏损上五六年,而我们与海南新华合作,海南方还是盈利企业。虽然从眼前看,我们的投入与产出不能成同比,但从长远看,产出一定大于投入。而且这一合作,帮助我们从一个区域集团变成一个全国集团,变成一个战略投资者。而把海南合资公司做好,能为我们积累经验,有利于进一步加大江苏新华集团走向全国的步伐,这个效益才是最大的。

记者获悉,经海南、江苏双方的共同勘察,海南凤凰新华公司首推的标志性产物——8000平方米的海口最大书城——海南新华文化广场2008年内将投入使用,彻底结束"海口无大型书城"的历史。而早在2007年7月,江苏、海南双方就共同制定了新公司未来五年的发展规划:凤凰新华公司未来五年要努力迈出五大步,一是力争销售总额、人均创利、劳动生产率年均递增15%,利润总额年均增长10%,非主营销售收入占总销售比例不低于10%;二是争取新建扩建市县中心书店10余个,力争40万以上人口的市县中心书店建筑面积达到3000平方米,形成以海口、三亚、儋州中心书城为龙头,其他市县店中心门店为骨架,专业书店、超市网点、乡镇便民书店、校园书亭等为补充的现代出版物市场连锁营销网络;三是按照连锁经营业态要求,改造现有图书信息网络,进一步优化流程,完善运作机制;四是扩建物流配送中心,提高科技含量和自动化水平,强化配送服务功能,为加快产业发展提供物质保证;五是以发行为主业,逐步介入影视、传媒以及具有海南特色的文化产业,成为主业突出的综合性文化产业集团。

对于本次跨省重组,张佩清、温毅共同表示:挂牌只是合作的起点,我们将按照既定目标,让海南凤凰飞得更快,飞得更高,飞得更远。

[链接:中国图书商报2008.5.9,文东《苏琼新华联姻首尝"化学反应"》]

第19章　寻味爱思唯尔数据库涨价风波

2008年6月3日,《中国青年报》以《国际出版巨鳄大幅提价　部分高校面临学术断粮》为题,对国际出版巨头励德爱思唯尔学术期刊数据库涨价一事进行了大篇幅的报道,在教育界和出版界掀起轩然大波。

1. 各方反应凸显数据库开发地位

对于爱思唯尔这次的数据库涨价,海外出版公司的中国办事处都非常关注。处于风口浪尖的爱思唯尔公司更是高度重视。中国图书商报记者第一时间连线,相关负责人表示将接受专访。施普林格、约翰·威立等有相关出版业务的海外公司面对记者的采访三缄其口,还有很多海外公司北京办事处针对这一事件召开了紧急会议。一家外国出版公司驻华代表表示,爱思唯尔确实是全球科技学术出版的"巨无霸",在占有绝对内容资源的优势下,他们有条件根据相关情况对旗下产品涨价;但每个公司的定位、在华的本土策略、管理方式都不同,所以相信爱思唯尔的学术期刊数据库涨价不会造成其他公司陆续跟进的连锁反应。虽然如此,一次偶然的涨价事件之所以会形成一场影响广泛的"风波",说明期刊数据库的产业地位确实日益重要,蕴藏着巨大的发展潜力。

早在2006年1月,中国图书商报记者在采访英国泰勒—弗朗西斯出版集团(Taylor & Francis Group)全球销售总监科里斯托弗·吉舍时得知,该集团在对图书馆销售时,电子版和印刷版的图书价格一样,而且其95%的图书拥有电子文档。尽管2005~2006年电子书销售收入只占该公司图书销售总收入的6%,但斯托弗·吉舍肯定地表示,这一比例将逐年增长。2008年5月,剑桥大学出版社全球首席执行官史蒂夫·伯恩在接受中国图书商报记者采访时说,该社2007年数字化产品销售收入为6000万美元,约占公司总销售额的15%,比2006年增长30%以上,快于传统业务的增长速度。

  面对爱思唯尔期刊整体涨价,中华医学会杂志社原社长王德说:"面对对方涨价,只能发展自己。抓住网络期刊的发展契机,是中国学术期刊下一步的发展路径。"显然,传统出版目前的这种国际格局已经很难打破,但在网络期刊领域,国外也是刚刚起步,中国学术期刊有很大机遇。通过开放式网络平台,在内容资源获取、信息发布、传播、销售等方面覆盖更多、影响更广。我们完全可以注册国际性学术期刊公司,一定能够打造出中国自有品牌的国际期刊代表。

  与爱思唯尔有图书出版合作业务的北京大学医学出版社社长陆银道认为,国内的杂志以各种协会、学会办刊较多,出版社办杂志较少,这样的资源分割现状不利于学术期刊的内容整合,但出版社改制后,也有可能选择这样的路径,担负起整合的任务。2007年,北京大学医学社与英国医学杂志集团洽谈版权时,明显地感觉到数据库开发和营销是一个大趋势:2000年,该社的《临床证据》在英国出版纸质版本;2001年,网络版已经完全替代纸质版本。去年该社与其签订了《临床证据》一揽子引进计划,该书已先后推出了全本和精华本,下一步还将继续推出单行本、网络版和掌上电脑版。虽然图书跟杂志相比,有一定的滞后性,但社里已经成立了电子出版部,正在着手开发考试教材增值服务、教育在线以及病理学、影像学等临床资料数据库,供医院临床使用。

  随着大众阅读和购买习惯的改变,数字出版日益成为强势产业,这也给了我们一个提示:包括学术期刊在内的数据库赢利前景已经日益明朗,确实已经成为出版业的大势所趋,国内应该加强对于自有知识产权数据库的建设。

  值得注意的是,此次爱思唯尔涨价事件中,作为卖方的爱思唯尔态度比较强势,不少大学图书馆负责人甚至觉得自己是在"忍气吞声"。业者在受访中认为，之所以出现这样的局面，与该集团对于资源和市场的垄断有很大关系——2006年爱思唯尔在线平台Science Direct向我国的高校师生提供了3000多万篇下载量，占全国高校全部外文科技论文下载量的59%。而巨大的市场份额也使得整个学术界对于这家公司产品的依赖程度很高，因此对该事件的探讨很自然就聚焦到如何减少对于国际出版巨头的依赖上。

对于涨价事件本身，此前曾经有高校图书馆以及网友发出了"联合抵制"的声音，结合之前我国台湾高校通过对爱思唯尔采取"三不政策"（不投稿、不任编辑、不评论文章）而最终迫使对方降价的案例，业者认为联合谈判不失为一种有效的手段。但是在通过"中国高等教育文献保障系统"（简称CALIS）与爱思唯尔谈判失败之后，大部分高校都已经同该集团签订了订购合同。对此，某知名高校图书馆负责人认为，之所以会出现这样的局面，第一是我们未能齐心协力，第二是要有人敢出来承担责任。不仅大陆的高校应该联合，我国香港、台湾乃至整个大中华区都可以联合起来谈判，这样才有可能由被动转主动。

2．打造自主产权是未来路径

针对海外出版公司将国内投资研发形成的学术成果重金卖给国外机构的现状，提倡国内论文发表与使用"开放获取"不失为一个积极的办法。2006年，俄罗斯"数学隐士"佩雷尔曼在一家学术网站arXiv.org上，发表了世纪数学难题"庞加莱猜想"的证明方法，其他人可以在这个网站上公开免费获取这篇论文，之后像arXiv网站一样"开放获取"（openaccess）的学术资源遍地开花。这种学术期刊发布和交换模式虽然削减了传统学术期刊出版的利润，但有助于减少学术科研界对于出版巨头产品的依赖。

由于缺乏出版期刊英文版和数字出版的能力，国内很多学术期刊都采取同海外出版公司合作的模式，而通过这次事件，国内期刊出版界也应该重新考量以前合作所带来的弊端。英国泰勒－弗朗西斯出版集团出版经理闫培认为，现在中国的出版社和科研院所习惯于将自己出版的所有期刊交给同一家外国出版公司出版英文版或整合到其在线期刊平台，令中国的绝大多数重要学术刊物资源掌握在极少数外国公司手中，时间久了，国内出版社容易形成依赖，将自己置于被动地位，不妨适当分散合作伙伴，争取主动权。记者从CALIS举办的"第六届国外引进数据库培训周"活动名单中发现，有数据库出版业务的海外出版公司有几十家之多，国内期刊出版界在合作伙伴的选择上还是很有余地的。

但从出版产业角度来说，最根本的方法乃是增加市场上的竞争主体数量，让购买者有更多的选择余地。针对中国情况来说，就是加强对于民族自有知识产权数据库的建设。在这个方面，高等教育出版社学术出版中心的Frontiersin China项目就是一个很好的例子。据该中心副主任丁海珈介绍，这个项目是完全由高教社拥有知识产权的学术期刊数据库，不仅在同海外公司合作的过程中将数据库销售到了海外市场，而且在这个过程中积极学习以打造自己的英文期刊编辑和排版队伍。更重要的是，高教社还通过向海外作者约稿的方式打造真正的国际化学术期刊数据库——这也是我国期刊数据库出版的未来发展趋势。

与爱思唯尔有紧密合作关系的世界图书出版公司西安公司总经理张栓才认为，国内出版机构建设医学学术资源数据库有两大难题。一是杂志论文作者数字版权归属问题。目前，国内有期刊9000种，其中包括4000多种学术期刊、2000多种医学期刊，多年积累起来的作者版权问题，纷繁复杂。二是资金问题。各种资源的数字化、详细的目录分类，鉴定哪些文章有学术价值、哪些没有太多学术价值，也需要耗费大量人力物力。对大多数出版机构来说，庞大的前期资金投入还无能为力。另外，对于通过搭建国内平台来吸引个体国际学术资源流入，目前来说还不太可能。因为国外出版机构通过多年的积累达到垄断上游资源的效果，并树立了权威性，国内尚不具备这样的条件。发展学术期刊数据库的民族品牌对于大部分出版社来说有一定难度，政府部门的助力就显得格外重要,比如高教社在Frontiersin China项目上取得的阶段性成果,与教育部不遗余力的海外推广有很大关系。此外,针对国内现有的科研、学术评价机制所导致的恶性循环——国内科研人员极力给国外期刊投稿造成学术资源流失海外,也需要得到政府有关部门的管理和调控。

[链接:中国图书商报 2008.6.6,王东、李丽、金霞、孙珏、渠竞帆《寻味爱思唯尔数据库涨价风波》;2008.6.27,渠竞帆《爱思唯尔首度回应涨价风波》]

第 20 章　大学社第二批转制四热点

　　2008年6月5日，华东地区部分高校出版社体制改革座谈会在江苏南京举行，新闻出版总署和教育部提出，要进一步完善工作机制，用足用好改革的配套政策，为高校出版体制改革提供有力支撑和保障，充分表达了政府部门大力推进文化体制改革进程的决心。

　　来自第一批转制试点社的反馈以积极、正面意见为主，这对于其他即将进入转制的大学社而言，不能不说是一个触动。作为第一批转制试点大学社当中的一员，北京师范大学出版社于2006年8月9日成立转制工作领导小组，启动了转企改制工作。到目前为止，该社已经理清国有资产授权经营的基本关系，建立和完善企业法人治理结构，并且在整合学校相关资源的基础上，成立了出版集团。该社副社长付荆军告诉记者，转制给北师大社带来了生机与活力，表现为图书结构转型初见成效，机构改革和人员分流顺利完成，制度建设和体制改革顺利进行，而且文化建设也取得明显的成效。接受采访的不少大学社负责人也都对转制表现出很高的积极性，认为大学社转制符合市场发展规律，出版社要充分利用国家的扶持政策做好转制工作。南京大学出版社早在2006年就已经着手进行转制工作，在该社社长左健看来，虽然南大社从建立出版社起就已经进行了企业法人注册，但是通过转制，仍然可以强化现代企业体制，增强全社员工的市场意识，特别是促进事业编制的老员工割断原来的身份，更好地融入到企业环境中去。不过，不同地区之间对于转制必要性的认识还是有差异的，中国石油大学出版社社长许恒金说，据他了解，有一些学校和出版社由于对转制的具体情况还不了解，因此重视程度不够，还处于观望状态。

如何推动整个大学社群体加快转制进程？除了出版社自身发展的需要，外部优惠政策可以说起到了很大的激励作用。从第一批转制社开始，在试点期间返还企业所得税就是一个很重要的优惠政策。在江苏大学出版社社长吴明新看来，返还企业所得税应该是最为实惠的鼓励了，他所了解到的一些出版社，就是在这个政策的激励下才开始申请转制的。对于规模小、根基弱的中小社来说，退税政策切实增强了其发展的后劲。

随着出版社转制成为企业，生产规模的扩大必然对书号资源提出了更高的要求，发展势头迅猛的大社如此，中小社亦如此。第一批转制试点社中，有的社在书号资源的获得上的确有所放宽。许恒金认为，石油大学社的书号相对比较紧缺，如果进入转制试点后能够获得更多的书号资源，并辅以出版范围的适度放开，大学社将获得更广阔的发展空间。苏州大学出版社总编辑吴培华也认为，书号资源的进一步合理分配，可以使书号相对于选题的重要性退居其次，能在一定程度上遏制买卖书号的局面，也可以提升大学社寻找好选题的积极性。作为第一批进行试点改制的出版社，东南大学出版社对于转制的一些政策有比较深刻的感受。在社长江汉看来，出版社对于政府所提供的优惠政策应该有清醒的认识：就书号资源来说，如果能够进一步合理分配，这对于有一定发展规模并有扩张需求的出版社显然是有好处的；但与此同时政府部门肯定也会严控图书出版的质量关，避免出现无目标、无选择性的放开——近几年总署对教辅图书市场的编校质量检查就体现了这一点，出版社对此应予以重视。

最近，东南大学出版社还打算进入期刊出版领域。对于社办期刊建设问题，江汉认为，大力发展期刊出版在创造新的增长点的同时，也会带动出版社的整体发展——但所创办的期刊要契合出版社的主流板块，对选题和出书有帮助。左健介绍说，国外大的传媒集团有70%～80%的业务是靠期刊推动的，有的大集团有期刊成百上千种，因此国内的出版企业要做大做强，就需要大力发展期刊出版。从理论上来说，期刊产品可以推动出版社的业务进入海外市场，虽然就目前来说出版社发展社刊还有一定的难度，但这应该是今后出版社发展的一个方向。因此，中小社的发展同样也呼唤政策层面对于社办期刊的扶持。

第二轮转制试点工作的启动，也让业界关注到另外一个话题，那就是异地设点，一个典型的例子就是广西师范大学出版社。业界普遍认为，这家地处西南的地方大学社之所以能够获得现在的声誉和成功，与其在北京、上海等地创办分支机构是分不开的。吴培华认为，允许改企转制的大学社异地设点应该成为鼓励出版社持续发展的一个重要政策，这是出版社进入市场、实行企业化运作后，提高集中度的一个重要手段。其实，近年来一些大学社在异地设立办事处这种模式已成现实，改革的深入推进更是使这种模式逐渐明朗化，希望主管部门对各出版社和民营企业联合创办公司的模式也给予相应的支持。

在尽量争取优惠政策的同时，进入转制进程的出版社还有很多问题需要考虑。从已经转制的大学社的角度，付荆军给即将开始转制的第二批试点大学社提出了三条建议：第一，一定要获得学校的理解和支持。由于学校是出版社的出资方，转制过程中的文件报批工作都是通过学校来完成的，在这个过程中一定要通过细致的沟通与学校相关部门达成一致。第二，出版社在转制过程中一定要制定好长远的发展规划，须知转制只是一个短暂的过程，但这也是一个梳理未来发展规划的机会，对于出版社今后的发展会产生深远的影响。第三，进入第二批转制试点的出版社应该做好充分的心理准备，因为清产核资、资产评估等一系列工作需要上报不同的政府部门，这个过程有很多不可控因素，除非第二批试点的转制工作已经有了明确的政策通道，否则这个过程就很可能是漫长的。

虽然国家的政策对于大学社的转企有着非同小可的意义，但是一些根本的转变仅通过政策的硬性规定是不可能实现的，事业单位转企业管理有许多细节需要落实。吴培华举了这样的一个例子：现在解决新老编制问题的"老人老办法,新人新办法"主要是侧重退休以后,但在上岗的过程中,人员管理的能进能出在操作上几乎是不可能的。大学社的转企改制是一个持续深远的过程,在这个过程中也要警惕片面强调发展而产生的与出版目标相背离的问题,不能搞"一刀切"。

目前,部委社、中央社的文化体制改革工作也正被提上议事日程,相对于发展势头迅猛的大学社来说,这个出版群体的市场竞争优势并不明显,在转制之后能否在激烈的竞争环境中存活发展还有诸多变数,出版业深化文化体制改革任重而道远。

[链接:中国图书商报 2008.6.17,王东《大学社第二批转制四热点》]

第21章　三问贝塔斯曼关闭中国连锁

2008年上半年,有关贝塔斯曼直接集团关闭其在中国36家连锁书店的消息引起了业界广泛关注,一时间众说纷纭。中国图书商报第一时间予以报道,随后又就相关情况进行了深度采访。

1. 中国书友会或将撤销?

贝塔斯曼集团共有六个分支机构,即欧洲首屈一指的广播电视公司RTL集团、世界最大的图书出版集团兰登书屋、欧洲最具实力的杂志发行集团古纳雅尔、拥有音乐巨人索尼BMG50%股份的贝塔斯曼音乐集团(BMG)、从事传媒及通讯服务的欧唯特集团、管理着全球领先的图书和音乐俱乐部的直接集团。目前,欧唯特、古纳雅尔、索尼BMG以及直接集团在中国都有业务开展,经营相对独立。

据贝塔斯曼中国总部企业传播部负责人介绍,直接集团在中国的业务包括三个部分:贝塔斯曼书友会、贝塔斯曼二十一世纪图书连锁有限公司和辽宁贝塔斯曼图书发行有限公司。1997年1月,直接集团与中国科技图书公司成立图书零售企业——贝塔斯曼书友会。目前书友会包括四个方面的业务,即BOL在线、呼叫中心、邮购以及在上海的8家门店。2003年12月,直接集团收购北京二十一世纪锦绣图书连锁有限公司40%的股份,成立图书连锁企业——贝塔斯曼二十一世纪图书连锁有限公司。几年来,贝塔斯曼已将原北京二十一世纪锦绣图书连锁公司的中型书店转型为小型书店,并部分进入家乐福等超市经营。2005年5月,直接集团与辽宁出版集团合资成立图书批发企业——辽宁贝塔斯曼图书发行有限公司。而此次贝塔斯曼要关闭的就是二十一世纪图书连锁公司在中国的所有36家连锁书店。

2008年年初,除将2006年底成立的贝塔斯曼中国总代表处正式确立为世界范围内仅有的三个贝塔斯曼企业中心之一,即贝塔斯曼中国总部之外,集团还成立了贝塔斯曼亚洲投资基金,这个机构也设在北京。针对业界流传的"贝塔斯曼书友会最终也将撤销"的说法,中国总部表示,目前直接集团正在全球范围内接受评估,有关方面将会根据评估结果做出相应调整。(事实上,其书友会最终也被撤销。——作者注)

2. 中国战略缘何调整?

关于贝塔斯曼直接集团关闭其在中国36家连锁书店的原因,各方分析不外乎以下几点:一是随着网络的迅猛发展,新兴传媒产业势必代替传统出版成为主流。相应的,传统渠道也应向新业态转型。二是外资进入中国的本土化问题。这本是个老生常谈的问题,但随着国内房租等运营成本的大幅提升,实体书店的利润空间被挤压得十分厉害,不少民营书店纷纷倒闭,一些国有书店也日渐艰难;同时,中国目前的图书零售市场上,综合性的大型书城和专业类的中小书店比较受欢迎,规模不大又不专业的零售书店则很难找到自己的读者群,这对以非专业中小书店为主的贝塔斯曼中国连锁书店来说也是挑战。三是经营模式不清晰。贝塔斯曼近几年来不断更换管理层人员,造成经营模式不稳定,也影响了其在中国的业务发展。

但贝塔斯曼中国总部方面表示,最重要的原因是资金管理投入很大却不赢利。关闭中国连锁书店是公司前行过程中的阵痛,有变化才能图发展,但调整并不意味着放弃中国图书市场,集团还将努力寻找在这块市场积极发展的可能性。贝塔斯曼中国总部负责人于乐告诉记者,2007年年报显示,贝塔斯曼在中国的业务占全球业务的比例微乎其微,可想而知直接集团在中国的业务占全球业务的比重,更不用说二十一世纪图书连锁公司在全球业务的分量了。"我们也十分看好中国、印度和俄罗斯三大市场的发展潜力。从亚洲投资基金设在北京这一举动,不难看出我们继续投资中国的决心和信心。"

为了解贝塔斯曼与中国伙伴的合作情况,记者辗转联系到原北京二十一世纪锦绣图书连锁有限公司总经理罗锐韧,罗表示,"合作一直非常愉快,贝塔斯曼总是遵守协议、做事规矩、认真投入、认真做事,值得我们学习"。

3. 对中国书业启示何在?

战略调整也好,有持续投资的决心也罢,贝塔斯曼关闭中国连锁书店的举动,还是让我们不得不再度审视中国出版发行业的现状和未来。

第一,中国图书零售市场目前仍处于由传统向现代转型的过程中,图书市场的升级对传统经营模式提出了新的挑战,出版发行业必须加快业态创新。应着手进行基于互联网平台、围绕数字化手段进行新的商业模式的尝试;要加大对产业发展的研究与学习,注意分析、吸取报业和电视业转型的经验;出版行政管理职能部门应当在政策、资源及资金上予以更大力度的扶持。

第二,国内图书定价制度和销售价格体系导致贝塔斯曼在中国无法赢利,国内出版体系应考虑对图书进行分层开发。

第三,图书发行市场竞争激烈,中国企业优势依然明显。国外资本的进入,在加剧竞争的同时也促进了新华书店和民营书店的自我完善。因此,及时跟踪市场变化,研究调整自身战略显得尤为重要。

第四,战略对头、战术失误,贝塔斯曼为中国书业上了一课。贝塔斯曼一直致力于贴近市场,为读者创造附加价值,这两点恰恰是目前中国书业最缺乏的,也是书业持续发展的根基所在。然而连锁经营是一种高难度的经营模式,贝塔斯曼的连锁经营模式又不甚清晰。我国现阶段推进的新华书店连锁经营,同样应当注意控制经营成本,广开财源,发展副业;发挥连锁经营的优势,统一进货、集中配送、努力平衡好进货成本和物流成本、注意时间和效率的关系。

值得反思的地方还有很多，比如企业发展战略、营销策略、目标读者等等，唯有遵循产业发展趋势，因势利导，制定并执行合适的企业发展战略，企业生命之树方能常青。

[链接：中国图书商报 2008.6.24，郭虹《三问贝塔斯曼关闭中国连锁》]

# 第 22 章 教材免费推动出版公益转型

自 2007 年秋季学期开始,全国农村义务教育阶段 1.5 亿学生教材全部由政府统一采购;2008 年春季,地方课程教材全部实现免费,部分科目免费教科书循环使用制度启动。作为长期以来中国出版业发展的经济支柱,教材政策的相关变化让出版界难以平静:从文化使命到市场挑战,出版企业如何应对?

1. 社会责任下的公益转型

"这是一项政治任务。"这是业内人士对教材出版的共识。正如山东教育出版社教材编辑室主任李俊亭所说,出版社的利润空间虽然会受到不小的影响,但却是在让利学生、让利教育,从这个意义上思考,文化企业应该也愿意以积极心态来实现社会效益。北京师范大学出版社副社长马朝阳表示,免费教材的推广和循环教材的使用,从某种程度上来说还只是一个开始,未来的中小学教材出版会越来越公益化,出版单位会担当起越来越多的社会责任。

在免费教材逐步推开的过程中,无论从经济层面还是从服务层面,各出版单位在承担成本和工作量增加的压力下,都在践行着"利国利民的政治任务和影响深远的文化使命"。据了解,北师大出版社平均让利 8%,广东省出版集团 2007 年让利 3000 万,安徽新华发行集团预计让利近 2000 万。四川新华书店集团有限公司教材事业部四川公司业务部经理刘晓玲介绍说,免费教材和非免费教材并存,教材征订和发货要分免费和非免费两种情况,原有的征订方式和征订程序以及结算程序都要做较大调整,这些导致发货工作量成倍增加,书款的结算难度和工作量也大幅增加。加之免费教材的使用范围每一年都有变化，因此公司每一季度都要对工作环节进行调整。同时为了更好地适应变化的情况，还要专门对业务系统进行重新设计，为此，公司专门引进了德国ERP系统。江苏新华发行集团课本公司总经理曹志良表示，在免费教材的发行中，公司严格遵守"课前到书、教材免费、人手一册"，坚持送书到校、到班，并从2007年开始在每个学校发放调查问卷，了解对其服务的满意度。

针对循环教材，各出版单位纷纷在产品形态等方面进行调整和改进。据了解，少年儿童出版社在音乐教材的装订上从过去的骑马订改为布条黏合，教材的边角从尖角变为圆角。青海人民出版社音乐科目的循环教材采用80克胶版纸，封面采用铜版纸，这些改变都使成本较以前有所增加。面对不断细化的出版发行工作所带来的成本增加，曹志良表示，"任务既然交到了我们手里，我们就要全力去做。"

2. 微利促使寻找"新奶酪"

广东省出版集团副总经理杨维林表示，教材出版一度是中国出版业一个基本和主要的利润来源，微利在短时期内对出版业的可持续发展，特别是数字出版等新兴出版方式的推进会带来一定程度的影响，因此新经济增长点亟待挖掘。李俊亭表示，出版社指望教材过日子的时代已经过去了，教材利润空间的缩小在一定程度上可以促成真正意义上的大浪淘沙，使一些不具备教材出版资质的出版社主动退出。这个变化更可以让出版社意识到一定要花力气培育具有核心竞争力的产品以及有特色的选题方向。也有业内人士表示，虽然图书结构会发生变化，但是出版业总盘子有限，导致的结果是竞争更加白热化。

从目前情形来看，多数出版社已经不再把中小学教材看作最大的盈利来源，转而向着优化图书结构、多元经营的方向发展。例如，北师大出版社目前正在进行图书结构转型，将高等教育、职业教育图书作为重点着力开发；浙江出版联合集团采取积极措施，大力发展非采购类教育图书，有针对性地开发基础性和实用性较强的职教教材和职业技术培训教材；安徽新华发行集团积极拓展文化产业的相关业务，比如三网工程：新网工程用于扩展和改造发行网站，增加市场覆盖率；畅网工程用于加强物流和信息改造；E网工程用于增加广告业务。四川发行集团也不断在零售、出版等环节加大创收，并以其上市公司的"身份"通过资本融资拓宽发展脉络。不少出版单位也表示，目前正在开拓新的经济增长点，具体情况会在合适时间透露。

3. 发展仍需政府扶持

事实上，关于教材免费及循环使用引发的利润萎缩程度，业内人士已经算了很多笔账，概括性的表述大多停留在"很有压力"、"问题很多"乃至"没有什么特别好的办法"这些字眼上。而上述种种积极尝试是否能"化蛹成蝶"也还需要一个较长的实践期去证明。目前，多数业者还是希望能够规范操作，从而规避一些问题。

安徽新华发行集团副总经理孟祥光表示，回款不及时是一个非常棘手的问题。目前，秋季教材已经开始发货，但是春季教材的货款还没有到位。这种情况往往导致资金周转问题，从而引发贷款及相关利息的负担。马朝阳也表示，政府的采购款至少要延迟半年，而资金链不顺畅关系到教材的研发和相关配套服务的跟进，进而影响到整个出版企业的健康发展。因此，出版单位很希望政府能够直接将书款结算给出版供应商，从而缩短其回笼资金的周期。

业内人士一致认为，中国的文化产业还处于幼年时期，在很多方面仍需要政府政策上的扶持。江西教育出版社社长傅伟中表示，采购方应充分考虑出版各环节为免费教材和循环使用所付出的直接成本和间接成本，尤其是在人力成本和各项原辅材料采购成本持续攀升的情况下，更要有一定的预见性，在价格上为出版业的可持续发展留有支持空间。也有受访者提出，部分省份的免费标准仍需提高，否则一些学习资源跟不上，会影响实际教学。

有业者指出，免费教材政府采购中亟待解决的问题还包括：采购环节缺乏有效监督，违背了教育教学规律。教材采购应完全由当地财政和教育部门具体执行。地方行政部门在采购环节中，较容易受到当地出版集团和教材租型单位干扰，并由此形成"不正当竞争"。个别省份频繁更换教材版本，在违背教学规律的同时也加大了教育的投入成本，不利于学科建设、地方科研提高等。而上述情况的主要原因在于，在采购环节中，地方行政部门权力过于集中，缺乏长期有效的监督机制。此外，采购代理机构的资质审核形同虚设、挪用中央免费教科书专用经费采购地方教辅等问题也被提及。

关于教材循环使用的问题，多数受访者均表示时机还不成熟，有许多问题还没有解决。比如，教材循环 1/3 后如何组织调换，目前的循环教材材质及卫生条件是否合格，一些家长仍存在抵触情绪等等。

中小学教材公益出版和企业市场效能的双重任务使出版企业处在压力和动力组成的微妙空间中。或者说，在"短时期的条件反射"之后，问题的焦点已经从"谁动了我的奶酪"和"动了谁的奶酪"转变到了"新奶酪在哪里"。正如凤凰出版传媒集团教材部主任杨九诠所说，任何一个教材政策的推行，都会引发行业内的诸多不适应，心理上的大波动首当其冲，这跟中国出版业产业结构不尽合理、长期过于依赖教材教辅有关，但如国内出版业能在若干刺激下不断调整和探索，长远看也不失为一件好事。

[链接：中国图书商报 2008.7.1，刘海颖《教材免费推动出版公益转型》]

第 23 章　等级评估不合格社或将出局

加大力度、加快进度，推动出版体制改革，新闻出版总署又有实质性动作——《经营性图书出版单位等级评估办法》（以下简称评估办法）2008年上半年出台。根据评估办法，今后每两年总署将依据图书出版能力、基础建设能力、资产运营能力、违规记录及附加项目五个方面，对全国经营性出版单位进行评估并划分为一至四级，一级出版单位将在出版资源的配置上获得倾斜，而连续两个评估期被警示且不具备办社条件的图书出版单位，将可能最终被取消出版资格。

评估办法明确规定，经营性出版单位将按社科、科技、教育、少儿、文艺、美术、古籍、大学八个类别分类评估，各副牌社不单独评估，被当地新闻出版行政部门划分为经营性出版单位的各地人民出版社也适用于本办法。

根据量化评估的原则，评估指标体系由图书出版能力、基础建设能力、资产运营能力、违规记录及附加项目5个方面、25项要素组成。其中图书出版能力包括图书内容质量、专业特色、重点图书出版情况、获奖图书情况、图书再版重印率、图书销售、版权输出、图书编校质量、图书印装质量；基础建设能力包括社领导岗位培训、主业人员持证上岗、编校人员职称、从业人员受表彰情况、制度建设、信息化及数字化建设、办公条件及单位受表彰情况；资产运营能力包括净资产收益率、主营业务销售收入（指销售本社出版的图书、报刊、音像、网络出版、电子出版物的销售收入）增长率、图书单品种平均利润、速动比率和主营业务销售收入。对图书单位出版有重大政治问题图书、有重大违规行为，或受到停业整顿处罚的，实行一票否决，作降级处理。而为引导图书出版单位积极参与社会公益事业,评估体系中特设了公益事业作为附加项目。根据各指标在图书出版中的不同作用,赋予不同权重。

记者了解到,总署设立经营性图书出版单位等级评估领导小组。按照评估程序,中央在京图书出版单位7月20日前将评估数据报送主管单位审核,各地图书出版单位7月30日前报送各省级新闻出版局和解放军总政宣传部新闻出版局审核及部分分值核定。全国经营性图书出版单位等级评估领导小组办公室对所报数据抽样检查后,委托有关中介机构实施评估打分,最后按照图书出版单位所得分数,依类别由高到低进行排序,并分为一级至四级,各级数量约占全国经营性图书出版单位总数的20%、30%、40%和10%。

评估办法中明确,对被评为一级的100家单位,授予"全国百佳图书出版单位"荣誉称号,在出版资源的配置上实行倾斜政策;对被评为四级的单位,要求其主管、主办单位加强管理,促进其完善各项制度,改善经营管理,增强综合实力;对少数综合排名靠后、经营管理不善、资不抵债或有严重出版违规问题的单位,给予警示或托管;对连续两个评估期被警示的且不具备办社条件的单位,按行政和法律程序采取关、停、并、转等措施,直至取消其出版资格。(详见中国图书出版网 www.bkpcn.com)

对于评估办法的出台,业界高度关注。在接力出版社总编辑白冰看来,以前评价一家出版社有各种标准和角度,而此次出台的评估办法具有较为全面、明晰的评估指标体系,尤其是资产运营能力细化到净资产收益率、主营业务销售收入增长率、图书单品种平均利润等指标,能够准确反映出版社的竞争力情况,有利于出版社看清自己的优劣势,便于及时调整经营、管理思路。相信等级评估会逐步超越其本身的目的,使出版社逐步按照评估的指标来有针对性地加强管理,引领出版业科学、可持续发展。华东师范大学出版社副社长缪宏才也认为,目前对于579家出版社单位的评价只是凭印象,在量化基础上的评估,便于出版单位根据实际情况在经营中合作等。另外,分成四个等级之后,对于一些出版社具有警示、自我调节和自我提升的作用。中国旅游出版社社长何力表示,这是把出版社推向市场的一种手段,与出版社整体转企改制的步伐是一致的。也许通过这样原则性的评估办法和所列指标并不能十分精确地体现每一家出版社的实际情况,但评估办法的出台本身就是历史性的突破。

受访者不约而同地提到了评估数据的科学性和准确性问题。缪宏才对操作性方面有所担心,因为目前出版业的数据统计基础工作做得并不好,很多数据的统计方式并不统一,比如出版能力中的图书销售,是指总量还是单产?如果是总量,对于书号资源不丰富的小出版社就不尽合理。为了使评估办法更具说服力,要做好配套基础工作,对一些易引起歧义的指标进行更加细致的界定,特别是让小社有"出头之日"。白冰也建议,对于某些数据应有更加详细的规定,比如单品种平均利润是纯利还是毛利,是税前利润还是税后净利润等。何力认为,评估办法中的出版单位分类是比较传统的划分方法,很多出版社在改制或者归属集团后,就不容易准确地进行类别的划分。另外,评级框架和评级指标的设定还应考虑出版社在转企改制后的新变化,也可以设置一些新的指标,如其他资产、股份的补充等。

[链接:中国图书商报 2008.7.1,金霞、马莹《不合格社或将出局》;2008.9.9,马莹《评估体系映射书业转轨需求》]

第 24 章 "盛大文学"触动传统出版神经

上海盛大网络发展有限公司(以下简称盛大)2008年7月4日在京宣布，成立盛大文学有限公司(以下简称盛大文学)，公司由原新浪副总编辑侯小强出任CEO，起点中文网创始人吴文辉出任总裁。继"盛大游戏"和"盛大在线"之后，"盛大文学"正式浮出水面，显示出陈天桥与盛大在文学方面充满"野心"。

早在2004年，盛大已经收购了起点中文网，2007年参股晋江原创网，随后，与红袖添香文学网站的并购工作也进入议事日程，双方经过紧锣密鼓的谈判，于今年3月初步达成意向。盛大文学的成立，是红袖作为盛大旗下文学网站的首次亮相。至此，由以男性阅读为特色的起点、以女性阅读为特色的晋江、坚持纯文学理想的红袖三家重量级网站组合而成的盛大文学，要在文学领域大展拳脚，名气、资本、作者、忠实读者、团队领导者……可谓万事齐备。

侯小强在发言中表示，"也许有一天，中国最伟大的动画、电影、游戏将借助这里诞生，每个有阅读能力的华人将来到这里，看到盛大文学闪烁的星光。这个梦想不止属于陈天桥，不止属于盛大文学，更属于中国。"在接受记者采访时，侯小强修正了一些媒体关于盛大文学要做文学经纪公司的提法："这只说出了盛大文学的一个属性而已。它拥有每天两亿多的访问量，兼有多重属性，目前的核心是付费阅读，以起点为例，每年这一项就有数千万的收入。我们还签约了4000多位作者，这些都是我们的核心竞争力。盛大文学的未来是充满想象力的多种可能。"侯小强更能够接受"中国迪士尼"、"中国好莱坞"这样的定位。在规模、效益达到一定阶段后，谋求上市也是盛大文学的必然选择。

成立仪式上，不但大批网络作家登场，传统作家如刘震云、海岩、王海翎等都亲临现场。刘震云直言："传统文学和网络文学，本质上没有任何区别。我愿意在长江文艺社出书，也愿意在盛大文学直接发表，谁给的钱多我就找谁。"知名电视策划人龙金妮认为，有了盛大文学以后，网络文学也许就不是文学的碎片，而有望成为一个集团军了。

出版界对此反应不一，非文艺类出版社的当家人大都没有注意到这个新闻。受邀见证盛大文学成立的中国出版集团总裁聂震宁认为，盛大文学在一定程度上可以繁荣文学创作，这是好事。"无论传统出版还是网络出版，谁都不能把文学一网打尽，总在不断地竞争，这种竞争只要是良性的就好，中国出版集团目前还不存在危机感的问题，因为数字出版、网络出版是一个趋势，但还需要有个量化的过程。整个数字化出版整体收入自2006年以来一直是200多个亿，而传统出版业是600多亿。1996年曾有专家提出，20年后将实现'出版无纸化'，12年过去了，现在看来，趋势如此，但速度远没有那么快。中国出版集团的数字出版在不断地良性发展中，在这方面，我们有自己的行动和目标。"

世纪文景副总编辑姚映然相信盛大文学会对出版业产生影响："他们如果做得好，会在不同领域的产品之间产生连带和联动，让原来分隔很远的产品，比如图书、游戏、电影等，因为这样的组合产生新效应。这是与出版业不同的另一种模式，是资本组合和运作带来的产品群的概念，而出版业很难自发地做这样的事情。"姚映然以日本为例，"图书产品的生态早就发生了变化，变得更加多元"，而这种多元的变化，恰恰是目前中国出版业力所不逮的，盛大文学这样具有强大资本和新鲜模式的新型文学公司，也许会起到催化剂的作用。

长江文艺出版社副社长黎波是"悲观"论者："我们要和盛大文学直接谈合作，直奔主题，不再耽搁。"在黎波看来，即使盛大文学的整体盈利模式还在探索中，仅凭其大量签约网络作家，就已经要令传统出版警惕了。"它从根源拿走了作者，等于把传统出版的根挖了，所以，我们一定要联合而不是对抗。只要找到盈利模式,未来将是网络带动出版全面发展的时代。"

当被记者问到听到此事的第一反应时,很多人笑称:"中国的狼来了——外国的狼来了很多只,都水土不服倒下了,但这次可能是中国的狼来了。"由目前还处在关注焦点但局势尚不明朗的盛大文学,至少给中国出版业带来了三点警示:第一,掌握资源是第一要义。没有未来的作者,就没有未来的出版,掌握尽可能多的资源,才能掌握尽可能多的主动权,传统作家将随着网络发展慢慢减少,传统文学与网络文学的分界越发模糊。第二,完整的产业链开发非一家社一时之力所能为,在未来以内容为核心的全方位开发中,出版要想不被边缘化,就要争取更多的业外联合与合作。第三,数字出版是未来方向,这个无须赘述,数据库建设也将是决胜砝码,拥有强大完备的数据库资源,才能掌控出版自身未来的命运。

[链接:中国图书商报 2008.7.22,吴妍《"盛大文学"触动传统出版神经》]

第 25 章　新华书店如何应变免费教材的回款？

随着政府统一采购、免费发放的教材比例逐步扩大,教材编印发供的链条运转正发生着新变化——教材配套率的提高,一定程度上扩大了某些教材的使用量,回款也更有保障,这对倚重教材发行的新华系统来说,无疑是利好消息。但新华书店也遇到了新问题,"从过去到学校收款一级级上交,改为现在由财政一级级向下拨款。而一些省份的回款时间相比过去要晚,造成'时间差',使发行单位资金链紧张,现金流面临严峻问题,继而引发新华书店无法给出版社回款,出版社又拖欠印刷厂的连锁反应。此外,结算方式的变化,也使省级新华书店与基层店的关系变得很微妙。"一位资深新华人向记者反映的这一情况,也是不少发行单位的"头疼事"。

1. 回款难,建议各省财政预拨书款

政府统一采购后,各相关部门都有严格分工,程序上需要层层审核,层层报批。有的省份反映,教材虽然已经发到学生手上一个多月了,但新华书店还是一分钱都没拿到。广西新华书店集团有限公司发行免费教材的比例达到90%。据了解,2008春季免费教材款拖欠了一个学期——本应 2008 年春节一过就发放,但到 2008 年 7 月才结了一半,另一半下半年才陆续到位。从财务报表上看,因为无法结算,没有发行收入入账,广西基层店亏损较多,不仅导致以教材发行为主的基层新华书店的员工工资无法保障,也使各区新华书店贷款增加。记者通过采访了解到,这些问题产生的主要原因在于审核报批程序细致,其中任何一个环节延误,都会延迟拨款时间。如各地教育部门要将享

受免费教材的学生人数上报,待各地数字汇总后,财政才能拨款,但若有一个地区的数字没有统计完成,就无法拨款。对此,安徽新华发行集团董事长倪志敏认为,在中央已将资金划拨各省的情况下,各省在制度建设上应约定划款时限,省财政可先拨部分预付款缓解新华书店的燃眉之急。倪志敏这个建议在业界具有相当的代表性。事实上,一些省份已经开始行动起来,如广西壮族自治区建议预拨部分款项,湖北省则建议财政分批拨款,即省店汇总免费教材情况上报后,由财政预先拨付60%的款项,以支持企业运转,避免由于资金不足而造成停顿。而宁夏回族自治区解决得就更好,据了解,宁夏的免费教材已达95%,自治区新华书店每季发货之前财政会按比例拨预付款,如今年秋季免费教材发行款就预拨了2000万~3000万元。据自治区新华书店相关负责人介绍,过去是开学前收预交款,有时学校并未交给书店,而是挪作他用,或者一年只给部分款项,催款问题让书店相当头疼。现在新华书店先做结算清单,再分别交给各市县教育和财政部门,由他们层层上报相关部门。一般在开学后一个月左右,最晚一个半月剩余款项就结清了。

2. 内部调控,统一资金管理平台

为了应对新形势下的发行困境,解决资金流紧张,各地新华书店均提出了应对方案,更加注重对资金统一管理。过去,基层店先拿到教材款,然后再上交省级店。当时,有些基层店上交教材款很随意,还有将教材款挪作他用的情况,如广西新华书店集团有限公司曾有过一季高达5000万元的拖欠款。政府统一采购后,结算方式的变化也改变了省级新华书店与基层店的关系。财政由上自下拨款,基层店要从省级店拿到教材款,这种情况下,拖欠集团款项的一些基层店陷入了资金流周转困境,为此,广西新华书店集团有限公司经过研究后与基层店签订了还款计划,在保证基层店正常运转的情况下实现逐步还款。

湖北省新华书店集团的一些基层店拖欠省店货款的问题也比较严重,甚至影响到了集团的资金正常运作。为此,该集团出台了《湖北省新华书店集团关于清理历史欠款的通知》和《湖北省新华书店集团资金集中管理"承诺服务"规范》文件,与基层店签订《历史欠款还款协议》和《资金调剂合同》,并要求各基层店法人代表和财务委派人员采取"定责任人、定时间、定政策、定清理任务、定奖惩"的措施,对各项欠款进行认真清理,同时要求各店尽快将所有资金纳入集团资金管理平台。倪志敏告诉记者,安徽新华发行集团总体运行正常,企业资金流不缺的原因有三:一是企业利润积累不错,仅去年就达到了2亿元,通过近几年的滚动积累,已有了"家底";二是长期对教材的回款要求高,资金由集团统一调度;三是通过股份改制出让了12%的国有股权,账面净增3亿元资金。

3. 严控成本,多元经营破困境

新华书店依靠教材教辅生存的局面已经持续了很多年,其利润的70%~80%均来源于此,尤其在农村地区,比例甚至超过90%。政府采购和教材循环使用后,虽然免除了新华书店中小学教材发行的失地之忧,但利润势必在过去招投标或中准价的基础上进一步减少,因此新华书店网点尤其是农村地区网点,将面临更大的经营压力。

业内人士认为,当前教材发行工作量相比以往增加很多,教材品种增加,由于实行高中不免费,初中、小学免费两种发行办法,备货量加大,成本随着加大,靠教材教辅支撑一般图书销售越发困难。记者了解到,2007年广西壮族自治区基层店销售与2006年基本持平,都是近13.7亿元,但2007年基层店的平均利润率仅为0.75%,这意味着销售100元的图书,只有0.75元的利润!形势相当严峻。这使得过去依靠教材教辅支撑一般图书销售的各门市部必须想方设法以其他方式获得收入,向多种经营发展已成为其必然选择。

河北省新华书店相关负责人介绍说,从2008年春季开始,除少部分城市非贫困生之外,全省九年义务教育阶段学生教材全部由政府统一采购,免费提供给学生使用。根据这一政策,河北全省中小学教材销售收入中约有72%由政府统一采购。因此,新华书店要以变应变,创造性地做好新形势下的教学用书发行工作,改变传统的粗放型模式,严格控制成本,降低各个环节、各个流程的费用支出,最大限度地减少因利润缩水给经营造成的损失。

与此同时,许多新华书店纷纷加快教材经营结构的调整,向多元化方向发展,力求将市场风险降到最低,在继续抓好中小学教材发行的同时,开始深入挖掘高中和私立学校的增量潜力,同时加大对幼儿园教材、职业学校教材和大中专教材的投入力量,不断提高市场占有份额。此外,一些新华书店还加大了教辅营销力度。某新华书店负责人告诉记者,虽然不允许学校统一征订教辅用书,但学生的购买需求却十分旺盛,市场潜力巨大。因此,各级书店一方面要加强与教育部门的沟通,最大限度地争取理解与支持;另一方面要强化市场意识,通过市场运作的手段,加大推销力度,以合理合法的形式,让学生迫切需要的优秀教辅读物走进校园、占领校园。山西新华书店集团成立了专门队伍积极配合当地教委工作,在2008春季免费教材发行中,根据新情况新特点,制定新措施,采取了印制"助学读物预订合同"的办法,发给乡镇学生家长,在征得家长同意、需要购买并签字后,让学生将书款和合同一并交给由该店在学校聘用的代办员,代办员登记后,发给学生一份"领书单",开学时凭"领书单"领书。如果预交金额高于实际金额,将及时退还多交的金额。

业内人士认为,要从根本上化解因教材市场逐年萎缩给新华书店带来的生存危机,关键是要对传统的经营结构进行战略性调整,通过深化改革,加快企业市场化进程,努力提高一般图书和多元化产业在经营总量中的比重,彻底扭转过分依赖教材生存的被动局面。

[链接:中国图书商报2008.10.24,穆宏志《新华书店如何以变应变》]

第 26 章　实名申领终结"一号多书"

"书号实名申领对部分出版社'一号多用'、'一码多用'和书号、条码、CIP与所出版的图书不对应的做法,无疑是一道'杀手锏'。"在2008年10月27日召开的新闻出版总署书号实名申领业务培训班上,有出版社负责人这样告诉记者。

书号实名申领工作自2008年7月15日开始在全国试点后,一直是出版业关注的焦点。记者了解到,经过在北京、重庆、湖北、上海、青海、新疆、内蒙以及部委的共60家出版单位的3个月试行,书号实名申领工作将于2009年在全国范围逐步推开。这就意味着,从1994年延续至今的按照出版社编辑人员平均分配书号的旧有书号管理方式将逐渐告别历史舞台。

书号实名申领工作被列为2008年总署的重点工作。新闻出版总署署长柳斌杰在2008年初召开的全国出版工作会议上提出,要改革传统管理手段和方法,推行网上书号实名申领制,满足多出好书的要求,下决心解决买卖书号问题。总署出版管理司司长吴尚之表示,书号改革工作有利于出版业的繁荣和发展;有利于进一步提高出版管理工作的效率、服务水平;有利于宏观调控、资源整合,实现书号、条码、CIP数据和出版物元数据基本信息的统一,为行业服务;有利于切实规范出版单位行为,打击侵权盗版,打击买卖书号。"以后一个书号就一个身份证,两个身份证就无法出版。这在一定程度上会遏制一号多用、买卖书号、侵权盗版的行为。"同时,相关管理部门又可利用这个信息技术平台,随时了解和掌握各个出版单位出版物的出版情况,同时逐步形成我国出版物基础信息资源库。

据了解，书号实名申领实行属地管理和"谁主管谁负责"的原则——新闻出版总署负责全国出版单位的书号实名申领工作，核定年度书号总量；各出版单位的主管部门在核定的总量内，负责所辖出版单位的书号实名申领和发放工作；出版单位在完成书稿的"三审"程序后，在网上填写书稿信息领取书号，并在图书出版后反馈成书信息。

总署条码中心主任齐相潼介绍，从书号实名申领试点工作开展3个月的运行情况来看，通过新闻出版总署条码中心等单位研制的"书号实名申领系统"，试点单位实现上传图书信息、申领书号、下载条码等操作，的确加快了图书出版的节奏。申领书号、条码可以用三个"更"来形容——更快捷、更透明、更方便。"凡是熟练掌握了书号实名申领信息系统，领取书号和条码快则几十分钟，慢则7个工作日内就能拿到书号条码。当然，7个工作日是最长期限，只要操作得当，大部分出版社进入操作系统，传递信息，地方省局主管部门进行审核以后，都能够非常快地拿到书号。"

对于本次书号改革，大多数出版社都持积极态度。参加培训的东方出版中心总编办王燕靖向记者介绍，以前申报出版物信息的时候，首先向总署申报书号，然后向 ISBN 中心备案登录，登录后向条码中心申请条码，最后向 CIP 中心申请数据，反反复复几个回合，有时上报情况还要跑到北京来，在人力、物力、财力成本方面确实消耗不少，以后使用这个系统就全部解决了。

语文出版社总编室副主任郑伟钟认为，网上实名申领代表书号管理踏上信息化征程。网上申请书号能够改变目前出版单位的图书出版数据信息采集重复录入、多头上报的现状，降低劳动强度，提高工作效率。

也有出版社针对本社实际情况提出困惑，北京大学医学出版社总编室林双告诉记者，由于该社在教材出版前，需提前两个季度向全国的经销商发征订单，再根据订数进行印刷，而征订单上必须印有图书标准书号，如此一来，与书稿"三审"后再申报书号就形成了矛盾。这将是她在操作中要关注的一点。现代出版社总编办杜宇认为，实行网上书号申领后，总编室与图书编辑在工作进度的时间衔接方面要重新进行协调和磨合,同时一些应急性、时效性强的选题也要着重做好书号申报工作。

在培训班上,总署出版管理司副司长王英利介绍,书号实名申领工作业务培训将从 2008 年 10 月 27 日持续至 11 月底。培训班计划在京举办 8 期,在京外举办 4 期,每期约 100 人。王英利就如何参加培训提出了具体要求。总署信息中心副主任王福珍就书号实名申领系统与 CIP 三期对接的有关问题进行了辅导。教育部直属出版社和中国出版集团所属出版社共 42 家单位参加了首期培训。

[链接:中国图书商报 2008.10.28,马莹《实名申领终结"一号多书"》]

第 27 章　金融海啸波及书业：危机 OR 转机

由美国次贷危机引发的金融危机掀起了一场全球范围内的金融海啸,银行业、房地产、IT 业、汽车业、服装业、纺织业等均受到不同程度的波及,作为文化产业和信息服务产业子类的传媒产业也无法置身事外。新闻出版总署署长柳斌杰近日表示,消耗型的传统实体经济受到金融危机的影响无疑是巨大的,纯粹依赖知识创新和智力成本为支撑的新型产业受到的影响相对要小得多。那么,国内出版业在此轮金融风暴中受到了哪些牵连,影响有多大,未来路径在何处?

1. 出版外贸经历萧瑟秋天

金融危机的爆发使得国外需求走软,对出口贸易的影响可谓立竿见影。我国的图书出版外贸一段时间以来经受着由人民币升值引起的新兴市场经济体货币贬值带来的压力,本轮金融危机无疑是雪上加霜。

记者在采访中发现,有的出版外贸公司已经出现了海外客户订货量减少,甚至停止订货的现象。即便无法将这一令人沮丧的趋势完全归结为金融海啸刮起的阴霾,但也难脱干系。福建省出版对外贸易公司总经理张安宁告诉记者,该公司经营十几年的菲律宾华人区书展,每年销售成绩都非常好,2008 年却并不理想,造成积压。由于菲律宾受金融危机冲击较大,在经济低迷、消费紧缩的情况下,"对方亏损,我方也亏,很难再发货"。

在天津市出版外贸公司总经理刘跃进看来,金融危机对于图书出口带来的直接影响表现将相对滞后,但是间接影响则如影随形,"十一"长假后刚发生的一件事就是典型的例子。由于美元持续下滑带来汇兑差额,公司决定采取相对坚挺的欧元进行交易,但是欧元在 2008 年二、三季度却出现了一波贬值行情。"9 月下旬签订单时,汇率是 10.07 元人民币兑 1 欧元,打了点预期,签合同时按 10.03 元人民币兑 1 欧元签订,可是 10 月 6 号上班打开电脑,发现汇率已经变成了 9.21 人民币兑 1 欧元。从 10.03 到 9.21,一笔 1 万多欧元的生意,仅仅由于汇率带来的损失就达 8000 多元。"这也是由美国蔓延至欧洲的经济萧条带来的不可预期的损失。

与图书实物出口相对应,图书版权引进是否可以尝到甜头呢?新世界出版社版权部主任姜汉忠认为,美元、欧元持续走低,在理论上将使版权引进暂时对购买方有利,但从长久来看,购买方的购买力由于金融危机的影响而下降。

财政部、国家税务总局联合于 2008 年 10 月 21 日发出《关于提高部分商品出口退税率的通知》,将部分图书产品的出口退税率从 11% 调回 13%。业内人士将其称为"千呼万唤始出来"的利好消息。它的意义如何?刘跃进告诉记者,对于一个有三十几名工作人员,一年出口额在 100 万美元规模的图书外贸公司来说,这 2% 的退税相当于公司员工一个月的工资,可称"雪中送炭"。

地方外贸公司将在自身能力的范围内应对经济危机的考验。张安宁表示,公司要坚持以书展带动图书出口,认真做好明年书展的申报工作;挖掘扩展客户,做好对客户的各项服务工作,利用网络平台开拓业务;开发其他业务项目,诸如国外印刷品加工、文化产品出口等。采访中,记者常听到的声音是,希望主管部门能给予地方出版外贸利好政策,多提供创利项目来弥补出版物经营的困境。

2. 图书巧借危机话题

尽管图书出口贸易经历了萧瑟秋天,国内一些出版社仍然在这场国际金融危机中抓住了"商机"。"在第八届北京图书节上,经济金融类书籍异军突起,共一百多个品种的销售额占到总销售额的 1/3","成都购书中心人气最高的莫过于金融类书籍区域,以往'小众'的金融类读物,现在却成为了市民争相购买的'香馍馍'","马克思的著作再度畅销,其中《资本论》第一部的销量与2005年相比增加了2倍"……种种相关报道频频见诸报端,都透露出一个信息——眼下国际经济的大幅波动,使得人们对经济问题的关注度更高,激发了读者的阅读兴趣,相关书籍也销量见涨。

中信出版社总编辑潘岳对此表示,在目前的经济态势中,"危机"成为了关键词。金融危机席卷全球,与每个人息息相关。2007年很多财经类图书讲如何炒股炒基金,2008年则将焦点转为企业在经济低潮中如何活下去,由此也带动了该社《黑天鹅》、《金融危机真相》等图书的热销。中信社经管图书企划经理樊跃如告诉记者,该社最新出版的《半路出家的投资银行家》是出版社尤其推荐的一本书,它将投资银行家神秘、炫目和充满诱惑背后的真实生活和巨大利益驱动的文化价值理念赤裸裸地展现给读者。因为金融危机最早爆发于美国,欧美的作者能更直观地体验这场风暴的影响,这类书也是国内了解和分析震惊世界的金融海啸的来龙去脉的重要途径。该书2008年10月份出版以来,销量一路看涨,很多书城出现了销售断货情况。

除了中信出版社,中国财政经济出版社、北京出版社、机械工业出版社、中央编译出版社等社也搭上了"危机"这班车,先后推出的有关"危机"与解读"危机"的图书,获得了良好的市场反映。"创造一个阅读方向很困难,但顺着阅读方向就比较容易。"潘岳的这句话也道出了目前资本市场金融类书籍热的根源。

3. 资金链管理的警示与机遇

虽然金融风暴刮得很多读者买书读,但是对于整个图书市场长远景气,应该如何看待呢?中国城市出版社对外联络部主任阮中强认为,对于出版业来说,最大的问题不是来自金融危机,而是我们自身,不能放大金融危机,金融危机是怎么一回事不少人还没有弄明白,就已经乱了阵脚。经济再萧条,人们对图书也有需求,出版仍有可为。他分析,在金融危机中人们会发现金钱构建的生活崩溃了,反而会寻求精神方面的寄托,"人们在苦难的时候才会想到信仰,今后心灵方面的书也许会有大市场"。

新世界出版社版权部主任姜汉忠则另有看法:"很多国家会因金融危机而经济萧条,其产生的结果首当其冲是读者勒紧裤带,尽量减少生活必需品以外的开支,图书便是其中之一。同时,金融危机意味着通货膨胀,通货膨胀使钱比以往不值钱了,继而引发全行业的涨价,在多米诺骨牌的传导下,最后导致行业的萎缩。"

阮中强特别提出了世界金融危机弥漫下出版业的资金链问题。"现在不少企业倒闭都因为资金链出了问题,图书出版业这方面的隐患很大。近年来,不少出版社想方设法做大做强,摊子铺得过大,相应的渠道里没有回笼的资金就扩大很多倍,库存积压的图书也会增加很多倍,这是很可怕的事情。一旦出了问题,比如经销商撤了,出版社的钱就回不来,又要支付成本,就可能成为危机爆发的临界点。"阮中强建议,出版社可以在这个时期调整出版计划,严格控制品质不好的选题;可以趁机理顺渠道,建立起有信用机制的渠道体系;控制渠道的退货比例,争取多的现款发货;可以趁机控制成本、开源节流、按需印制,把成本降到最低。资产良好,资金流良好,就会抵御一切风暴。

当然,危机也未必是坏事,对出版企业而言,金融危机或许应该成为提高管理能力的好时机。安徽出版集团出版业务部韩飞认为,目前出版企业财务管理大都还是处于粗放管理的阶段。金融危机当前,企业全体成员都要增强财务风险意识,防止出现财务危机。企业经营管理人员,尤其是财务人员,要根据企业的发展目标、发展阶段、财务实际状况和资金运用状况,协助企业决策者做好企业发展资金使用调度,加强对流动资金的管理。必要时,要合理利用借贷资本,控制借贷资本规模和周期。他举例,在投资前,要求有关部门认真分析投资项目的现实价值和潜在价值、回报周期,以及可能存在的各种风险,全面加强投资管理。寻求扩大规模而又有大量资金可以调度的企业,可以以少量资金收购平时难以收购的竞争对手,或收购有资质、有品牌的企业而进入其他平时行业壁垒严重的行业。

危机,既意味着风险,又意味着机会,关键在于如何利用和把握,对于出版业同样如此。

[链接:中国图书商报 2008.11.4,马莹《金融海啸波及书业:危机 OR 转机》]

第 28 章　金融风暴影响下书业分销冷暖几何

记者于 2008 年 11 月对部分大书城、地市县级书店、民营书店采访中发现,受国际经济大环境影响,素有"金九银十"的 10 月黄金销售期,并未如往年一样让各大书店赚个盆满钵满——不少书店的销售与 2007 年同期相比增幅持平甚至下降,即使一些高速增长地区,增幅也已由两位数下滑至一位数。当然,并非所有图书门类的销量都出现萎缩,部分类别销量反而逆市上升,在风暴中呈现出勃勃商机。这与地区经济环境、读者层次以及书店管理层的应对有着密切的关系。对这些书店来说,金融危机同时也可能是一次更大发展的契机。

1. 整体市场受累于经济大环境

南京市新华书店新街口店总经理林清福发现,2008 年黄金周销售还不错,但节后下降明显,人气不旺,几千至几万元的零星小团购也少了。从细分市场看,社科和金融图书下降明显,建筑、装潢、外语、工具书有所下降,而少儿、文学、文教、艺术收藏和音像制品销售有所上升。综合考量,与 2007 年同期相比下降 1%。

广州购书中心 2008 年 10 月销售同比也出现下降,销售码洋下降了 2.45%。下降的主要类别有经营管理、文学、语言文字、经济等。无论团购还是零售,与去年同期相比都出现了下降。

深圳书城罗湖城实业有限公司总经理朱德明介绍,2008 年 10 月,罗湖城销售比去年同期下降了 10%。而记者了解到,深圳书城南山城、中心城销售略有增长,但增速放缓,所以深圳出版发行集团旗下的三大书城综合起来同比销售基本持平。罗湖城9月暑期和开学销售好于2007年同期,但10月份的下滑又让他们感到措手不及。

上海书城企划部江利介绍,2008年10月销售与上年同期基本持平,但部分类别略有下降,书城发现进店客流、成交笔数下降明显。上海作为全国经济中心,对经济冷暖反应更强烈,从股市下跌开始,经济类图书销售就开始下降。此外,专业技术、工业类图书过去厂矿企业需求量很大,但现在销售下降较明显。相反,少儿类有所增长,哲学类中的《资本论》销售增长较快。

杭州市新华书店总经理许悦谈到,大卖场品种比2007年多,但销量少于去年。杭州庆春路购书中心等书城销售虽没有下降,但增幅不容乐观,基本与2007年持平。

2. 细分市场折射相关行业景气指数

在江苏南通,当地新华书店最大的中心门店南通书城2008年下半年的一般图书零售品种结构发生了较大的变化——下半年(6～11月)与上半年(1～5月)相比,建筑、轻纺类的图书零售大幅下降,销售额与品种分别下降28%、27%和14%、9%;社会科学、经济类图书销售额与品种分别增长35%、33%和25%、34%。

南通是中国首批14个沿海开放城市之一,以建筑、轻纺、电子为支柱产业。随着金融危机对实体经济的影响,南通的建筑业和纺织业受到冲击在所难免,又直接反映在当地对相关书籍需求的减少。与之相对应的,是用于职业培训和技术工人学习的相关专业书籍销量大不如从前。但也存在亮点,如受当地推动新船舶制造业的拉动,相关图书增势明显。

和南通隔江相望的张家港新华书店,情况也类似。进入第四季度,虽然店面的零售基本和2007年同期持平,但张家港市新华书店经理助理孙钰认为,如果考虑图书涨价因素和以往门店零售每年两位数以上的增幅,该店的零售实际是下降了。

孙钰分析销售数据认为,由于张家港化工、纺织企业形势的不景气,造成当地这类图书以15%的降幅下挫;2008年经济类图书的销售更是与2007年形成冰火两重天的局面,尤其是证券投资类图书的销售严重下滑,四季度销售平均降幅为29%。但励志类、考试类、普通技工技术类、卫生保健类、旅游休闲类图书则均呈上扬的趋势。

江苏蓝色书屋的销售数据也反映了这一点。销量不大的文化类图书在第四季有较大增幅,而医药保健类图书上升趋势则更为迅猛,励志类图书,其中的心理学图书有近10%的上升,社科类图书有10%的下降,特别是经济类图书跌幅达到了50%。

浙江温州书城进入第四季度后金融投资类图书销售降幅为36%。由于近年来计算机技术的普及应用以及网络的发展,使得计算机类的图书需求也有所下降,但是文教书、少儿读物以及艺术类图书增长的势头较好,平均增长在11%以上。

3.亮点资源稀缺,投资消费谨慎

探寻近期零售市场同比下降的原因,业内人士认为,一是受全球金融危机的影响,国内经济增速放缓,投资谨慎,消费水平受到抑制;二是缺少新书和畅销书拉动市场——2007年10月有《哈利·波特》第七部这样的全球超级畅销书在国内同步发行,有力地拉动了销售,而2008年多数畅销书是2007年的旧书,亮点不足;三是网上书店以销售折扣低、便利快捷赢得了不少读者的青睐,实体书店受到了冲击。

林清福认为,社科和金融类图书销售与国家大势密切相关。2007年基金、股市火爆,投资人寻找资料提升自己,所以购买得多;2008年看不准金融走势,投资者只有捂紧钱袋子。工业类如建筑、装潢等类别销量下降,与房地产不热有关。中小团购减少,除了与金融危机有关,也与2008年募捐慈善活动增多略有关系。网上书店对实体书店的冲击肯定存在,但到书店和上网购书的读者还是有所区别的,当前冲击尚不强烈,但不敢保证几年后不会发生变化。

"销售走低一方面是因为畅销书少,出版社生产冲动似乎不够强烈;另一个主要原因是消费预期受到抑制",朱德明如是说。

江利也持同样观点,即新书、畅销书不多,缺乏亮点,加之2008年一些专业类的考试没有进行或取消了,也导致专业类图书销售下降。金融危机的影响通过产业链逐步传导到国内,而书业反应相对滞后,消费收缩,她担心明年对行业的影响更大。

也有业内人士认为,每年10月都是书业"青黄不接"的尴尬期,9月开学日刚过,出版社把更多的精力投入到明年初的北京图书订货会和新年销售季上。许悦认为,2008年新书少,下半年出版社出书节奏放慢,重点品种少。不过一般来说,每年10~12月新书相对也较少。卖场只能随上游的节奏变化而变化,期待明年年初北京图书订货会以后多推出新书。

4. 内外兼修应对销售疲软

针对销售疲软,各家书城内外兼修进行应对。

南京市新华书店新街口店对卖场布局进行了微调,将出版社新书、畅销书封面朝外摆放;圣诞、元旦、春节三节联动,举办礼品书优惠展销,将少儿类图书进一步做到位;网上书店则加强实物购书的感觉,合理划分主业副业。

上海书城正制订2009年计划,针对销售类别差异将进行较大调整。如尽可能挖掘潜力图书、销售萎缩的就减少经营面积、开发有附加值的产品等。

如何刺激消费是深圳书城罗湖城重点考虑之处。目前也在思考临时性策略。2008年11月深圳读书月时,罗湖城进入学校销售,效果不错,给了他们走出店外的提示。目前正利用淡季强化自身服务、提升员工素质。

广州购书中心做好团购工作,举办图书馆现场订货会;做好实用类、素质教育等类图书的各项展销活动；加强管理，切实做好日常的进、销、存、陈列等工作，从管理中要效益。

在不少人对2009年市场担忧的同时，也有部分业内人士认为，图书作为人们精神文化需求的重要组成部分，在金融危机的冲击下，会有更多的人期待能从书中寻找精神慰藉和历史经验，所以图书市场发展态势将比较平稳，不会出现大起大落的状况。也有的书城2008年销售增幅较大。如北京发行集团2008年10月份销售2.44亿元，其中零售1.2亿元，同比增长12.2%，下属北京图书大厦、王府井书店和中关村图书大厦等门店零售均保持稳定增长。2008年北方图书城文学、社科、少儿图书增长较好，科技、建筑等类别销售下降，整体图书销售还是呈上升趋势，同比增长5%左右，10月、11月情况也差不多。2008年在热点书少的情况下，北方图书城做了很多营销活动，重点是进校园和举办经管论坛，比如与学校共同开展读书活动、名人进校园活动，与大型企事业单位开展经管高层论坛、讲座等，取得了不错的效果。

5. 团购成为许多书店利润来源

和店面零售窘迫不同，南通新华书店的大宗团购业务异军突起。在做好团购常规业务的基础上，2008年仅向机关企事业单位发行储值卡一项就达1000万元，同比增长300%，而且做到了不让利销售，成为金融危机影响下的一大亮点。

该店策划部经理刘旭华告诉记者，他们的大宗团购业绩如此明显，一是对市场的判断与把握准确。年初美国次贷危机开始出现时，书店负责人敏锐地认识到其不久将会对全球、对中国的经济带来影响，结合南通书业的发行情况，努力扩大一般图书发行，寻找业务突破口和新的利益增长点。因此，他们未雨绸缪，2008年初出台了相关促销措施，从总经理到基层每一个员工，人人有销售任务，个个有工作压力，做到任务到人，责任明确。其次是细分团购市场，抓住龙头企业不放松。中国移动、中国电信、中国联动、发电公司、供电局、醋酸纤维有限公司及各家银行，均是当地的创利大户，每年都有一笔可观的职工教育经费，因此，锁住这一市场，加强与他们的合作和沟通显得十分重要。

大众书局上海区的团购销售情况也不错。上海美罗店营运主管贾岸明介绍说，书局团购分为两方面，一是图书团购，二是券卡团购。从现在数据来看，图书团购所受的影响并不明显，与2007年同期相比，老客户团购情况基本持平。从品种来看，第四季度经管类图书明显在团购中遭到冷遇，而社科、生活类图书上扬显著，例如名人自传、佛经、道经，保健书、养生书等等都有销量看涨。另外，恰逢辞旧迎新之际，少儿书、礼品书销售倍增，亦成团购业务新宠。书局的券卡销售在本季也处于上升状态。大众书局上海区直营部主管施海认为，券卡上升归因于两点：一是政府机关、学校、国有企业等大客户年底书报费累积有余；二是年底佳节频繁，这些单位多以书卡作为福利、礼品，回馈员工或进行渠道公关。所以券卡的开发销售值得书店重视。

广州购书中心第四季度的团购业务同比增长13%，该中心销售中心经理杨随喜认为，其主要原因是广购的团购业务并不完全依赖一些机关单位，而是以各大公共图书馆、大中专院校图书馆为主，基本属于政府招标拨款。所以能影响到2008年团购业务增长的主要因素在上半年已经明朗，最直接影响的就是政府招标项目中广购中标率的高与低。杨随喜认为，经济大环境对团购的影响要到2009年第二季度才会显现，相信政府救市投入只多不少，关键看书店经营者有没有能力抓住。

昆明新知图书城有限责任公司2008年的团购工作也较2007年有较大增幅，教材及教科书类有所上扬，但辅导类图书有所下降。

受地震影响的四川新华文轩股份有限公司零售事业部团购销售统计显示，科技类品种明显上扬。团购部经理颜革认为主要是2008团购客户群结构发生了变化——汶川大地震后，政府对农村新文化建设的推动，使农村科技类图书的需求增加，团购部抓住时机及时进入了该市场，但同时农村用书对团购的加工和配送带来了新的要求，如品种多、复本少、配送点多等。

虽然2009年的经济形势尚不明了，但对于团购销售前景，各个书店均持审慎乐观态度。

6. 提高自身服务素质，发掘团购新品

杨随喜认为，当下的大环境其实为团购市场提供了一个规范竞争、汰弱留强的机会。广购集团服务部从两年前就开始整理核心业务，砍掉一些不盈利的项目，集中精力服务大客户。对部分无法顾及的市场份额，选择与有实力的其他书商合作，优势互补共担风险，力求理顺自身业务流程，贴近市场，又快又准地主动拓展团购市场。

浙江无锡图书中心经理朱晓芸告诉记者，2009年中心将改革团购的业务流程模式，以机制提高销售人员的积极性，并把团供和零售有机结合起来，为团购单位提供最贴心的服务。目前正进行团供业务员竞争上岗工作，希望通过竞岗提高员工素质，减少内耗环节，最大限度地挖掘团供市场。

为增加团购销售，大众书局各门店首先专门增设导购岗位，导购员会在卖场中主动给顾客提供图书信息或提供购买建议，尤其针对推着小车进入的具备团购潜力的客户开展重点沟通，以开发新客户群。其次，建立大客户档案，根据这些客户以往的购书情况（购书额度、选书倾向等），定期邮寄书目、书单，积极走访，以稳定老客户群。另外，针对春节前券卡促销的黄金时段，运用电话、电邮、传真、快递、信件等各种方式，对重点客户进行专门公关。

温州书城2008年团购销售同比上升12%。书城与图书馆、社区等各种社会公共资源合作，并针对一些单位在经济情况不好的情况下，用工强度下降，加强对员工培训的契机，积极寻求沟通合作，以求拉动培训类图书的销量，同时加强"温州博库"网的宣传力度，进一步提高网上团购的销售，为2009年的团购销售打好基础。

孙钰认为挖掘团供销售的新品种，加大对各类别图书的宣传力度，才能找准市场需求，寻求销售突破口。比如教师理论用书、小学生阅读类图书、农家

书屋建设用书以及电子图书、培训光盘、导航仪等相关产品。

重庆江北连锁店店长冯林洁表示，2008年团购用书中增加了农业技术类，社科类图书团购的品种也较2007年有所增加，现在团购图书销售还是与以上级安排的学习内容紧密相关，所以一定要抓住社会热点。

商场如战场，从来不会一帆风顺，尤其是在经济危机环境下，更需要企业有前瞻眼光。当下的危机也可能正是它们蜕变并实现更大发展的契机。

［链接：中国图书商报2008.12.23，穆宏志、邹昱琴《金融风暴影响下书业冷暖几何》］

第 29 章　业界瞩望改革发展配套新政

第二批 61 家大学出版社改制全面推开,中央在京出版社改革方案出台在即,出版单位等级评估工作紧锣密鼓,跨地区组建联合出版传媒集团启动,经营性报纸改革将分三步走,借资本力量国有出版单位加速与民营策划出版力量的重组……时至 2008 年末 2009 年年近,出版业频频释放出一系列深化改革、加快发展的信号;与此同时,中央有关推动文化体制改革向面上推开、向纵深发展的配套政策也成为各方热议的焦点话题。

1. 上一轮改革配套政策成效显著

2003 年底,为配合文化体制改革试点工作,中央和国务院相关部门制定了关于支持经营性文化事业单位转制为企业和文化产业发展的配套政策,基本涵盖了文化体制改革和发展中的重点领域和关键环节——涉及国有资产授权经营、资产处置、收入分配、社会保障、人员分流安置、财政税收、投资融资、工商管理、价格等方面。五年的实践证明,改革配套政策对于推动文化体制改革、促进文化产业发展,发挥了重大而积极的作用。

有权威人士透露,据不完全统计,2004～2007 年,全国共有 2000 多家转制的文化单位被核准享受税收优惠政策。到 2007 年底,减免税额近 70 亿元。到 2008 年年底政策到期,预计减免税额达 80 亿～90 亿元人民币。减免税额已超过 2 亿元的有 11 个省市,包括北京、上海、浙江、广东、辽宁、江苏、安徽、福建、江西、湖南、四川。其中,出版发行行业享受税收优惠的转制企业数量最多、获得的减免税额也最多,充分体现了"早改早受益"、在政策上向先行改革的地区和单位倾斜的导向。

记者在采访中了解到,税收优惠政策的贯彻落实,既有效地推动了转企改革的进程,也为转制以后的企业发展壮大、增强自我投入、开拓市场能力的提高发挥了很好的作用。如2004年开始转制的福建新华发行集团,到2008年6月获得的所得税减免达到1.5亿元,用于扩大主营业务,开拓海外市场,从而使其实力迅速增强,竞争力明显提高。

随着这些配套政策于今年年底到期,为推动文化体制改革从试点到全面、纵深推开,中央有关部门适应文化体制改革的新形势、新要求,在认真总结改革实践的基础上,对改革配套政策进行了修订,新的配套政策将于2009年1月1日起实施,为期五年。

2. 改革新政找准难点"对症下药"

此间观察人士认为,经过5年探索,文化体制改革的难点问题都已充分暴露,较为突出的包括国有文化资产管理、划拨土地处置、社会保障政策衔接及人员分流安置等。而新修订的改革配套政策,则对上述难点问题一一做出了政策规定,凡能够用统一政策规范的,政策文件均做出明确的政策规定;尚不具备条件做出统一规定的,也提出了解决的原则要求或方向,为地方探索留下了政策空间。

明确国有文化资产监管职责 国有文化资产管理是改革试点一开始就遇到的重要问题,2004~2006年,中央有关部门多次到先行改革的地区进行调研,总结试点地区的经验和模式,研究提出解决办法。在此基础上,财政部牵头起草了《关于在文化体制改革中加强国有文化资产管理的通知》,经国务院常务会议讨论通过,于2007年9月以财政部、中宣部、文化部、广电总局和新闻出版总署五部委的名义下发。2008年9月,财政部、中宣部和新闻出版总署专门针对中央出版单位转制和改制中国有资产管理问题下发了文件,做出了政策规定。新出台的改革配套政策,充分吸收了上述两个政策文件的核心内容,并根据国务院相关部门的修改意见予以补充、完善。新政策明确,财政部门履行国有文化资产的监管职责,党委宣传部门负责重大国有文化资产变动事项的审查把关;经营性文化事业单位转制为企业后与原主管主办单位脱钩的,其资产财务关系在财政部门单列。

原划拨土地的处置政策 划拨土地的处置也是改革过程中遇到的难点问题,特别是新华书店集团在转制时需缴纳很大一笔土地出让金。为减少转制成本,内蒙古、安徽、河南等省(区)采取作价出资(入股)的方式处置。权威人士告诉记者,新的改革配套政策充分吸收了这些地区的成功经验,并根据国土资源部的意见进行了规范,分别对经营性文化事业单位转制和国有文化企业改制两种情况下原划拨土地处置问题做出了政策规定。有关政策明确,经营性文化事业单位转制为企业,其使用的原划拨土地用途符合《划拨用地目录》的,经所在地县级以上人民政府批准,可仍按划拨方式使用;如果不符合《划拨用地目录》的,可以依法办理土地有偿使用手续,经评估确定后,以作价出资(入股)等方式处置,转增国家资本。国有文化企业使用的原划拨土地,改制前可继续以划拨方式使用;改制后可比照上述转制企业的政策执行。

解决好退休待遇差 企业与事业单位退休待遇差问题,是经营性文化事业单位转制时遇到的最棘手的难题,也是记者在采访中听到业界反映最多的问题。特别是转制前参加工作、转制后退休的"中人",大都是转制企业的骨干,妥善解决其退休待遇差问题,有利于转制后企业的发展。在改革过程中,上海、重庆、湖南、河南等地通过争取特殊的政策支持,既减少了改革成本,又稳定了人心。新的改革配套政策在借鉴和吸收这些地区成功经验的基础上,明确了解决这个问题的原则和方向,即各地在做好社会保障政策衔接的同时,应结合本地实际,采取切实可行的措施,解决好企业与事业单位退休待遇差问题。据悉,为解决好中央在京出版单位同北京市社会保障政策的衔接,有关方面做出了明确的政策规定,其中包括允许转制企业自筹资金实行"补差"政策。

切实维护职工的合法权益 文化体制改革从试点开始就非常明确地提

出,不走"减员增效"的路子。在改革试点期间,上海新华发行集团公司提出改制是为"留人"而不是"走人",并从国有产权转让收入中提取2亿元作为职工权益保障资金。权威人士表示,新的改革配套政策增加了专门条款,强调转制企业应当切实保障职工的合法权益,并明确了保障职工合法权益的资金来源,即可从评估后的净资产中预留或从国有产权转让收入中优先支付,净资产不足的,财政部门也可给予一次性补助。这就为保障提前离岗人员和分流人员的合法权益提供了资金保障。

3. 扶持文化企业发展力度空前

"改革是手段,发展是目的。新的改革配套政策对如何面向全社会、扶持文化企业发展给予了特别关注,特别是对转制后企业的发展给予了更大力度的政策支持。"有关权威人士如是评价新的配套政策的最大亮点。

设立文化产业发展专项资金 五年前的改革配套政策明确,试点地区要安排文化产业发展专项资金,采取贴息、补助、奖励等方式,支持文化企业发展。记者了解到,几年来,全国约一半以上的省份都设立了文化产业发展专项资金,少则几千万元,多则上亿元。北京市文化产业发展专项资金的规模达到了5亿元,山东省仅试点地区已设立的文化产业发展专项资金就超过了2亿元。据权威人士介绍,新的改革配套政策重申了这一政策要求,不仅要求所有有条件的地方财政要设立,而且明确中央财政要带头设立。

多渠道解决文化企业融资难 融资难已成为制约文化企业发展的瓶颈。权威人士告诉记者,在总结部分地区和行业破解融资难创造的成功经验的基础上,新的配套政策聚合了现有的多种融资渠道或方式,包括产业投资基金、创业板等最新金融工具,多管齐下促进文化产业与金融业的对接。针对中小文化企业贷款难,鼓励担保和再担保机构开发适应文化产业的贷款担保服务;为培育文化产业的骨干企业和战略投资者,鼓励文化企业充分利用企业债券、银行贷款、上市等多种融资方式,开发战略性、先导性项目,整合文化资源,进行跨地区、跨行业改制重组和并购。

鼓励文化企业进行技术创新 高新技术是文化发展的动力。记者获悉，为鼓励文化企业开发和运用高新技术，创新传播新技术、培育文化新业态，新的改革配套政策给予了专项政策支持，包括被认定为国家需要重点扶持的高新技术企业的，按15％的税率征收企业所得税，而不是25％；文化企业开发新技术、新产品、新工艺发生的研究开发费用，允许按国家税法规定，在计算应纳税所得额时加计扣除，比如投入100万元、可按150万元扣除。

税收优惠力度更大 据权威人士透露，在税收优惠方面，新的改革配套政策除了延续以往对转制企业免征企业所得税、鼓励文化产品出口等项政策外，根据国家税法修订情况，特别是文化体制改革的新形势，又增加了几项专项优惠，包括针对转制企业资产评估增值、资产划转或转让等涉及的税收给予一定的减免优惠，对党报党刊剥离发行、印刷等经营性资产给予免征增值税的特殊优惠等。

采访中有出版单位负责人表示，新的改革配套政策融合了业内业外的成功经验和做法，汇聚了其他领域改革的成熟政策，具有"集大成"的性质。对出版单位而言，一方面应深入领会政策实质，对在文化体制改革过程中遇到的重点和难点问题，从新的政策中找到相对应的解决之策，抓住机遇谋发展；另一方面，由于新政涉及多头，更希望各级管理部门抓好贯彻落实，切实推动新一轮文化体制改革改出成效。

［链接：中国图书商报2008.12.12，金霞《业界瞩望改革发展配套新政》］

第四编 年度产业细分观象

第30章　新华分销新业态

近年来，新华书店发挥品牌优势、渠道优势与网络优势，全线提速文化用品连锁经营，抢占市场制高点，新业态的拓展和培育成为新亮点。

1. 数码产品经营成拓展重点

一些新华书店力争将传统优势项目——文化用品做出品牌，并扩大经营项目。当前数码产品迎合青少年口味，成为文化用品拓展的重中之重。

2007年，湖南新华书店集团斥资200万元成立了湖南华瀚文化用品有限公司，对全省新华书店系统的文化用品经营实行集团化运作。目前，集团在旗下340个直营连锁门店开展了文化用品经营项目，并建立了覆盖全省新华书店的文化用品连锁经营平台，以高桥经营部为基地，以新华文化精品商厦为旗舰，湖南新华书店集团拟成为湖南文化用品市场的龙头企业。

江西新华发行集团2006年成立江西省新华数码科技公司，承担数码产品的采购、招商和销售，主打具有自主知识产权的教育类电子产品、代理品牌数码电子产品，还获得了全省中小学生科学计算器的独家销售权。

2006年，北京发行集团有限责任公司、广东新华发行集团股份有限公司、云南新华书店集团有限公司、内蒙古新华发行集团股份有限公司、珠海新华书店等挖掘奥运商机，获得了2008年奥运会特许商品特许零售商资格，将文教用品经营拓向新领域。

不少新华书店成立专门公司经营文教用品和数码产品，通过与大供货商结成战略伙伴，将业务做强做大。河北省新华书店集团公司于2007年7月成立河北新华创想信息科技股份有限公司，一方面以连锁经营的形式，在全省新华书店大力发展数码产品直营店；另一方面与有实力、有信誉、有影响力的产品供应商合作，取得区域总代理权，同时在全省11个城市发展二级代理，将终端市场延伸到当地的国美电器、苏宁电器等。2007年底，公司共开设卖场6家，销售数码产品价值达269万元。2007年8月18日，河北新华珍爱眼镜股份有限公司成立，是目前河北省注册资金最多的眼镜零售企业。2007年底，宁波贝发集团与安徽新华发行集团签约共同组建"贝发新华文具连锁"，开创了中国文具制造及图书发行两大品牌企业合作的先河。重庆新华书店集团与当地最大的办公用品经销商——重庆市奥玛商贸有限公司建立"办公伙伴"关系，在重庆新华连锁店内开设了办公伙伴会员店，实施统一管理和集中配送，打造办公用品直销配送平台。并于2001年开设了光盘生产线。

2. 酒店旅行社成新秀

20世纪80年代初，大中城市的新华书店首先利用当时还很充裕的资产和有利的地理位置，开起了酒店，接着利用新华书店的网络优势，建立旅行社。1999年，新华旅游协作网成立，当时新华书店旗下的酒店、旅行社约有40多家，随后的两三年里，酒店数量最多时达60家。酒店业的发展势头始终良好并不断壮大，四川、广西、湖北、湖南、江苏、重庆等6家新华书店集团已成立了酒店管理公司，全国已有8家新华酒店达到四星级标准。但很多新华书店旅行社或被转让、或合并、或关闭，加之缺乏社会旅游行业支持，目前处于整合阶段。近几年，一些新华书店看到了旅游业的发展前景，开始恢复运营本已撤销的旅行社。

1992年，时任湖南衡阳市新华书店总经理的秦玉莲创办了衡阳市新华大酒店。衡阳市店投资40万元，将门市二楼改造成一个酒店，没想到不到一年就收回了成本。她感受最深的是新华书店同样能把多元化经营做好。在此理念下，湖南省新华书店集团公司2006年年初成立了文化用品公司和酒店管理公司，后者对全省 10 多家自有酒店进行资源整合，打造经济型酒店品牌，同时利用各连锁店当地的旅游资源，在酒店连锁经营基础上组建旅行社。

1995 年，广西新华成立新华大酒店，开业一年升为二星级。1997 年，广西新华国际旅行社成立，成为与酒店配套的另一支柱产业。2008 年，广西新华国际旅行社与北京中新华旅行社实现了强强联合。2005 年，广西新华会展酒店管理公司成立。

重庆新华第一家酒店——重庆新华宾馆 1996 年投入营运。目前拥有酒店数量 7 家，酒店类型从单一的培训中心发展到商务会议酒店、旅游度假酒店、经济型酒店等不同类型、总资产达 4 亿元的酒店集群。

目前四川新华酒店管理有限公司经营管理新华集团酒店 7 家，对外托管酒店 4 家，每年营业额近 6000 万元。

安徽新华发行集团首家合作经营连锁酒店——经济型商务快捷连锁酒店"e 家——华仑快捷酒店蒙城路店"2007 年开业。该酒店是由安徽新华发行集团有限公司与安徽最大的快捷连锁酒店——安徽美邦酒店管理公司合作经营的项目，以经济型客房为主，经营面积近 4500 平方米。

酒店、旅行社经营要借助"外脑"。内蒙古新华发行集团股份有限公司董事长、总经理吴力田谈到，金蓝港大酒店是内蒙古新华发行集团的餐饮连锁品牌，从实际运行情况看，"金蓝港酒店"在呼市开了第一家，虽然也聘请了专业人士来管理，但还是传统的管理理念和办法，谈不上有多少效益。2007 年在海拉尔开的金蓝港就明显不一样，嫁接了民营的理念和资本，效果和效益就很好。

3. 建校办班渐成风气

新华书店近几年欲在与主业关系甚密的培训市场分得一杯羹。首先，从成立幼儿园、小学、中学，甚至成为大学培训或实习基地，新华书店以建立学校的方式介入培训。近年来，河北省新华书店集团公司将中学、幼儿园等纳入了集团公司产业多元化发展的版图。先后成立了定州市新华中学、新乐市中山中学、满城县店幼儿园、邯郸县店幼儿园、平山县新华幼儿教育中心。此外,江苏、山东等地的新华书店也有不少涉足创办幼儿园或中小学学校。

新华另一种培训方式是以开办兴趣班、特长班或获取资质证书为主。深圳出版发行集团培训中心成立于1999年,目前中心培训项目共240多个,年培训学员3万余人,教学面积1万余平方米。在外语教育、学历教育、职业技能及技术认证和管理咨询类培训方面,形成了自己的特色。珠海市新华书店投资30万元,于2005年12月成立的珠海书城文化艺术培训中心,"用书城十分之一的面积,创下了书城三分之一的利润"。

4. 向通信服务延伸

随着手机等通讯产品的兴起,新华书店销售手机已非稀罕,而且正从单纯经营手机向提供无线服务转变。

2007年6月,江西新华发行集团与中国移动通信集团江西公司签署了《业务合作框架协议书》,双方在卖场、信息服务、客户资源、通信服务以及户外媒体资源开发等方面建立长期战略合作。当年底,江西新华已经在南昌、九江、宜春等12家书店与当地移动公司合作开设了合作营业厅,业务涵盖移动办卡、收费、手机产品的销售等,经营面积达4000平方米,实现销售5000多万元。同时,合作营业厅的开设也凝聚了人气,拉动了门市一般图书销售。目前12家移动合作厅每天销售额基本稳定在10万元左右。同时,江西新华于2007年9月成功取得了SP无线服务提供商资质,并于12月接入了江西移动的短信平台。下一步将建立若干特定人群读者数据库,利用短信平台,为读者提供个性化的服务,将服务理念从卖场内延伸到店堂外,同时通过电信增值业务,增加江西新华发行集团的收益。

2007年7月,河北省新华书店集团与河北省内民营通信企业巨头——石家庄市铁大电讯设备有限公司合资组建了河北新华铁大电讯设备股份有限公司，主营业务包括移动电话和通信技术咨询服务等。在省会已有一家旗舰店、20余家连锁店的基础上，在全省11个市级新华书店分别设立分公司，计划用一到两年的时间在149个县级新华书店卖场内，全部开展通信产品销售业务，力争成为省内通信行业龙头。2007年底，公司已在省内10个市、30个县开设手机卖场56家，实现销售收入4136万元。

5．涉足第三方物流

近些年，当新华书店现代化物流中心兴起后，合理利用闲置资源，拓展第三方物流成为一些新华书店的选择。变原来的"半负荷"为"满负荷"运行，不但为物流公司创造经济效益，又避免业务量季节性差异导致的"窝工"现象。

江西新华发行集团大力拓展第三方物流，降低运营成本，逐步将新华物流公司从专业的出版物物流提供商向供应链管理公司转型。2007年1月，江西新华发行集团单独组建江西新华物流有限公司，开展第三方物流业务。

2007年上半年，山东新华书店集团的第三方物流业务量同比增长45.6%。其中济宁新华物流中心是山东济宁市新华书店探索多元发展的一项决策，是济宁市最早开展现代物流集成化管理的第三方物流企业之一，是鲁西南地区最大的家电物流集散中心；年周转各类商品30万吨，价值30多亿元，2007年实现销售收入700余万元。目前，济宁新华物流已和众多家电、食品饮料、医药、电信、汽车、建材等行业的名企建立了长期合作关系。

2006年运作的湖南华瑞物流有限责任公司，筹建初期就确定开展第三方物流业务。它为食品行业的旺旺公司、统一企业，文化出版行业的宏梦银河公司，家电行业的创维公司提供物流服务。2006年，又与DHL公司结成战略合作伙伴，并合作建立宝洁长沙RDC项目。

6. 热建文化 MALL

当前国内书业掀起文化 MALL 建设热潮。在巨大的卖场内,经营者精心构建各种业态,满足消费者一站式购齐的愿望,吸引他们对场所的向往,然后再激发他们的购书冲动,让书业与其他商业良性互动。

江苏大众书局图书连锁有限公司较早提出了"新生活文化 MALL"概念,旗下的南京书城以整个营业面积的 30% 用于多元化经营,支撑了书城 70% 的经营利润。

2006 年 11 月开业的深圳书城中心城,其定位就是以书为主的大型文化 MALL,卖场面积 50%～60% 经营图书。2007 年图书纯零售 8800 多万元,租赁回报基本完成预期计划,整体运营良好,大大超出了预期。

江苏新华发行集团 2008 年 9 月在南京开办了凤凰国际书城,创新地采用了综合经营的模式,除经营图书和相关制品以外,又根据商圈的特点,融合了部分与文化相关的商业领域。

湖南新华打造的大型文化 MALL——麓山国际文化城计划 2009 年底投入使用。总建筑面积 4.5 万平方米,总投资约 2.5 亿元。文化城突破新华书店传统经营局限,组织不同业态、不同内容、不同形式的文化和商业项目,使之在经营业态和经营理念上突破原有大型书城的运作模式。

江西新华发行集团计划购置 46 亩土地、投资 2 亿元,建设全省最大的"文化城",建筑面积约 6.44 万平方米,拟建成集购书、文化艺术品创作、展示及交易、演艺培训诸多功能于一体的"一站式"文化娱乐消费场所。此外,安徽、重庆、云南、宁夏等省级新华书店也在筹建或规划文化 MALL。

7. 实施资本运营

一些新华书店介入资本运营这个高难度的领域,入股优势企业,实施资本运作。江西新华近年涉足资本运营,如以 7% 的股份参股,与亚洲单体最大的香港利奥印刷制品有限公司及江西新华印刷厂共同组建以高档精品彩印业务为主的江西华奥印务有限公司。该公司2007年投产,填补了江西高精彩印业的空白,前景可观。

2007年8月23日,由广西新华书店集团与广西茂功集团共同出资1亿元组建的广西新新华传媒有限公司成立,双方各占公司股份51％和49％。广西新新华传媒有限公司以出版物发行为主,以电子商务、房地产、酒店业及其他相关产业为辅。其主营的广西书城已于2007年底开业。

8. 青睐动漫影视

目前,在北京、上海、广州、深圳等大书城里都设立了动漫图书专柜,销售增长很快,一些新华书店探索开发动漫衍生产品,进而介入动漫影视制作的新兴领域。

2007年初,由上海新华传媒股份有限公司、国家动漫游戏振兴基地和黄浦区新新集团联手打造的面积在3000平方米左右的"上海动漫城"亮相。这是国内新华书店系统首次打造动漫城概念。

河南省新华书店与专业技术公司共同组建的河南天乐动画影视发展有限公司,系河南首家三维动画大型生产企业。河南天乐动画及其自主研发创作的主打产品《独脚乐园》,不仅填补了河南省三维动画产品研发的空白,而且开创了动画产品版权输出的先例。

9. 介入体彩代销

发挥新华书店品牌和卖场资源优势,彩票代销业务是新华多元化的又一新尝试。上海市福利彩票发行中心与上海新华传媒股份有限公司2007年3月签约达成合作,在该市各大书店逐步设立福利彩票的代销网点。2008年,在奥运主题体育彩票"顶呱刮"全国同期上市之际,河北省新华书店集团在全省图书零售卖场设立的190个彩票销售网点也投入运营。他们还计划引入电脑体彩的销售。此外,江西等省新华书店也开始了电脑体育彩票、福利彩票代理销售业务。

当前业内相对一致的观点是：图书发行业是新华书店的主业，是生存发展的基础，做大做强主业是实施多元化发展的前提。做大做强主业与多元化经营，两者相辅相成，并不矛盾。关键是在具体实践中找准主业与多元产业之间的平衡点，最终实现主辅业的统一协调，共同发展。

[链接：中国图书商报 2008.11.18，穆宏志《书业多元化历经沉浮，多业态构筑新主业》]

第31章　听书出版四大基石

德国2007年CD形式听书的销量达到530万张左右,销售额达到7000多万欧元,法兰克福书展上,也设立了专门的听书展台。同年,西蒙&舒斯特的听书下载销售额猛增100%,企鹅集团听书销售额比2006年增长了31%。欧美畅销书的听书产品更是销量惊人,"哈利·波特"系列听书在北美地区售出400万册,《秘密》的听书销量达100多万册。这一连串数字在宣告欧美听书市场迅速崛起的同时,也引发国内出版业者对听书的再次关注。

少年儿童出版社很早就把《十万个为什么》、《上下五千年》等经典产品制作成了听书的形式,机械工业出版社华章分社也在2004年陆续推出了《执行》、《平衡计分卡》、《企业三说》等9种财经类听书。而这一次业界对听书的关注,源自2007年12月以来,爱国者先后与中信出版社、中国盲文出版社和中国出版集团展开合作,推出"爱国者妙笔"形式的听书。

1. 文艺和少儿书更适合听书形式

现代人有越来越多的时间花费在路上,释放手、眼,不让宝贵的时间消耗在堵车、长途旅行和等候飞机的时候,这是听书迅速发展的重要因素。然而并非所有类型的图书都适合以"听"的形式展现。目前市面上的听书主要集中在少儿、英语、文艺、音乐赏析等类别,业者普遍认为,这些是最适合听书形式的。如此看来,掌握内容资源的大众图书出版社应该在听书出版领域更容易有所作为。

中国出版集团战略发展部全冠军表示:"文学作品无疑是听书最理想的选

择之一。除此之外,休闲类图书应该是首选,生活类图书(尤其是烹饪类)、通俗的文史类作品也是不错的选择。人们选择听书的场所很可能是地铁列车、长途旅程、厨房、出租车等,因此听书内容的选择要建立在对听书环境进行充分调查的基础上。"上少社音像室主任郑晓路介绍,该社已经将很多经典故事和儿歌转化成了听书的形式,深受家长和孩子的喜爱。《十万个为什么》自20世纪90年代末推出磁带版听书之后,至今销了几十万盒。机工社华章分社策划部主任王磊介绍,该社之前推出的财经书虽然有些销量过万,但总体而言销售情况一般。她个人认为,小说、散文等文艺类图书更适合做成听书,相对专业的财经书则并不适合,因为财经书的内容更加沉重。

2. 四种听书形式慎重选择

CD是欧美当下最流行的听书形式,数字下载则是发展最快的一种形式。我国目前的听书主要有4种形式,即磁带、CD、数字下载和爱国者"妙笔"。国内出版者普遍认为CD是较为成熟的一种形式,使用磁带的人数量在减少,下载因需要网络、加密技术等方面的支持,操作起来较为复杂,但大家同时也都非常看好数字下载这种方式的未来发展前景。"磁带和CD与数字下载相比已经过时,从性价比上来说毫无优势,并且也不如MP3、手机等便携。"

虽然数字下载被预测为未来听书的主流形式,但目前存在两大问题:第一,一些网站在未取得任何版权许可的情况下,提供听书下载业务,下载之后也没有加密技术进行版权保护;第二,现有防盗版技术形成了一道阻隔在读者与听书产品之间的高墙,限制了听书的广泛传播和市场规模的扩大,但是一旦取消加密等版权保护措施,又会造成盗版听书的大量出现。欧美已经开始尝试不加密听书的销售,希望尝试通过降低定价、不加密等措施,大幅提高数字下载听书的销量。国内也有网站主动找出版社洽谈听书下载业务的版权,上少社就遇到过这样的网站,但郑晓路表示,后台结账的方式不好监管,且版权保护工作也不好进行。她认为出版社可以尝试着自己做,并通过降低售价的办法，让更多的人觉得没有必要费尽周折去拷贝别人的，这样版权的问题也就迎刃而解。

爱国者"妙笔"与上述产品不同之处在于，它采用了技术含量很高的数字水印技术。通过在书中植入肉眼看不到的水印编码，"妙笔"能够通过自身的识别感应器，将这些编码准确地识别出来，并通过一系列运算解码过程，将此编码对应的声音调节并播放出来。目前，这种产品主要通过数码产品的渠道和卖场进行销售，图书只是作为"妙笔"的附带产品出售，没有书号，也不在书店销售，因此也有业者认为这种产品不能算真正意义上的听书。中国出版集团中国对外翻译出版公司副总经理张高里介绍，也可以尝试处理成书配笔的形式，用上书号在书店出售，但市场情况如何尚不好预测。"听书市场目前风险还比较大，前期投入也多，因此与技术提供商合作探索新领域是一种不错的方式。现在爱国者'妙笔'的售价很高，在700元左右，较难普及，但随着技术垄断被打破，产品价格应该能够降下来。"

3. 销售和推广待拓展

听书应该通过什么样的渠道，放在卖场什么区域进行销售，如何进行营销推广，是让出版社觉得不好操作或把握不准的问题。据记者了解，目前听书有附在纸质图书后面进行销售的，也有摆在音像制品区域销售的。如果附在纸质图书后面，可能造成丢失或破损。为此，浙少社叶薇推荐了两个解决问题的办法，根据浙少社的经验，一方面装帧时尽量做牢固，另一方面，有些书店会把CD取下来，读者购买图书之后在款台领取，这样丢失和破损情况就会很少。如果在音像制品区域销售，则难以遇到目标读者，因为前来音像制品专柜购物的读者大多为了购买音乐和电影等产品，他们也往往没有在这里购买听书的意识，这就需要卖场做一些特别推荐，吸引读者的注意。

随着数字下载的发展，欧美一些书店和图书馆已经开辟了数字下载专区，用来租售数字产品，听书就是其中一项重点产品。亚马逊等网站也开辟了网络付费下载听书的形式。亚马逊旗下的数字音频内容提供商 Audible 公司 2008 年 4 月新建一家零售网店 Audibile Kids.com,进军少儿听书下载市场。该公司介绍,少儿图书的听书下载市场发展很快,但这个市场还主要归图书馆所有,新建立的 Audibile Kids 网站将打造不同的小区概念,用户还可以进行评级和推荐。目前,网站实行免费加收费的混合方式,收费图书以 99 美分起价。由于听书市场发展滞后于欧美,因此国内这些业务的发展尚需时日。

欧美听书发展迅速的一个原因,就是各种听书活动丰富多彩。一项调查显示,70%的德国人喜欢参加听书活动,图书馆是听书活动的主要阵地。德国各城市的图书馆经常举办听书会,组织知名人士到现场为听众朗读好的作品,激发人们的读书兴趣,也让读者养成了听书的习惯,为听书的发展准备了土壤。这似乎可以为国内出版销售听书的出版社和书店促进听书的普及和销售提供借鉴。

如何降低听书录制的成本,如何保护听书的版权,如何促进听书的销售,这些都是当前听书出版发展面临的问题。正如仝冠军所总结的:"对国内出版业来说,听书市场有多大,取决于市场竞争者的投入力度,取决于盈利模式的不断创新,取决于法制建设的不断完善,取决于读者消费习惯的培养。"

[链接:中国图书商报 2008.6.27,李雅宁《听书出版四大基石》]

第32章　地方教育社教辅出版收复失地

作为教辅图书出版的专业社,地方教育社从2000年开始就不断面临来自各方面的挑战,由此很多地方教育社都在积极探索新的教辅图书发展道路:品牌建设、与渠道商合作、省外拓展、数字出版——通过这些方式,这个出版群体正焕发着越来越强劲的生命力。

1. 调整期重在转型

对于大多数地方教育社来说,在整个行业进入调整期的时候,对自身产品结构的调整就是转型的要义所在。据湖北教育出版社副社长聂昌慧介绍,该社在这几年间对市场表现良好的教辅图书系列不断完善和优化,同时也停掉了一些表现不佳的产品线。比如该社与湖北省新华书店集团联合打造的"超级考生"系列,其产品由单一的高考备考用书向小学、初中、高中的同步教辅拓展;该社与民营策划机构合作的"非常容易"系列、与四川新华文轩合作推出的"考点课时讲练"系列,都在原有优势品种的基础上进行了产品扩展;而像该社之前的一套测试卷,则因为同类产品过多而出现发行状况举步维艰的局面,出版社就要对这个产品线是否继续存在下去进行重新论证。同样,广西教育出版社近年来也经历着相似的过程。该社总编辑石立民认为,地方教育社群体之所以在面向市场销售的教辅图书出版领域处于弱势,主要还是因为风险防控意识不强。同以前动辄上马包括上百个品种的大项目不同,在非同步类教辅图书的生产规模上,广西教育社采取了稳步扩大的策略,在增加新品的同时也下马了一些效益不好的品种,以增加图书的品种效益。

安徽教育出版社教材编辑部主任何清华认为，地方教育社服务地方教育的职能不应发生变化，因此面向省内系统发行的教辅图书仍将是出版社"安身立命"的基础。从 2006 年开始，安徽教育社也将原来从事非系统发行教辅图书出版的编辑室按照小学、初中、高中学段进行细分，针对专门的市场进行拓展。在何清华看来，中小学教育地域化特征日益明显，地方教育社应该充分利用这个机会发展本版教辅图书的出版。例如，安徽省高考中的语文、数学、英语已经实现自主命题，这就给安徽教育版的高考备考书提高市场占有率提供了非常有利的条件。目前安徽教育版的市场类教辅图书在当地市场表现不俗，"小学 AB 卷"、"初中 AB 卷"、"资源型学案"等产品销售情况都很好。

2. 传统资源的品牌化开发

应该看到，地方教育社同传统的新华发行渠道同为国营企业，双方的合作有着天然的基础，因此不少地方教育社也选择同各省新华书店合作进行产品和渠道的拓展，在这个拓展过程中，合作建立品牌成为一个"标准"思路——湖北教育社的"超级考生"就是一例。聂昌慧介绍说，湖北教育社并不满足于省内的合作拓展，其已经将目光瞄准了外省市场，他们目前正着手开展与陕西省、河北省新华书店系统的合作，将"超级考生"系列改编为地方专版。同时，新华书店省店发行渠道的环节太多，因此湖北教育社在合作方式上采取了由民营书商负责终端、新华书店负责发货的模式，取得了很好的效果。

在江西出版集团总经理助理、江西教育出版社社长傅伟中看来，卖场畅销的教辅图书基本上都形成了一个具有自主知识产权的品牌，如龙门书局的《三点一测》、《走向清华北大》，陕西师大社的《黄冈兵法》，东北师大社的《名师伴读》，陕西教育社的《中学教材全解》，山西教育社的《优学方略》等等。也就是说，如果出版社要发展市场类教辅，树立品牌乃是当务之急。因此，该社同江西新华发行集团整合各自资源全力打造品牌教育类图书"芝麻开花"，并携手进一步共同拓宽营销渠道。通过这种资源整合方式,渠道连锁和品牌的力量都得到了强化：在竞争激烈的高中新课标教辅市场上,赣教版的高中起始年级的配套教辅图书销量马上增加了 5 万套,码洋增加了 1000 万元,占据了省内最大的市场份额,约为 38%。目前,该社正计划向省外拓展,让"芝麻开花"品牌形成全国的燎原之势。

同时,地方教育社多年来也和当地的教育系统形成了很紧密的合作关系。福建教育出版社副社长孙汉生认为,该社之所以能够在本地教辅图书市场仍然保有一定的份额,与其多年来与当地教育系统的紧密合作有很大关系,因此该社在今后的教辅图书市场开拓方面也会继续利用这个优势。广东教育社在新课标教材的出版数量上仅次于人民教育出版社,有 13 科之多,在地方教育社里面排名第一。结合自身的教材出版社优势,该社采取了以"两条腿"走路的发展策略。据该社副社长李朝明介绍,所谓"两条腿"：一是与比较富裕的地市教育主管部门合作,编写适合地方需求的教辅图书；二是挖掘本省的名校资源,和名校合作出书。第一种方式满足的是区域化的需求,可以保证出版社在地方上的市场份额；第二种方式可以为出版社和合作方都带来良好的社会效益,如出版社与广东省试验中学合作编写的"金牌作业本",在地方市场有很高的知名度,同时提升了出版社和学校两者的知名度。

此外,伴随着图书品牌的成长,出版社也应该打造能够渗透到全国市场的发行队伍——地方教育社的本版教辅要走向全国市场,必须要强化自身的发行力量,而这恰恰是地方教育社的一根"软肋"。湖北教育社副社长聂昌慧就表示,他们今后会逐步强化自办发行的力量,以配合本版教辅图书向全国市场迈进的步伐。

3. 机制改革、数字化带来新机遇

出版和发行机制的事业部化管理虽然在大众和专业出版领域已不算新鲜,但是对于不少地方教育社来说仍然是一个新课题。事实上,确实有一些地

方教育社近年在本版教辅图书出版和发行上采取了这种做法。为了配合市场类教辅图书板块的拓展，安徽教育社从2006年开始实行事业部的管理机制试点，并于2007年全面推开。据何清华介绍，所谓的事业部管理就是将原来的营销中心分为几个部门，每个部门都跟特定的编辑室绑定以形成事业部，营销人员的业绩考评与所在事业部的图书销售的增长率挂钩。通过市场调查聂昌慧了解到，9年义务教育教辅图书出版领域处于调整期，书商正在减少。正如同炒股需要"低进高出"一样，目前正是地方教育社"收复失地"的大好时机，而采取更为市场化的管理机制可以加速这一过程。现在湖北教育社正计划在市场类教辅图书出版方面采取由出版社控股、由编辑带项目的股份责任制。

数字出版是整个书业发展的未来，教育出版在数字化时代又是最有赢利前景的一个门类，在这方面，有的地方教育社显然已经看到了进一步发展的可能。在傅伟中看来，推动电子图书产业发展的具体因素主要有：青少年网络阅读和消费习惯的形成；出版社对电子图书销售模式的不断认同以及出版业数字化发展的不断推进；公共图书馆、文化馆、教育系统以及有关行业和企业的数字化的发展；电子图书公司的不断成长和赢利模式的不断创新。2007年初，江西教育社精心打造了教育门户网站——我乐学习网（www.ooloo.com.cn），网站依托江西教育出版社多年的教育资源积累及强大的互联网技术，包括电子学习杂志、在线测试以及网络课程三个部分内容，特别是网络课程改变了传统教学辅导模式——与生涩的文字相比，生动活泼的视频多媒体网络课程显然更加容易吸引学生的注意和兴趣，同学们可自由选择课程学习，反复听反复看反复学。下一步，江西教育社还会继续尝试建立成熟的网站盈利模式，将数字出版作为出版社真正的利润增长点。

[链接：中国图书商报 2008.7.2，王东《地方教育社教辅出版收复失地》]

第33章　公务员考试书市场三足鼎立

随着近几年公务员考试炙手可热,报名人数剧增局面的出现,公务员考试用书市场也呈现了一派繁荣之势。在现阶段公务员考试图书市场上,中国铁道出版社、中国人事出版社、中共党史出版社、中共中央党校出版社、经济日报出版社、京华出版社、中国建材工业出版社等几个版本都有一定的占有率。此外,人民日报出版社、法律出版社、中国人民大学出版社、中国法制出版社等稍晚进入公务员考试用书市场的出版社则积极寻找市场空隙,创建自身特色,发展势头迅猛。在激烈的市场竞争环境中,民营教育公司也涉足公务员教育用书领域,利用多种方式,试图分得一杯羹。

1. 老牌出版社占据半壁江山

据2008年上半年的统计数据显示,现阶段市面上的公务员考试用书的种类大概有四五十种。其中,人事社的市场占有率高达31%,铁道社一年的出版码洋也达5000万元,党史社、中央党校社等早年进入公务员考试市场的出版社也占有可观的市场份额。因此,说老牌出版社占领着公务员考试用书市场的半壁江山毫不为过。

较早进入这个市场的出版社与新进入的出版社相比,品种比较丰富,在编写上拥有较多的教师资源以及丰富的出版经验,这些出版社通过多年的品牌经营也在考生中间建立了良好的口碑。以铁道社为例,早在1998年,铁道社就着手公务员考试用书的出版,至今已有11个年头。最初,铁道社的公务员考试用书是人事部的指定用书,市场竞争的压力不算太大。但近几年,公务员考试用书的出版门槛放低,"指定用书"的优势不复存在,大量其他出版社以及民营书业涌入这块市场,但铁道社依旧在师资、政策方向把握、市场占领上占据着一些优势。像作为丛书编写者之一的周盈教授,曾经担任过3年申论命题组的专家;中国人事科学研究院学术委员会主任朱庆芳教授,也曾参与过国家公务员考试的大政方针的制定。铁道社副总编郭宇认为,这些专家资源对于考试方向上的把握具有非常重要的作用,对考生备战有着具体、实战性的指导。多年来铁道社所出版的公务员考试丛书被考生称为"红皮书"、"黄皮书",已具有相当的权威性。

中央党校社早在2000年末就出版了"国家公务员录用考试教材",教材的权威性是它的一大特色。据该社编辑室主任崔宪涛介绍,从图书的主编确定和每一部分的作者选择,都经过比较严格筛选,这两年出版了原国家人事部副部长张汉夫主编的《2007国家公务员录用考试规范教材》,原国家人事部副部长程连昌主编的《2008地方公务员录用考试辅导教材》和《2009国家机关公务员录用考试教材》,这几套教材因其具体的作者由原国家人事部公务员考试专家、国家行政学院、中央党校等专家编写,具有毋庸置疑的权威性。

人事社介入公务员考试用书出版也有多年历史,现每年出版包括《行政职业能力测验》、《申论》、《公共基础知识》、《面试》等书在内的一系列11种图书,还针对公安机关录用人民警察考试推出了6个品种的图书。从市场情况来看,在人事社推出的所有相关公务员考试图书中,销售最好的还是《行政职业能力测验》、《申论》、《公共基础知识》、《面试》等这4种从早年就开始出版的图书,年销量约为30000~45000册,其他的试卷及习题类型的图书在临近考试时销量也很可观。

老牌出版社在固有的资源面前并没有盲目乐观,止步不前。激烈的市场竞争使他们深知不进行内容更新,不增加增值服务,已经打下来的江山就很容易失去。因此,在内容资源的细分整合、发行渠道的创新上也做了不少努力。各个老牌出版社依旧在不断修订已在市场上获得良好口碑的品牌图书。此外,铁道社最近正在着手进行的个人网校建设也是一些出版社开展增值服务的一个模式。

2. 新晋出版社发展势头迅猛

虽然老牌出版社在公务员考试用书市场内占有的市场份额较大,但一些新进入这个市场的出版社其发展势头也不容小觑。人大社于2005年涉足公务员考试用书市场,在短短的两三年内,取得了明显的发展。据该社编辑李国庆认为,公务员考试用书市场虽然现阶段图书种类比较多,但其中质量高并赚取丰厚利润的图书并不多,因此,重要的是以考生的需求为中心,加强图书质量建设。他们不仅请了具有多年公务员考试培训经验的教授执笔,而且在考题研究方面也下了一定的工夫,制定出相对细致独特的解题思路,同时在内容上也进行了合理的布局。虽然一年一两万册的销量并不算特别突出,但对于一个刚进入这个市场的出版社来说,这个成绩却比较亮眼。

人民日报出版社进入公务员考试用书的市场也不久,但在刚进入市场的2005年却占据了此类图书销售排行榜的第10名,2007年上升为第7名。该社编辑钱玉香介绍说,他们当初进入这个领域非常谨慎,花了一段时间研究这类图书的市场占有率,以及找寻进入这个市场的适当空隙,同时在书稿的审校过程中非常严格。据介绍,与人民日报社进行合作的是在公务员考试领域培训方面有一定影响的"中公网",他们是书稿的提供方。中公教育图书部主管彭华娟谈到他们的书稿来源于培训班的课堂讲义,与当时市面上的同类图书相比,更注重从学生的角度出发,"这套书以历年的真题为基础,开发了一些对学生来说比较实用的解题方法。"在时间上更注重即时性,紧跟大纲的改变,"当发现大纲有注重法律的趋势,我们马上就出了增强考生法律基本知识的丛书。"

经济日报出版社是在2007年进军公务员考试用书市场的。据该社市场部陶云飞介绍,在进军图书市场之前,出版社进行了详细的调研,然后奠定了自己的特色,主要在于实战性、针对性、全面性的结合。让广大考生在短时间内掌握公务员考试的精髓,而正是充分考虑到大多数考生复习时间不足而给考生的速成法宝。因此,虽然出的数量并不多,一版5000册,但退货率却极低,给经济日报社进军公务员考试用书领域注入了一针强心剂。

3．民营机构携手出版社比拼增值服务

在公务员考试用书市场里,还发现这么一个现象,除了少数老牌出版社,例如人事社完全是以出版社的力量完成整个图书的出版发行外,一些新进入这一市场的出版社大多以跟民营教育公司合作的方式联合制作图书,并推出多种方式的增值服务。例如人民日报社和经济日报社分别是与中公教育和北京广通文化传播有限公司联合进行图书策划,民营教育公司负责提供书稿,出版社进行严格审校。北京广通文化传播有限公司总经理游浩谈到,广通文化传播有限公司一直做网站培训,获得了市场的认可,并具有一定的品牌效应。但同时也发现网络培训有一定的限制,比如网络本身技术问题及其在偏远地区的不普及性等,致使公司无端漏掉了一部分市场,而这个市场则可以用图书来弥补。此外,基于公司网络培训的口碑,一些消费者提出了相应的要求。"所以,我感觉我们进军图书市场完全是水到渠成的事情"。因为有网站、培训机构平台,因此,这些联合推出的图书就带有一定的增值服务。例如经济日报社和广通文化传播有限公司合作的图书,带有百元面值的学习卡,拥有学习卡的读者可以上指定网站获取一些网站提供的学习服务等。

除了一些已有多年公务员培训经验的民营公司在图书出版方面带有增值服务外,一些多年前涉足公务员考试用书的老牌出版社也逐步发展自身的图书增值服务。党史社和"中国公务员考试网"合作,在其出版的图书中附带一定面额的学习卡,拥有这个学习卡的读者可以上网提出自己在学习中遇到的问题,进行在线答疑。此外,每本图书还配有一张光盘,这张光盘包含书的精华浓缩,还有一些更加深入的名词解释。党史社副总编冯世平认为这些增值

服务是双向的:"对出版社来说,读者和网站对于书的内容的互动,有助于出版社搜集读者意见,在修订时进行及时的更新。"铁道社也在打造自己的网站,逐步完善"个人网校"等增值服务,不仅在网站上对学生进行一对一的辅导,而且,也在编写能够让学生自己出题的软件。建材社的公务员考试则依托网站进行培训,取得了良好的效果。

[链接:中国图书商报 2008.6.20,王晨《公务员考试书市场三足鼎立》]

第34章　海内外同期出版模式渐兴

从产品到模式——这是中国出版企业在"走出去"的探索与实践中所实现的转变。这种转变引发了深层次的国际合作,它使中国出版业更加适应世界出版环境,更能够符合国际化读者的需求,而其最直接的一个作用就是为产品赢取了国际化的生产和推广平台,为"走出去"提供了一个更为快速而便捷的"绿色通道"。以高等教育出版社、清华大学出版社等为代表的一批出版单位采取同海外出版社合作的方式,直接制作符合海外需求的图书或相关产品,取得了比较好的效果。近年来,一些出版社更进一步采取海内外同期出版的模式,例如,辽宁科技出版社着手外向型出版,其经济效益和社会影响力更为显著,并因此得到了越来越多出版同行的认同。在2008年年初的北京图书订货会上,中国旅游出版社、中国人民大学出版社也表示计划以这种模式进行相关图书的策划出版。

从2004年开始到现在,辽宁科技出版社已经实现了从单一引进转变为规模型输出,从过去单一的版权贸易转变为目前的多元化出口,形式包括成品书出口、贴牌出口、来题加工、共版合作等,其中国内外同时操作的模式尤其值得称道。具体来说,国内外同时操作图书又包括两种情况:一是国内外共同策划,即在图书策划的最初阶段,与国外出版商或外籍作者一同进行选题策划,在选题确定之后,几种文字的版本同时印刷出版。这类图书出版后,国外合作方会选取部分成品书进行销售,同时国内也能销售一部分。辽宁科技社采取这种操作方式已出版的图书有《法国酒店设计》、《法国商店设计》等。二是国外出题及来题委托。国外出题,即在与国外出版商深入讨论、确定中外市场之后，采取国内出版、国内外发行的方式。该社的《购物袋设计精选》、《东方图案》等书按照这种方式出版后，受到了国内外读者的认同。来题委托则是外商根据国际图书市场的需求热点确定选题，委托辽宁科技社进行国内组稿、翻译、设计并印刷成书，之前德国一家出版社委托该社制作的《上海酷餐厅》就是一个很好的例子。

辽宁科技社社长兼总编辑宋纯智认为，在设计类图书的需求上，海内外读者的需求没有什么不同，因此可以采取中外文图书同时出版的模式。同时，由于国内同类图书的制作和印刷成本要远远低于国外，中文版和外文版同期制作、同步印刷可以大量节省图书成本，以这种方式制作出来的图书具有很强的竞争优势。此外，国内有丰富的选题资源，全世界80%的著名建筑事务所在中国均设有分支机构或代表处，而且中式风格已经逐渐成为世界设计师们喜爱的时尚元素之一——辽宁科技出版社以此建立了一种独特的版权贸易形式，同德国、法国、意大利、西班牙、新加坡、韩国等国家的十几家出版社建立了合作关系。

在2008年年初的北京图书订货会上，中国人民大学出版社社长贺耀敏透露，该社准备采取海内外同期出版的模式进军国际出版市场。该社国际合作室主任刘光宇介绍说，如果工作进展顺利，第一批产品将亮相2009年法兰克福书展。被问及这个项目的渊源，刘光宇谈到了2007年《帝国掠影——英国使团画家笔下的中国》一书的出版：该书在策划过程中就将繁体字版权卖给了香港中华书局，而对方为降低图书成本，要求繁体字版同简体字版一道在中国内地印刷。这本书目前在香港取得了不错的销量，第一次印刷的2000册已基本售罄。人大社的新项目将目光瞄准海外市场，积极尝试以海外组稿、海内外同时出版的形式进行人文社科类图书的出版——具体来说就是在海外寻找合适的作者直接组稿，成书则以英文版和中文版两种形式同时发行。

在图书品种的选择上，从最早的学术期刊、理工科技类、建筑设计类等语言难度不大的图书开始，"走出去"的图书在内容上逐步显示出深入性和大众化的趋向。之前比较有代表性的大宗输出项目基本上都以专业出版为突破口,比如清华大学出版社与德国斯普林格出版社合作,邀请海内外作者直接用英文撰写学术著作和高端教材,科目主要集中在理工科技领域。一批新出炉的项目则越来越偏向于大众以及人文社科领域,比如,中国旅游出版社的"淘宝中国"瞄准大众读者,人大社的新项目则计划选取跟当代中国有关的题目,以外国学者看中国的角度进行图书内容的创作。谈及制作这类图书是否有难度这一问题,负责该项目的刘光宇认为,虽然人文社科类图书并非人大社的强项,但挖掘作者资源并不是难题,海外有很多专门研究中国某一具体领域的学者,他们也非常希望将自己的研究成果在中国出版,比如该社已经联系到专门研究中国人口问题的学者、专门研究奥运会的学者等,他们的课题相信同样可以引起中国读者的兴趣。

　　进行海内外同期出版,人才建设和部门建设是关键。在这方面,辽宁科技社专门成立国际图书出版中心,并且特聘两位德国籍的专业编辑以及一名法国编辑,让"洋员工"为中国出版社"打工",夯实持续发展的基础。刘光宇也认为,外文版人文社科图书的出版更需要专门人才进行内容把关,审稿队伍的建设非常重要。她希望在项目运转良好的基础上逐步增加人手,建立专门的审稿队伍。

　　[链接:中国图书商报2008.2.29,王东《海内外同期出版模式渐兴,内容深入性和大众化趋势凸显》]

第35章　专业龙头社探寻大众化之路

2008年春北京图书订货会上，一向专注于专业出版的化学工业出版社大举涉足大众出版，将触角延伸至大众健康、时尚生活、科普板块。至此，专业龙头社中坚守"主业唯一"的最后一家社自破"堡垒"。

继20世纪90年代机械工业出版社、中国轻工业出版社迈出探索大众出版的脚步后，一批专业龙头社近年都不同程度地加强了大众化拓展力度。如石油工业出版社单独组建了社会图书出版中心，几年下来，只占全社人数1/4的编辑力量贡献了近半的利润；中国铁道出版社占图书品种50%的专业书，利润率已比3年前的80%下降了10个百分点，而这块正好是大众书的成长空间；中国纺织出版社在美术、经管、励志、生活、青少年教育市场开展多领域经营；中国电力出版社有限公司在计算机、少儿科普、外语培训板块施展拳脚；中国水利水电出版社将读者服务范围由科技人员扩大到出国人员、外语学习者、经营管理者等，均小有成效。

1．"做大做强"挑战"做专做精"

为何一向沉心做专业书的龙头社纷纷在大众市场小试牛刀，是生存困境抑或扩张野心？机工社副社长陈海娟的一席话或许代表了不少专业社的心声，"原有领域受市场冲击加大或增长乏力，越来越希望突破专业限制开拓新领域，以分解风险，找寻更大的发展空间。'做大做强'是基础，'做精做专'是提升。所谓'大'是规模，是品牌；'强'是实力，是利润；'精'是品质，是效率；'专'是特色，是优化。"

电力社董事长兼总经理宗健也认为,出版社多元化拓展的方向,应是在利用自身优势资源的基础上,对原有专业领域进行延伸,对与传统专业优势相近和交叉领域进行拓展。

而 2007 年 5 月在全国科技社社长总编年会上抛出"做大做强谁为先"话题的纺织社社长李陵申,在接受记者采访时重申了自己的见解:纺织社的拓展很大程度上是被环境所迫。"中国的纺织行业无疑是劳动密集型产业,高规格的员工培训、技术培训在民营占绝对主力的经营者眼中,不一定是一个必然选项,一些先进设备的引进可替代许多人力的投资。"因此寻找新的增长点是必然选择。身处资金密集、技术密集型行业的石油工业社也表现出了强烈的市场突围愿望,该社总编辑张镇称,看似庞大的 160 万职工分解到石油行业的各个门类,人数非常有限,一般的石油科技书印数都在 2000～3000 册,增长空间很小。

另外,受访者大多坦言,在"买方市场"、"渠道为王"的今天,如果没有一定的产品规模,书店和读者对出版社难以形成足够的认知,出版社容易失去渠道话语权,生存空间被挤占。于是,很多社都选择做"大众书"以顺应市场的要求。中国宇航出版社社长兼总编辑邓宁丰表示,航空航天技术出版面比较窄,鲜有机会在渠道露面,久而久之,就会变得默默无闻。铁道社和水利水电社则认为,专业龙头社大多积累起了各自的资源,随着出版范围的放开,向专业外拓展也是资源强化和厚积薄发的理性行为。而李陵申则认为,很多情况下,出版社对传统专业出版细分和扩大投资时,其边际效益是递减的,若新拓展的板块能显著提高出版社的竞争优势和资源的综合利用率,又何乐而不为呢?

据记者了解,面对"做大做强"还是"做专做精"这个问题时,业内的普遍共识是专业出版是本源,在专业做精的基础上,延伸大众板块,为专业出版谋得更多机会。那么,专业社在主业上是否已经达到了精深的水平?化学工业出版社副社长张婉如认为,国内的专业出版远未达到"一里深、一寸宽"的水准,这与客观上产业信息化等因素以及主观拓展力度都有直接关系。因此,"国内的专业出版还大有可为,但这与开拓大众市场并无矛盾,反而可以锻炼队伍,强化市场意识"。

2. 关联发展取舍有道

在李陵申的头脑中,业务关联是专业社大众扩展的核心所在。他提到几个关键词:市场关联、技术关联和生产关联。所谓市场关联是指新辟领域以及新旧领域之间在渠道上的相关性;技术关联则好比纺织服装向美术领域的过度,是交叉、边缘学科之间的延伸和渗透;生产关联则更多来源于生产环节上的优良协同效应。

张镇表示,石油工业社做大众书起步晚的原因是一直在寻找与大众需求的结合点,他们的尴尬在于"人们关注油价的上涨,但绝不会研究汽油的构成成分",单纯从选题资源角度找关联实在不容易。后来转变思路,从出版社服务的专业人群着手找关联,将配有学校、医院的各大油田看作是一个个小社会。"我们从这些'小社会'入手,掌握他们的需求,并借助专业渠道,开始拓展经贸英语、经管图书,前者满足石油从业人员对外交流的需要,后者满足石油企业发展的需要",以此打开局面并逐步向"大社会"拓展,向主渠道渗透,从经贸英语延伸到留学英语培训图书,从经济管理类向企业文化、青少年励志类拓展。

渠道关联使铁道社副总编辑郭宇显得更加志在必得。随着铁道运输环境大幅改善,特别是以白天运行为主的动车开通,使铁道社酝酿十几年的铁路图书终于瓜熟蒂落。该社已将旅游类图书纳入新开拓板块,《旅伴》杂志已经发行8万册,还将出版《中国铁路地理》、《中国历史文化名城》等站车图书系列。

相比综合性出版社,很多专业社做"大众书"还是新兵,轻工业社社长杨西京对此表示,在拓展大众领域的时候,不能抱有"短期赚一把的心态",要有长远的战略规划和定位。该社根据长远目标,在内部组织结构上搭好框架,采取专业化分工和内涵式裂变发展的方式,从雏形开始向做专做精深入,形成一定规模后实行裂变,在组织结构上独立。如,轻工社饮食板块已经十分成熟,但其他的生活书领域有的还没有完全成长起来,就在综合编辑部进行培育,成熟后裂变发展,裂变后的部门随之也将会拥有更多的权限和自由度。

  1998年前后水利水电社进入旅游书市场,该社副总编黄会明介绍说,进入旅游板块前他们经过了精心的长远规划,当时出国游图书市场竞争较弱,所以以引进国外权威旅游图书作为起点,目前已初具规模。他还强调说,专业社在拓展新领域时不能忘记自己耕耘多年的专业,不能没有"根据地",该社的选题策略是"4+X","4"代表要力保的水利水电、电力电气、土木建筑和信息技术这4个精耕细作的领域;"X"代表可能拓展的方向。

  邓宁丰则认为,大众书拓展的规模一定要与出版社自身能力相适应,有进有退,有所为有所不为,在进入时要做系统的分析、调研,有试水的胆量,更要有抗风险的能力,失败的时候及时做出调整。谈到以前曾尝试过的儿童教育、司法考试、计算机板块,他表示,虽然"司考"系列也曾风光一时,但作为转型中的专业社需要有长线眼光,拼短线比不过大社,在渠道中也难以形成深刻印象;而在资源的关联度上无法承接的儿童教育、计算机板块也果断放弃了。目前,该社主攻白领外语和百姓创业两板块已经能创造5000万的销售码洋。"对于一个新生板块来说,能创下3000万码洋的业绩才有进一步提升的空间,进而形成一个独具特色的板块。"邓宁丰这样评估新板块潜力。

[链接:中国图书商报2008.4.4,孙珏《专业龙头社探寻大众化之路》]

第36章 职场书'08逆势发力,'09持续走强

2008年,职场书在图书市场整体疲软的大背景下逆市走强。这不得不"归功"于全球金融风暴下愈演愈烈的裁员、降薪风波,让每一个职场人士如履薄冰,也让他们把目光更多地投向职场类图书。

1. 品种持续走强,热销势头不减

从动销品种看,机械工业出版社职场书第一梯队的地位至今无人撼动。2008年该社经管分社虽只有七八种职场类新书,但加上2003年开始出版的某些经典品种,大约共有30种在销。《你在为谁工作》从2005年上市以来,保持每年20多万的销量,累计已售出百万册;《工作就是责任》2007年底面市以来,销量达20多万册;《你的工资从哪里来》也成为2008年新的团购书明星。紧随其后的北京大学出版社、中国人民大学出版社、清华大学出版社、中国青年出版社凭借其品牌影响力和单品市场占有率挤进第二梯队。北大社在"职场迷津"、"商战小说"、"职场心理"、培训书市场均有延展,推出了《自慢》、《无欲之争——我所领悟的至关重要的原则》、《猎头局中局1》、《享受拒绝》和《我这样做HR经理》、《工作让你幸福吗?》等品种;人大社湛庐文化公司2008年出版的职场类书有十余种,其中《进了外企再学英语》、《论浑人》、《绿茶》、《做你同事真要命》、《请克林顿吃饭》表现不俗。《进了外企再学英语》出版不到4个月的时间已销售过万。清华大学社借之前的《基金经理》、《圈子圈套》和《圈套玄机》形成的良好口碑,继续发力推出了程序员小说——《无以言退》以及关注学生群的《决战大学生就业》、《大学创业第一步》。中青社中青文编辑室主

任韩文静表示，2008年该社职场书虽然没有上太多的品种，但仍有经典的职场书稳居排行榜前列，像2003年就上市的《高效能人士的七个习惯》、《发现你的职业优势》以及2007年上市的姊妹篇，品种虽不多，但码洋贡献率还比较可观。

除以上出版社外，新华出版社、南海出版社、学林出版社、中国社会科学出版社等不下50家出版社都涉足其中，"求职"、"责任"、"忠诚"、"心态"、"谋略"更是成为热门书名的关键词。中青社等2009年也蓄势待发加入其中。

无论从感官还是从数据分析上看，2008年无疑是一个"职场小说"年。陕西师范大学出版社出版的《杜拉拉升职记》一直从2007年年头红到年尾，2008年年初的《浮沉》也是紧随其后。行业小说也突显集中爆发的势头，继清华大学社《无以言退》后，人民邮电出版社也推出了《疯狂的程序员》，讲述IT职场的故事。北大社则于2007年10月份推出了中国第一部猎头商战小说《猎头局中局》，该书出版仅2个多月就战绩喜人。而此前的《基金经理》、《圈子圈套》系列等也仍在排行榜上逗留。有业内人士认为，职场小说的火热是可以理解的。小说能让人有身临其境的感觉，容易引起人们的共鸣，同时又能学到和悟出一些职场中显形的知识和隐形的规则。

改革开放30年，很多企业家在一阵猛跑后，取得了傲人的成绩。但2008年，中国一批一线有影响力的企业家，不可挽回地陨落了。在企业社会责任这个命题上，无数中国人误读了其中的深刻含义。"很多企业家都将企业责任有意无意地等同于公益捐赠。而大多数企业今后会重新思考这个命题，他们急需一种可以流传下来的精神文化。"机工社经管分社社长谢小梅预测今后的企业文化培训书将大有空间。

此外，金融危机下的职场，"新人"如何求职、就业、创业，"老人"如何生存再度成为聚焦的话题。清华大学社第五事业部经管部主任张立红预计，2009年指导就业的高水平图书以及职场解压、情绪管理类图书会很有市场。而让人欣喜的是，2008年以来，有不少为大学生量身打造的职业书面市，并受到学生追捧。那么,2009年的职场书可不可以不"成功"呢?

2. 职业规划从大学开始

金融风暴席卷全球,中国实体经济遭遇了巨大的冲击。中国高校近十年连续扩招,大学生人数迅速增长,经济发展放缓使2008年大学生就业形势空前严峻。南方日报出版社市场部主任何灿认为,大学生普遍对自身处境不了解,对未来恐惧,对半社会状态的压迫感缺乏应对。基于以上分析,该社于2005年9月策划出版了大学生类系列读物,《读大学,究竟读什么》,至今已经发行23万多册。何灿表示,2009年年初该社至少还将推出两种关于大学生出路、大学生核心竞争力等与职业规划相关的图书。涵盖"从学校到社会,应该具备什么样的素质","如何去锻造自己应具备的素质,这种素质如何上升为核心竞争力"以及"关于公民意识,关于全球化,关于普世价值",等等。同样,中国财政经济出版社2008年也趁势推出了《我的大学,我做主》,至今出库量1.1万册左右。该社市场部潘飞表示,大学生职业规划的选题2009年还会跟进。

张立红之所以看好大学生市场,是因为觉得"这类图书目前拼凑的比较多,专业指导教师非常缺乏,很有必要将专业的经验整理出版,使更多的学生受益"。为此,清华大学社赶在2009年年前推出了《决战大学生就业》,作者王伯庆是美国从事16年就业指导的专家,发现国内就业现状堪忧后迅速回国,专职从事就业指导。目前,他的教育博客中有关"80后"的博文,引起了不少学生及其家长的共鸣。

说到《赢在南方——中国南方人才市场就业指导手册》,广东科学技术出版社副社长应中伟笑着向记者透露,该书作者唐坤炎正被人"挖角"。"他是中国南方人才市场一线的工作人员,写的书很具实操性。"而该书的销售也是借助于南方人才市场设置的大学城服务中心,为大学生就业创业提供"一站式"服务的机会进行销售,从而直接与学生群体对接。

记者从多家出版社了解到,2009年大家将在此处集中发力,很有可能出现一个"创业书"的井喷期。中国经济出版社市场部负责人苗小玲就称,该社2009年1月推出六本"创业"集子:《自主创业》、《我要创业》、《牛根生谈创业》、《马云谈创业》、《俞敏洪谈创业》、《史玉柱谈创业》。而清华大学社在2008年年底尝试出版《大学创业第一步》后,2009年还会推出一套有关大学生创业的图书,作者都是国内的资深专家。

一直以来,大学生被认为是什么图书均可读的群体,专门策划给这个群体读的图书少之又少。即使有,也大多是拒人于千里之外的说教式面孔读物。可以说,大学生除了四六级辅导书之外,几乎没有关于自身处境及出路的书可看。目前,有些读物将社会上流行的成功学观点,改编为大学生读物,力图将大学生变为一个亢奋的盲目逐利的群体,这种做法的确值得商榷。

3. 职场生存关键词:快乐、职业化、励志

2008年职场生存图书最大的变化是:将"执行"挤兑到了一边,开始有了"快乐"、"幸福"的元素。另外,企业作为一个科学管理的空间,被赋予了更多职业化的色彩。

谢小梅认为,"人性化管理"的起源与就业群体年龄层的更替不无关系。"80后"正在作为新鲜血液不断注入企业体内。《没有任何借口》、《执行力》等书中强硬的管理方式在某种程度上并不适合个性鲜明的"80后"。中国纺织出版社综合图书二部策划编辑林少波对此也表示认同,洗脑式理念书的"威力"会逐渐弱化,加上员工经过一段时间的职场历练,会有自己的辨识能力,自我意识开始觉醒。因此,快乐工作、幸福工作会被越来越多的人接受。原北大社时代光华公司推广部负责人喻涛介绍,2008年该社策划的系列图书不乏通过轻松的故事阐述枯燥理念与方法的,为的是让读者与书中虚拟的主人公一起应对和解决共同的问题。目前此系列出了《享受拒绝》和《我这样做HR经理》,分别讲述了一个销售新人的成长传奇和一个HR经理的成长手记。韩文静坦言,中青社已经问世几年的《高效能人士的七个习惯》之所以2008年仍

盘踞卓越网排行榜的前30位,很大程度上是因为书中说的是"平衡生活"和"幸福生活"的理念,并不是程式化的内容。

关于"职业化"建设的书2008年也已陆续跟进,并表现出强劲的市场潜力。机工社在继2007年出版《职业化团队(基业长青的源动力)》后,2008年又推出了《职业化员工必修的10堂课》、《金牌习惯:职业化培训手册》、《秩序之美:职业化员工情操修炼》等。北大社的《第一步:新员工职业化六大关键》以及金城出版社的《职业化:纵横职场第一准则》也都表现不错。但综观职场书畅销榜单,发现"职业化"的产品更新并不快,很多还是四年前出版的品种。以往与这类书完全不沾边的湖北辞书出版社似乎也看到了其中的市场空间,在2008年年底果断推出了《绝对优势——职业化员工修炼手册》。林少波在2005年写过一本《最佳员工生存手册》,该书曾跻身北京图书大厦的排行榜前十位。而今转做幕后的他对这个市场的把握更为冷静。"2009年职场书的变化会比较明显,就业要调整心态,职场人更加注重自我的修炼。尤其是'职业化'会被强调。"他认为,"职业化"是一种科学的工作方法,对于企业和员工都是必要的,不是盲目服从,而是双向选择。

如果2008年上半年图书市场还在指导公司人怎么去找老板"加薪水"、"升职",那么下半年很明显的改变是,裁员降薪恐慌开始蔓延。人大社湛庐文化公司副总编张晓卿认为,每年的职场环境都会有所变化。这就要求出版方根据就业大环境和职场人的迫切需求来设计选题。面临严峻的形势,对于每位职场人和正在苦苦寻觅职业机会的人来说,除了需要具备过硬的专业技能,更重要的是良好的职业素养以及如何保持积极、平和的心态。该社2009年初将推出央视主播芮成钢首部作品《30而励》。张晓卿很推崇其中"强大,靠的是实力;伟大,靠的是胸怀"的观点。张立红也预计,2009年准备在职场励志上有所拓展的将不在少数。

[链接:中国图书商报2009.1.6,孙珏《职场书'08逆势发力,'09持续走强》]

第37章 年度营销趋势关键词

综观2008年的书业营销,营销人在"平稳"中寻求"突破",这一年的营销少了夸耀的话题,多了一些脚踏实地的操作,在尝试对新书发布会、签名售书、图书评论等众多常规营销方式进行转基因突破中——2008书业营销不完全关键词能有哪些呢?

播:"叠加效应",传播效果倍增

关键词:公益营销

2008年因"5·12"汶川大地震,使书业的公益活动与往年有了截然不同的内涵,从浙江少儿社的卖一本捐一本,到中国美术出版总社的公益拍卖活动,无一不体现书业人士的爱心。其中"文轩·中国图书商报绿丝带赈灾图书漂流"活动是值得关注的营销个案。6月12日在震后一个月的纪念日,四川新华文轩与中国图书商报共同策划、组织、实施了这一全国联动大型公益活动。截至7月下旬,活动已经有成都、重庆、西安、深圳、上海、杭州、郑州等七个城市参加,共有19326人加入活动,总共从全国捐集到漂流图书35430种、60125册,钢笔1万支,书包5000个,音像制品1000余件,共收集到爱心留言25211条,在北川、什邡、绵竹、崇州及都江堰等特重灾区建立"心灵驿站 爱心书屋"12间,杨红樱、魏明伦等一大批科学家、作家、名人及奥运火炬手对此次活动大力声援;新华社等数十家中央及地方媒体,新浪网、中国网、中国中央人民政府网、搜狐网等大型门户网站对此次活动新闻进行了大量转载。

活动宣传需要做广告,意味着大量的资金投入,但这个活动却告诉营销人,正确的活动设计与媒体渠道选择,可以在节约投入的同时,获得更好的传播效果。电台、大众纸媒、专业纸媒和大型门户网站,使各个方向的受众均能接触到活动信息,形成了媒体的"叠加效应",传播效果成倍增加。可以这样说,公益营销活动只有最大可能地借助媒体之力,才能产生最大的效力。

赛:一场没有输家的竞技

关键词:比赛评奖营销

2008年,外研社的营销活动可谓赛事频繁,卡通形象创意大赛、美食翻译大赛——"翻"就有大奖、"斑斓阅读杯"英语模仿大赛、"外研社杯"安徽第三届大学生日语演讲比赛、"朗文当代英语辞典有奖问答"活动、"朗文当代"杯"我与新概念英语的故事"征文等等。无独有偶,百花文艺出版社在2008年再次与澳门基金会、澳门特别行政区政府驻北京办事处联合举办,《澳门日报》协办了第三届"我心中的澳门"全球华文散文大赛;广州出版社、广州开心图书发行有限公司举办了首届"迪克猫"杯中小学生原创作文大赛。

以前出版社针对读者的营销,大多集中在媒体宣传与促销活动上,对于图书这一个性化产品,这些营销宣传举措难免有"无的放矢"和"视觉疲劳"之嫌。如何才能有效寻到目标读者,并与之形成有效互动呢?能为读者带来形式更新颖、互动性更强、趣味性更高的比赛营销形式脱颖而出。从外研社的比赛主题来看,每届都精心设计,目的性极强。"尽管比赛的成绩有高有低,每年的冠军也只能有一个,但全部的参赛选手都是赢家。"一位书业的市场总监这样解读为何想设计比赛活动。比如举办一次征文大赛活动,社会受益、个人实现价值、企业获利,是一场多方共赢的竞技。由此形成的品牌价值,比起相对空洞的概念宣传有效得多。

创:造型营销创意夺眼球

关键词:奥运营销

奥运会对营销来说是难得的机会,按照奥运营销的运作规律,越是临近奥运开幕,企业需要集中投入更多的传播和营销费用。随着2008年北京奥运会的临近,书店营销策划人的烦恼也随之而生,奥运标识与口号不能使用,活动主题不能提及"奥运",借势营销难,奥运营销做还是不做?书店人士坦言,奥运图书新品种不多制约了大面积营销活动的开展,所以卖场营造奥运氛围成为书店奥运营销的重头戏。8月,青海西宁大什字新华书店举办了一场码堆造型比赛,"火炬"造型吸引了众多读者的目光。北京王府井书店推出了每日金牌图片榜、青岛书城巧妙地用书腰码堆造出了奥运会标。2008年国庆前夕石家庄新华书店的码堆造型"鸟巢",再加上昆明新知图书城的奥运活动——虽是简单的展销,但用五环色设计给店堂氛围增色不少,并且设计了2008元图书大奖(红色)现场抽奖活动,给活动增加了参与度与刺激性,这些都取得了不错的效果。

变:假日变化营销跟进

关键词:假日营销

2008年中国的法定假日发生了变化,清明、端午、中秋、重阳节日成为了法定节假日,当还在讨论这些小节日是否能为书店营销所利用时,清明节销售的增长使得书店对小节日营销开始重视。杭州庆春路购书中心朱恒认为,4月份尤其是小长假期间很多都市人都会选择外出旅游,是旅游的旺季,而随后该购书中心以"我们的台湾"为主题进行旅游类图书的展销活动,成效显著。

6月,端午节,恰逢全国统一高考日,此时书店营销准备已经非常充分,以北京图书大厦为例,大厦特在一层西侧设立了"端午节——中国传统文化图书展",集中展示了百余种民俗文化、民间艺术等民族韵味图书,其中华夏出版社《老北京的传说》、中华书局《马未都说收藏》等图书受到了读者的追捧,假日三天销售额达到了470万元,与2007年同期相比增长了8.4%。

假日营销是书店营销的重点,双休日也没有被忽视,9月份江苏新华推出双休书市的概念,把每周末零散举行的营销活动进行有机整合,有系统、有理念地呈现给读者。苏州新华书店总经理助理景高认为,现在节假销售基本占到书店全年销售的一半以上,而双休日是书店扩大销售的黄金时机。

定:特定内容还需纸介质

关键词：会刊营销

进入2008，纸价高涨，新媒体风行，可是书业人士还是坚信纸质会刊资料是一种有效有利的营销方式。这一理念在渠道表现特别明显，比如广州购书中心一直坚持出版的《悦章》、《书香》，又比如逆势诞生的高教社《学人》，北京发行集团的《新书讯》，南京大众书局的《大众好读》等等。谈及会刊资料营销方式的存在原因和优势，《新书讯》执行总策划赵旭的理由最为直接：单从和网络的优势对比来说，人们会在很多时候不方便带一个笔记本电脑，但带一本会刊资料还是很方便的事。

大众书局最终决定做纸质会刊资料的原因有四：首先，纸质会刊资料是公司品牌形象的组成部分，希望借此形式能达到塑造企业形象、传播品牌文化的目的。其次，纸质会刊资料作为营销推广和广告宣传的重要渠道，可直接为公司营销服务。第三，纸质会刊资料也是发展和维护大众书局会员的重要手段之一。第四，书局还在上海、江苏、南京等城市近百家文化艺术、休闲娱乐、餐饮类场所和银行理财室设立《大众好读》发行点，希望从一定程度上起到宣传品牌、发展会员的目的。可以看出，大众书局希望借助会刊平台，在整合会员资源同时，整合进其他业态的资源。

类似的还有试读本营销。此种方式在2008年有愈演愈烈之势，读者在书店可以免费取看试读本，试读本的广告语、重点章节选择是否有足够的煽动力，已成为其是否能成功的关键。

嵌：将业外广告巧妙嵌入图书

关键词：嵌入式营销

出版业开始运用嵌入式营销方式，并能将其他产品或品牌成功地与书融合在一起，是最近两年的事情。中信出版社曾推出过一本被业内人士戏称为"广告书"的《超级美白全书》，书中采用了大量玉兰油产品的图片，这应该是书业运用嵌入式营销的开端。但业内人士分析，该书的嵌入式营销做得并不巧妙，有点过犹不及的感觉。

2008年，中华书局在推出旅游书《299美金飞遍东南亚》《699美金飞遍新东欧》时，以"买书送机票"作为营销重点。记者发现，读者如果要通过买书获得机票，则需要登录作者建立的兆瑞环球网，在上面输入每本书唯一的编码才能获得。为此，出版社在书封、扉页等处醒目标注了兆瑞环球网的网址。记者了解到，这两本书已分别发货4万册左右。据资深营销专家分析，这一案例可以算得上是图书营销中嵌入式营销的经典案例。出版社与作者的网站都分别从事件中获利，出版社借助网站提供的帮助极大地促销了图书，并获得了媒体的关注。兆瑞环球网则做了一次无形的推广，在媒体上的曝光率也大为增加。

整：书店、报刊发行渠道整合推介图书

关键词：整合渠道营销

2008年7月，辽宁人民出版社推出《王刚讲故事》一书之初，就将书店渠道和期刊发行渠道整合起来营销，让两个渠道都作为图书的主销售渠道。在发行之前，出版社就与期刊代理商进行了充分交流，为了让该书适应期刊渠道销售，出版社对图书进行了大胆的设计：图书开本为24开，采用了类似于杂志的设计风格，比如版式分两栏，适合分段阅读；封面以暖色为主，图书定价为10元等等。这样，不管是图书的设计、版式还是定价对期刊主要消费群体都能产生一定的吸引力。最终，出版社在渠道整合营销上花费的一番苦心没有白费，图书推出半个月后，销量就达4500册，其中，期刊渠道销售3000册。

除了出版社自己研究渠道销售特征，将书店渠道与其他渠道整合起来营销外，一些报刊如《中华养生保健》《健康时报》《国家地理》《今古传奇·武侠》等还自发地将图书销售作为期刊的一项主营业务，在报刊上刊登图书推荐，建立读者俱乐部，甚至还会定期赠送购书礼品等。但他们同时也透露，尽管报刊的图书邮购业务日益红火，但大部分出版社并没有将报刊作为一个新兴的图书销售渠道，甚少提供销售、营销上的支持，目前他们销售的图书通常也是从图书批发市场采购而来。报刊方也提到，如果有出版社的支持，报刊借助本身的媒体平台来营销图书往往也能起到事半功倍的效果。如《吴若石新足部健康法》一书的出版方2008年在推出图书时,就关注到了通过杂志进行图书销售的方式,报刊方通过专题策划,并为杂志上销售的每本书配置了出版方提供的按摩棒进行促销,使得该书销量一时大增。

整合渠道进行营销,抑或将成为图书营销的一个长远趋势。

冲:用直观的视觉冲击吸引消费者

关键词:视频营销

何谓视频营销?就是利用视频画面配以音乐和解说,对产品优势或企业实力进行介绍的一种营销方式。2008年1月,《百家讲坛》主讲人之一王立群的新作《王立群读〈史记〉之项羽》的新闻发布会首次通过视频,借助腾讯大渝网的QQ直播平台,面向全国进行全程现场直播,将王立群、重庆出版集团的领导、编辑和全国各地读者、媒体连结起来,读者只要点击相关网页,即可以"游客"身份进入这次新闻发布会的直播现场。进入网页后,左侧为现场文字直播区域,右侧为现场视频直播区域。在线网友可以通过发送文字的形式向现场嘉宾提出问题。该次发布会得到了广大网友的大力支持,直到发布会结束,还有很多问题王立群没有来得及回答。重庆出版集团市场营销部工作人员表示,以后他们还将以类似的方式,充分发挥现代通讯设施的作用。

在网络书店销售中,也能看到视频营销的踪迹。例如在卓越网的《克里希那穆提传》这本书的销售页面上,就可以看到译者胡因梦向读者推荐这本书的一段视频。据介绍,对于一些在卓越网销售比较好的图书,卓越网都会联系其出版方,要求提供图书介绍视频,让读者更直观地了解图书,以达到提升图书销售的目的。随着科技的发展,实体书店的装备也要"鸟枪换炮",购买液晶、等离子电视的书店越来越多,这无疑使视频营销有了大显身手之处。

论:论坛引导消费推广阅读

关键词:论坛营销

在图书上市之前在相关论坛进行造势,已经成为众多出版人的首选。论坛营销最重要的三部分是:论坛选择与分析、帖子准备、论坛控制。论坛的性质决定了其客户群体,客户群体决定了广告安排。营销内容包括栏目选择,发帖分析等多项内容。一个论坛肯定不止一个栏目,选择栏目的重要性不仅在于不被封贴,更在于与相关目标客户的体验度。例如美容美食的图书会选择在时尚资讯板块发布相关信息,引发网友讨论,而职场小说则会选择职场天地这样的板块。发帖的选择时机也十分重要。例如小说《浮沉》选择在2007年9月微软大中华区前总裁陈永正突然辞职的3天后,在天涯社区职场天地发布,因小说开头与陈永正离职事件惊人相似,而故事背景恰恰又是IT行业,顿时网友纷纷猜测作者真实身份,一时间跟帖者众多,当即成为热帖。

论坛营销并不是简单的发帖子,帖子内容也很讲究,包括主帖、跟帖、事件帖三个部分。主帖,即主题帖,就是要在论坛里说什么事情,要事先准备。回帖,即是补充观点,把主帖没有说出来或者没办法说的东西补上去,好让人们看个明白。要做好有人提刁钻问题或者蓄意捣乱的准备,同时要控制发帖的时间和话题的转向,对每个进入栏目的人,要对他们的回帖内容进行控制。另外要特别注意帖子话题的转换,有时候出版商甚至会故意制造一些关于图书的负面评价作为跟帖,这样就更能激起网友讨论的热情。

除了虚拟网络论坛之外,现实中的论坛也成为出版社推广图书、推广阅读的重要手段。2008年11月,21世纪出版社举行了"第二届二十一世纪中国儿童阅读推广人论坛",来自海峡两岸教育界、出版界、理论界、创作界的著名儿童阅读研究专家、推广人,就"文字儿童文学作品的阅读和推广"、"教师如何开展儿童阅读作品生动讲述"、"亲子阅读的方法"等问题举行了高峰论坛,并从专家、校园、家庭不同层面介绍、展示了儿童阅读推广的最新研究成果。这样的论坛看似对图书销售没有直接的推动作用,却让更多的人意识到阅读的重要性。近年来,这类论坛的举办日益频繁,一些出版社也逐渐认识到论坛营销的重要性。

[链接:中国图书商报2008.12.12、2008.12.26,邹昱琴、钱秀中、刘志英《盘点2008营销走势》]

第38章　社办期刊走在上市路口

集团要上市了,自己分管的这部分期刊业务会不会被纳入上市资产,钟立飞心里一直没底。他只是听说,集团的上市计划中有把期刊业务整合进去的想法;最近,他从证监会对上市公司的一些规定中了解到,期刊在上市中政策限制会比较小。在钟立飞看来,集团要让期刊上市的决心似乎已坚定了。

钟立飞的这种心声基本上代表了许多出版集团社办期刊主管们的真实写照。他的身份是克莱博(CLUB)体育文化传媒中心总裁兼总编辑,该中心是江西出版集团下属的二级法人单位,成立于2005年,是一家集体育与文化媒体出版与经营的综合性媒体中心。目前拥有《足球俱乐部》等五刊和一个体育综合网站——克莱博体育网(www.klbty.com)。

股改上市是江西出版集团2008年的工作中心,集团党委书记、董事长钟健华在一次内部工作会议上明确提出了"争取股改上市"的发展目标。上市日期已经迫近。

1. 整合资源胜于资本输血

上市将首先在财力上对出版集团的期刊发展带来足够的资金支持。对于期刊业务上市之利弊,钟立飞心里已经有了一杆秤。毫无疑问,通过上市的资本运作,期刊能获得更多的资金输血,可以有效缓解目前大多数期刊"小本经营"的发展压力。在现有的市场环境下,期刊媒体尤其是中小期刊生存压力逐渐加重,办刊的门槛越来越高,资本力量的优势也更加明显。用"大制作"来形容现在的新刊运作并不为过。从这个意义上来说,上市将首先在财力上对出版集团的期刊发展带来足够的资金支持。

除了钱,社办期刊对上市更大的"期待"在于体制突破。钟立飞说,"上市之后,期刊出版将更加充分地进行市场化运作,这一变化更大的意义在于解决社办期刊发展中与市场对接的长期难题。"除了资本力量之外,钟立飞认为,上市之后,有望促使期刊能按照现代企业制度进行改革,公司运营方式、财务方式等会有所突破和改进。

钟立飞表示,当前江西出版集团并不是缺少资金来投资期刊,而是在认识上不能确定投入期刊能取得什么样的较快回报,真正成为出版主业中的新兴力量。"上市并不是社办期刊唯一的选择。"相对于上市,钟立飞认为,进行期刊资源的集团化、集约化整合反倒更加实在。因为集团下属的20多种期刊,品种多但单个期刊力量都很薄弱。这20多种期刊基本上都属于中小期刊,缺乏一个强有力的品牌充当"排头兵"。依靠正确的方式进行期刊资源整合也许是更加实际而且势在必行的选择。

2. 上市考验期刊产业链

从期刊产业自身发展来说,这最严重的问题是产业链太短,这直接制约着期刊的盈利能力。早在2007年年底,关于湖北日报传媒集团借壳ST国药上市的计划就已对外公布,由于国药科技遭遇债权纠纷,湖北日报传媒集团极有可能寻找其他路径上市,原定于2008年第三季度上市的计划肯定要延期。

作为湖北日报传媒集团第一期刊品牌,《特别关注》得到了重点"关照",在集团上市发展规划中,湖北日报传媒集团明确提出,"力争《特别关注》上半年(2008)突破300万份,打造'中国期刊发行量第二大刊'"。

谈到上市,《特别关注》社长朱玉祥似乎更加冷静,多年经济记者的经历让他更喜欢从经济角度来谈上市。他认为,中国传媒产业对于上市的心理准备还不充分。如果说上市涉及的最核心问题是资本市场,但传媒产业的本质发展却不是缺钱的问题。

"我们必须清楚,上市的目的不是圈钱,因为传媒产业并不是一个以资本为纽带的产业。关键是上市之后资本如何升值,想去做什么?能去做什么?"朱玉祥提出,中国上市公司发展中出现的很多问题,出版传媒企业上市中也会面对,因此,做好准备是必需的。

当被记者问到,能否通过上市延伸《特别关注》杂志产业链时,朱玉祥说,"这就涉及你上市圈了钱之后怎么花的问题。但是,中国的传媒产业资源并不是完全放开的,所以你会面临钱花不出去的难题。""建立一个完全、完整的产业链和有效的治理结构对社办期刊而言更为迫切。"朱玉祥认为,从期刊产业自身发展来说,最严重的问题是产业链太短,这直接制约着期刊的盈利能力。中国没有对期刊业依赖性很强的产业,期刊业对资金的密集型要求也不高。上市公司必须解决一些重要问题如市盈利率等,然而,事实上,出版传媒产业的市盈利率并不高。

"上市其实离我们还很远",这是社办期刊普遍的心态。

3．社办期刊地位尴尬

利润贡献率低是许多社办期刊的发展症结。在出版、传媒集团的上市大潮中,社办期刊的角色其实是比较尴尬的,其根本在于社办期刊在各大集团的地位和利润贡献率都不高。

在排队上市的大潮中,凤凰出版传媒集团的实力非常雄厚,2008 年的预期销售收入突破 100 亿。但在这个庞大的销售数字中,期刊的贡献率极低。谈到上市,作为集团下属刊物的《译林》杂志社社长张遇透露,"据说,在 2008 年年初召开的集团工作会议上,领导在谈到上市时提到过期刊业务。"但是,张遇也承认,从出版集团的层面上来说,对于期刊业务如何发展还没有一个明确而详细的认识。杂志社与集团之间还隔着出版社,出版社在集团里的走向决定着杂志的走向。

就凤凰出版传媒集团下属期刊来说,在全国影响力最大的当属《译林》,然而,"也就是在文学期刊领域,《译林》还不错",其他刊物如《祝您健康》、《少年文艺》、《东方娃娃》、《钓鱼》等,基本都是小众、专业性较强的杂志。即便是整合集团期刊资源,也面临着重重困难,每家社办期刊在各自所属出版社的地位不同,不能"一刀切",所以整合难度非常大。利润贡献率低是许多社办期刊的发展症结。在《上海证券报》对安徽出版集团进行的发行后股本结构分析表明,期刊业务所占股本比例不超过2%,这种情况在各大出版集团比较有代表性。

另外,值得一提的是,从2007年各大出版传媒集团的收支情况来看,"副业"的贡献率还比较高。据悉,在凤凰出版传媒集团,房地产、金融等领域的资本运营为集团带来的收入颇丰。江西出版集团2007年的利润产值大约2.7亿,在股市、房市通过资本运作斩获了大约9000万,占到1/3。

在出版集团的"功劳簿"上,"主业"与"副业"的关系有点像"一般图书"与"教辅图书"的关系。"不知道集团上市是想通过资本运作延伸产业链,在书报刊等出版传媒产业上做大,还是要向更多的业外领域延伸?"钟立飞对此很困惑,因为不同的选择将会对集团旗下的期刊带来不同的命运。

[链接:中国图书商报2008.6.6,马雪芬《社办期刊走在上市路口》]

第39章　刊业年度最佳表现

细数中国期刊2008一年的表现,诸多可圈可点之处着实令人感慨:国内期刊运作推广手法正加速成熟,办刊理念也日趋老练。不论新刊老刊,不论版权合作刊物或者本土原创期刊,告别粗放式经营,开始有目标、有手段地集约化生产,使得它们中的一些佼佼者以不同的方式成就了各自在2008年的成功。

《中国图书商报·中国传媒周刊》推举的"2008刊业年度最佳表现"榜单构成来自不同的领域,时尚杂志、新闻财经类杂志、生活类杂志,甚至文摘类杂志都是我们所关注的对象。

1. 2008最具综合实力期刊

《三联生活周刊》

上榜理由:广告、发行、品牌、原创力、影响力并举。

《三联生活周刊》毫无疑问已经成为国内原创杂志的佼佼者。2008年,在雪灾、地震、金融风暴等重大事件的报道上,它总能表现出独特的角度和独有的见解。对于政治敏感话题,《三联生活周刊》能在把握报道尺寸的同时呈现更多的问题层面,从而也在读者中营造了一种值得期待的氛围,每有重大新闻,大家总要去看看《三联生活周刊》是如何报道的。到目前为止,《三联生活周刊》大概是少有的将时事、政治、经济、科技、时尚、文化、娱乐等元素融为一体,并且能"炒"出美味大菜的杂志媒体。

2. 2008 成长最快高码洋期刊

《VOGUE 服饰与美容》

上榜理由：三年内实现广告和发行快速成长，跃居同类期刊排头兵。

创刊仅三年，零售市场表现和广告收入均呈现飞速发展，成为高码洋女性杂志市场的一匹"黑马"。出生大牌的优良血统无疑是这本杂志成功的关键因素，但持续而精致的内容才是其在市场立于不败之地的法宝。如果说2006年，读者对这本杂志还有些陌生感，2007年还有些距离感，但2008年已经渐渐培养了自己的一批忠实读者。杂志内容不管是从选题角度、文字表现还是从版面视觉方面来说，都有着极其精致的面孔，阅读起来很有愉悦感，深受都市白领女性喜爱。在开元策略所做的零售监测数据中，《VOGUE 服饰与美容》表现不俗。在纸媒发展的同时，《VOGUE 服饰与美容》投入很大精力做网站。作为一本新刊，《VOGUE 服饰与美容》也十分注重品牌拓展，在纪念改革开放30年之际，于2008年12月联合《人民画报》举办"红色时尚盛典"主题图片展，颇受好评。

3. 2008 最具社会责任感期刊

瑞丽杂志社

上榜理由：在援助"5·12"汶川地震灾民方面表现突出。

在2008年四川汶川发生特大地震之后，《瑞丽》杂志社迅速成立"救助汶川孤儿"工作小组，并以最快的速度在第一时间内捐出首笔100万元赈灾款，在业内起到了带头作用。此后，《瑞丽》杂志编辑部又紧急邀请著名心理学专家组织编写印制出版了10万册"震后青少年心理辅导手册"捐赠地震灾区。在此基础上，2008年年底，《瑞丽》杂志又联合中国扶贫基金会成立"瑞丽阳光基金"，正式启动了一项专门救助弱势儿童的慈善项目，这是《瑞丽》救助地震灾区孤儿工作的延续和深化。以上行动充分体现了《瑞丽》作为一个负责任的企业公民，投身社会公益事业的美好愿景。媒体作为一个平台，往往聚集了更多的媒体、客户、社会机构和有识之士等优势资源，借助这些资源优势开展慈善事业可以起到很好的示范作用和放大效应。

4．2008成长最快期刊网站

财经网（Caijing.com.cn）

上榜理由：融资讯、故事、专访、报告于一身，国内首个实时更新的期刊网站。

2008年，《财经》杂志迎来了自己的10岁生日，作为生日大礼，财经网全面改版，内容更加丰富，并加入了诸多Web2.0元素，加入视频。在汶川大地震的报道中做到实时报道，并推出英文版，刊登各种财经领域的分析报告。除网站外，推出Newsletter和RSS订阅，作为国内最具阅读价值的财经网也同样获得了较高的关注度。在Alex网站排名每周都有不小增幅。中国图书商报在2007年所做的"2007年度刊业最佳表现"中财经网站上榜，财经网2008年再次荣登本榜单，重要原因在于财经网在2008年继续提升了功能。

5．2008最具创新价值新刊

《第一财经周刊》

上榜理由：以公司人为主要阅读群的新兴财经杂志，策划和设计能力较强。

作为第一财经系的嫡系产品，创刊于2008年2月份的《第一财经周刊》出手便不凡，以最快的出版频率压过其他财经刊物。《第一财经周刊》定位财经领域，但选择以公司人为主要诉求对象，呈现职场人士的酸甜苦辣。因此，与严肃而宏观的其他财经类杂志相比，《第一财经周刊》多了一些亲切感。封面故事均能抓住普通大众关注的企业，并能以独特视角报道重大新闻。值得评价的是，《第一财经周刊》从封面设计到内页编排很好地体现了一个新锐媒体创新价值。尽管有人认为其封面模仿国外某知名创意类杂志，但这似乎并不能抹杀其在产品结构方面的大胆探索。借助"第一财经"系电视、报纸等优势营销资源,《第一财经周刊》得以在短短10个月之内确立其市场地位。

《家人》

上榜理由:以政经视角关注婚姻家庭,围绕家庭问题做新闻、做观念、做故事。

创刊于2008年5月,由商界传媒公司全情打造。同样是婚姻家庭类杂志,《家人》则规避了婚姻家庭中的那些所谓的"黑暗"层面,而是采取正面引导的角度,引导更多的人正视家庭矛盾、解决家庭矛盾。在产品定位上,以5元全彩印刷杂志实现较好的性价比,以超常规发行手段快速占领市场,均体现了一种成熟风范。同时,《家人》杂志采用网站和杂志同步发展模式,目前,还有计划在《家人》的网站增加在线视频咨询服务。同时,还积极投身研发家庭问题方面的网络游戏,充分利用现有的编辑团队创作内容的强项,与游戏公司一起合作,真正实现寓教于乐。

[链接:中国图书商报2009.1.2,马雪芬、李鹏《刊业年度最佳表现》]

第五编 年度书业数据调查分析

第40章 历史性检阅的数据化解读

2008年2月27日举行颁奖典礼的首届中国出版政府奖是原有的22个全国性出版评奖活动的整合，是出版界的最高奖项。正如新闻出版总署署长柳斌杰所说，首届中国出版政府奖代表政府的庄严信誉，对行业、文化界和社会将产生重要影响，是一个民族文化积累、知识创新、文明传承的一件大事。可以说，首届中国出版政府奖既是对我国出版业的一次历史性纪录，又是对整个出版行业的一次全方位检阅。

1. 8类图书凸显主旋律，科技、社科比重过半

图书奖是中国出版政府奖各子项奖中的重要奖项，参评单位多、涉及面广，参评图书数量大、品种多、题材丰富。全国578家出版社中，有447家出版社报送了1235种图书参评，涉及社会科学、科学技术、文学、艺术等8大类56个细类，充分反映了我国出版行业的勃勃生机。在专家学者评委们的精心评选下，180种图书脱颖而出，其中，60种图书获中国出版政府奖图书奖，120种图书获中国出版政府奖图书提名奖。

这些图书中，科学技术和社会科学类所占比重最大，在8大类180种获选图书中的比例超过50%；文学和艺术类均有6种图书获奖、15种图书获提名；辞书、古籍、民族、少儿类各有4种图书获奖，少儿类有9种图书获提名，所占比例略高于其他3类。

从获选图书看，既有反映重大革命历史题材和领袖人物的《毛泽东传》、《邓小平》、《长征》，又有具有重要思想价值、科学价值或者文化艺术价值的"中

国思想家评传丛书"、《超级杂交稻研究》、《江南丝竹音乐大成(共2卷)》等图书;既有弘扬中华优秀传统文化的《梅兰芳访美京剧图谱(画册)》、《中国传统器具设计研究》,又有贴近实际、贴近生活、贴近群众的《中国农民工调研报告》、《农民科普丛书》。不但凸显主旋律,体现出时代特征和要求,还反映了近年来出版界围绕构建社会主义核心价值体系开展工作所取得的成果,起到了示范和导向作用。

2. 少儿精品原创汇集,史学题材数量突出

"原创"是出版活力之源、繁荣之源。突出原创特色是获选图书的另一特征。据统计,在60种获奖图书中,原创作品达18种,占30%;120种获提名奖图书中,原创作品达43种,占35.83%。不但原创图书精品比例可观,而且涉及门类较多。社科、文学相对于科技类获奖图书,原创图书的比例更高。文学类获提名图书的原创图书与科技类的数量相同,都为9种。辞书类获提名的《古人名字解诂》和古籍类获提名的《出土夷族史料辑考》也都为原创性作品。

值得一提的是,少儿类获奖及获提名的原创图书比例最高。4种获奖图书中有2种是原创;9种获提名奖图书中原创图书达8种。曹文轩、杨红樱、金波等作家榜上有名。提倡原创也必将促进出版者多出版原创图书、作者多创作原创图书的良好景象。

除此之外,史学题材的图书数量突出,尤其是专题史类图书在各社科、文学、艺术等类别中比重较大。社科类图书中,16种获奖图书有5种为史学题材,如黄山书社出版的《中葡关系史(1513~1999)(上、中、下)》、浙江古籍出版社出版的《中国印刷史(增订版)(上、下)》、苏州大学出版社出版的《中国丝绸通史》等;46种获提名图书有11种为史学题材,如吉林教育出版社出版的《中国修辞史(共3卷)》、人民出版社出版的《中国学术通史(共6卷)》等。除此之外,科技类的《中国古代园林史(上、下)》、文学类的《20世纪外国文学史(共5

卷)》,民族类的《维吾尔文学史(维吾尔文版)(共 4 卷)》(提名奖),艺术类的《中国印章艺术史(上、下)》(提名奖)等图书也是优中选优的史学类题材的作品。这些图书对于传播、积累科学技术和文化知识,促进经济发展和社会进步有较大贡献,体现了"业内最高奖"的专业水准。

3. 中央社实力雄厚,地方社更显活力

根据《首届中国出版政府奖实施细则》第 6 条:推荐图书以出版社为单位,每社的总数不得超过 3 种。也就是说,每个出版社推荐的图书总数不能超过 3 种,且全国 447 家出版社报送的 1235 种参评图书中,只有 180 种图书能够获选,正所谓优中选优。这 180 种图书由 182 家出版社推荐(浙江人民美术出版社、贵州民族出版社分别与其他出版社共同出版、推荐图书)。在这些出版社中,部分出版社展现出了强大的出版实力。

这 6 家出版社中,商务印书馆的辞书、科学出版社的科技类以及民族出版社的民族类图书不但具有良好的品牌知名度,且在行业内具有强大的竞争优势。这 3 家出版社推荐的 3 种图书均入选图书奖,且有 2 种图书获奖,1 种图书获提名。上海古籍出版社、上海科学技术出版社、安徽教育出版社推荐的 3 种图书同样均入选图书奖,其中 1 种图书获奖,2 种图书获提名(获奖图书《全宋文(共 360 册)》由安徽教育出版社与上海辞书出版社共同出版)。这 3 家出版社都是地方社,且入选图书跨 2~3 个类别。

除此之外,中国社会科学出版社、中央文献出版社、湖南文艺出版社、凤凰出版社推荐的 2 种图书获奖(获奖图书《20 世纪外国文学史(共 5 卷)》由凤凰出版社与译林出版社共同出版);人民出版社、人民文学出版社、中国人民大学出版社、中华书局、江苏少年儿童出版社、上海书画出版社、天津科学技术出版社、文化艺术出版社、新疆人民出版社均有 1 种图书获奖,1 种图书获得提名;北京十月文艺出版社、法律出版社、复旦大学出版社、河北美术出版社、湖南人民出版社、华中科技大学出版社、江西美术出版社、军事科学

出版社、山东教育出版社、西藏人民出版社、中国工人出版社、中国农业出版社、四川民族出版社(获提名奖图书《滇川黔桂彝文字集(彝文版)》为云南民族出版社、四川民族出版社、贵州民族出版社共同出版)推荐的2种图书获得提名。

447家参加评选的出版社中,32家出版社有1种以上获奖或提名奖。其中,18家为地方出版社,比重为56.25%(见图40.1)。可以看出,地方出版活跃、出版物质量上乘是本届中国出版政府奖的一大亮点。

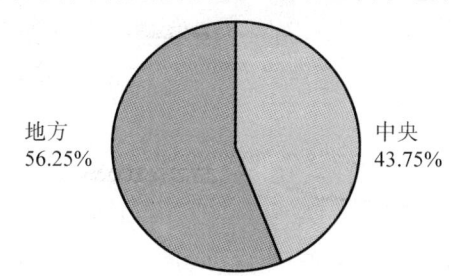

图40.1 图书奖获奖(获提名)图书1种以上中央、地方出版社比例

地方 56.25%　　中央 43.75%

4. 北京稳居出版中心,集团优势逐渐显露

按地域划分,获得本届中国出版政府奖图书奖的182家出版社来自25个省、自治区、直辖市。从入选图书数量(获奖和提名奖)来看,北京是全国优秀图书出版的大本营,长三角地区呈现出版集群的态势。据统计分析,北京、上海、江苏、湖南、山东是入选图书比例最高的前5个地区。其中,北京地区的出版社有26种图书获奖、48种图书获提名;上海地区有7种图书获奖、12种图书获提名;江苏有8种图书获奖、2种图书获提名;湖南和山东分别则以3种获奖、5种获提名和2种获奖、6种获提名列第4、5位(见图40.2)。

浙江、安徽入选图书总数达7种;湖北有6种图书(1种获奖、5种获提名)入选;河北、江西则以5种(1种获奖、4种获提名)位列其后;河南、吉林、天津入选图书为4种(1种获奖、3种获提名)。广东、广西、贵州、黑龙江、内蒙古、

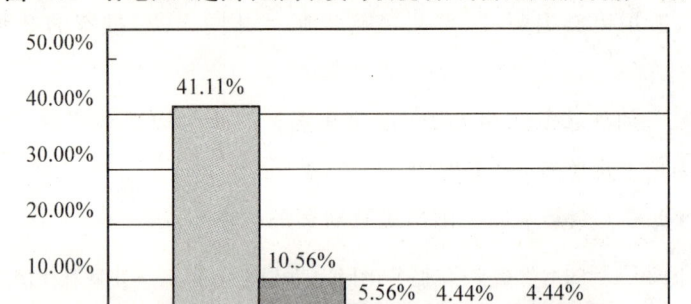

山西各有 1 种图书入选。

图 40.2　各地区入选图书(图书奖与获提名)所占比例排名(前 5 名)

地区	比例
北京	41.11%
上海	10.56%
江苏	5.56%
湖南	4.44%
山东	4.44%

随着各地区集团化发展步伐的加快,集团出版体制改革的深化,通过获得图书奖及提名奖的地区情况分析,也可反映出当地出版集团的发展情况。如凤凰出版传媒集团有限公司成立以来,一直强调以内容创新为抓手,出精品树品牌。本次评选中,集团下属的凤凰出版社、江苏美术出版社、江苏少年儿童出版社、江苏文艺出版社、译林出版社、江苏科学技术出版社均有获奖或获提名的图书。江苏少年儿童出版社还有 2 种图书入选。除此之外,上海世纪出版股份有限公司旗下的 7 家出版社均有图书奖项纳入囊中,特别是上海古籍出版社和上海科学技术出版社均入选 3 种图书,体现了集团的整体实力。可以看出,入选图书较多的地区,其地方出版集团也具有较强的竞争力,如浙江出版联合集团、湖南出版投资控股集团、安徽出版集团、山东出版集团等,这些地方出版集团无论在资产规模、销售收入等经济指标,还是在挺拔主业、可持续发展方面都渐渐与一些出版集团拉开距离。

中国出版政府奖目前共设 6 个子项奖,其中有 100 个出版物奖、50 个先进出版单位奖和 50 个优秀出版人物奖,评奖范围涵盖出版行业全部出版物形态。出版物奖中包括图书奖 60 个,音像制品、电子出版物、网络出版物奖 20

个,印刷复制奖 10 个,装帧设计奖 10 个。本文着重分析了 60 个图书奖和 120 个提名奖。值得一提的是,由王伯敏主编、山东美术出版社和浙江人民美术出版社出版、深圳华新彩印制版有限公司印刷的《黄宾虹全集》独得图书奖和印刷复制奖两项大奖。人民卫生出版社囊括出版物奖(图书奖、装帧设计奖、音像电子网络奖提名奖)、先进出版单位奖、优秀出版人物奖 3 大类 5 个奖项;人民军医出版社获得出版奖(图书奖、音像电子网络奖提名奖)、先进出版单位奖 2 大类 4 个奖项。这些获奖出版物、出版单位代表了当前出版行业发展的领先水平,获奖的优秀出版人物也基本集中了当前我国出版业各类优秀人才的代表。

首届中国政府出版奖在对我国出版业的历史性纪录和全方位检阅的同时,也成为激励和带动出版市场繁荣发展的一种有效手段。在推动出版单位多出好书,引领广大读者多读好书的一种有效手段的同时,必将有力地促进出版事业的发展进步。

[链接:中国图书商报 2008.2.26,马莹《首届中国出版政府奖:历史性检阅的数据化解读》]

第41章　中国电子图书发展趋势报告

为了推动中国电子图书行业的发展,为了使社会更加了解和关注中国电子图书行业,中国图书商报社联合读吧网于2007年发布第一次《中国电子图书发展趋势报告》,并将报告内容整合为《电子图书前景看好》一文(见中国图书商报2007年7月17日1版)。2008年4月,2007版《中国电子图书发展趋势报告》又新鲜出炉,以翔实的数据和理性的分析全面透视了2007年中国电子图书市场现状和发展趋势。数据截止日期为2007年12月31日;数据来源为书生·读吧网历年的业务统计、CNNIC、GOOGLE、百度、新浪的有关数据,以及书生读吧对有关电子图书市场、网站等进行的调查。

1. 观察:电子图书之凸显亮点

电子图书市场稳步扩容

截至2007年底,我国电子图书总量为66万种,2007年新增电子图书13万种,比2006年增长24.5%,仍然保持强劲的增长势头。2007年,我国电子图书交易册数4300万册,实现销售收入1.69亿元,分别比2006年增长了13.16%和14%。可以看出,与纸质图书的增长平缓形成鲜明对比的是,电子图书以其数字化特征正在成为我国图书出版业的新宠。2002~2007年,纸质图书销售册数基本停滞,甚至下降,码洋略有增长;而同期电子图书的品种、交易册数和销售额都保持高速上升的态势(见图41.1)。2003~2007年,我国电子图书交易册数平均增幅达25.45%,销售额平均增幅达 24.21%。

文学类电子书一枝独秀

按学科划分电子图书,由各类别所占比例可知,科技类和社科类图书共占电子图书的一半以上(见表 41.1),成为电子图书市场的主角。从 2006 年和 2007 年各类图书所占比例可以看出,社科类和科技类电子图书的比例均有近 2%的减少。在专业类电子图书市场份额缩小的情况下,文学类电子书显示了强劲的增长趋势,从 2006 年度 12.4%上涨到 2007 年的 15.9%。2007 年,电子图书市场和传统图书市场共同的热点是股票类、百家讲坛等类图书。与传统图书市场不同的是,玄幻小说持续成为近年来网络流行小说中的热点,而纸质图书相对少见。究其原因,有业内人士认为,该类图书的特点是想象丰富、情节刺激,人物刻画相对来说简单,符合中国多数网民的年龄特点和口味,而股票类、百家讲坛类的图书主要是现实世界股票热和百家讲坛电视热的影响。因此,这几类图书市场表现比较突出。

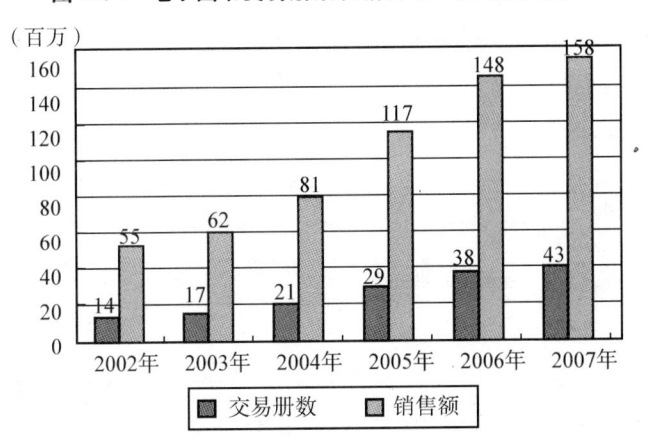

图 41.1　电子图书交易册数和销售额年度增长态势

年份	交易册数(百万)	销售额(百万)
2002年	14	55
2003年	17	62
2004年	21	81
2005年	29	117
2006年	38	148
2007年	43	158

表 41.1 电子图书内容分布比例

类别	2006 年	2007 年
社科	21.3%	19.10%
科技	35.9%	33.10%
文学	12.4%	15.90%
教育	15.7%	15.80%
其他	14.5%	16.10%

手机阅读涨势迅猛

在移动中阅读电子图书有两种方式,一种是通过手机阅读,另一种是通过手持式阅读终端阅读。随着技术的不断进步以及成本的降低,移动阅读将成为电子图书阅读的重要形式。2007年,手机的话费、价格持续下降,大屏幕、智能手机的进一步普及使其性能、功能、上网速度、容量、普及量不断上升,手机阅读将越来越普遍。

手机阅读人数和所占比例有明显增长,电子读书手机阅读的销售收入从2006年的300万增长到2007年的650万,所占比例从2006年的2.0%增长到2007年的3.84%(见图41.2)。

由于手机阅读用户身份易于确认,付款方便,可以预计手机阅读的产值和份额亦将持续扩大。

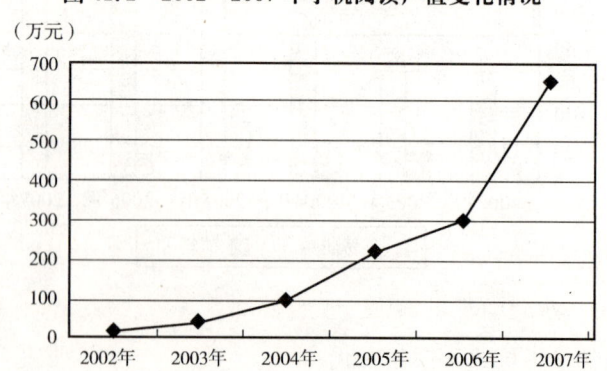

图 41.2　2002~2007 年手机阅读产值变化情况

从电子图书阅读终端的变化情况也可以看出,以手机为阅读终端的电子图书比例从 2006 年的 2.7% 增长到 2007 年的 5.9%,增长率超过 100%。使用专用手持式终端阅读的人数比例持续下滑,从 0.8% 降至 0.4%,使用其他阅读终端阅读的比例上升,如 PSP、MP4 等,从 0.1% 增长到 0.3%(见表 41.2)。

表 41.2　按类别划分的电子图书阅读终端比例

阅读终端	2006 年	2007 年
PC 机	92.1%	86.9%
笔计本	4.3%	6.5%
手机	2.7%	5.9%
专用手持式阅读终端	0.8%	0.4%
其他	0.1%	0.3%

从 2006~2007 年电子图书阅读场所比例的变化情况来看,行进中的阅读比例从 1.3% 增长到 2.6%,而在公司和网吧进行阅读则为负增长。这预示着越来越多的用户已经逐步养成在上下班、差旅公共运输工具上使用手机进行阅读的习惯。

电子图书读者群持续扩大

2002~2007 年,电子图书读者增长平稳,从 2142 万到 5900 万人,平均每年增幅 23.54%。2007 年,电子图书读者总数为 5900 万人,比 2006 年增长 37%,就增长率而言,明显高于 2006 年的 20.99%(见图 41.3)。

不可忽视的是,2007 年电子图书的增长比率仍小于同年中国互联网用户 53.3% 的增长率(根据 CNNIC《第 21 次中国互联网络发展状况统计报告》)。原因是因为随着网络带宽的增长和网络内容的丰富,中国网民拥有了更多选择,许多人的兴趣趋向音乐、电影、在线游戏等宽带应用方面。电子图书读者的年龄构成和学历构成无明显变化。

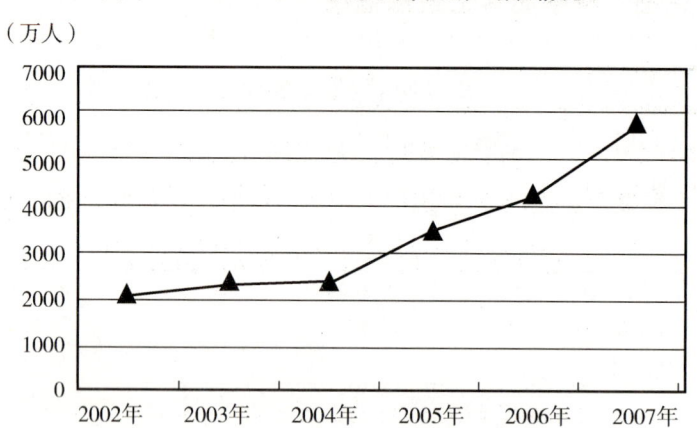

图 41.3　2002～2007 年电子图书用户增长情况

电子书网站凸显休闲服务

2007年,电子图书网站总计1425个,比2006年稍有增加。一年中,有一些网站消失了,又有一些新的网站出现,但是转载网站仍然为绝大多数,占总数95.51%,解决电子图书的盗版问题没有很大起色。

在网站内容类型方面,2007年以休闲为主的网站占总数54.67%,比2006年增长了3.77%,综合类、教育类网站比例分别为29.68%、14.11%,比2006年有稍许下滑(见表41.3)。

表41.3　电子图书网站的内容类型比例

类别	2006 年 数量	2006 年 比例	2007 年 数量	2007 年 比例
综合	453	32.0%	423	29.68%
休闲	721	50.9%	779	54.67%
教育	229	16.2%	201	14.11%
其他	14	0.9%	22	1.54%
合计	1417	100.0%	1425	100.00%

2. 正视：电子图书之发展瓶颈

电子版权保护势在必行

2007年的1425个电子图书网站,原创网站仅占4.49%,这一比例与去年相比,并没有很大变化,说明中国的电子图书盗版问题仍然严重(见图41.4)。

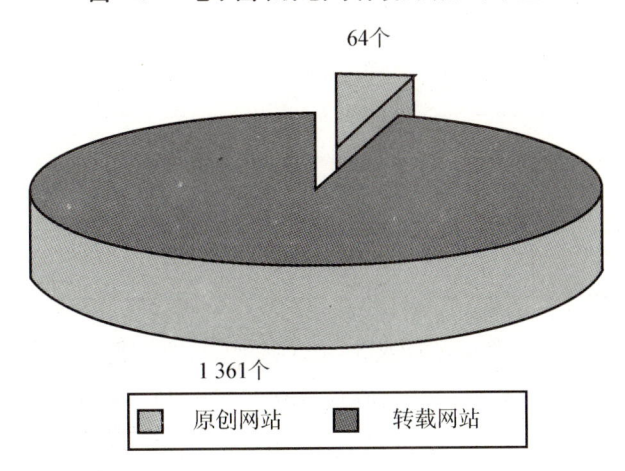

图41.4 电子图书原创与转载网站分布数量

64个

1 361个

原创网站　　转载网站

由于盗版问题,电子图书个人市场迟迟不能进入迅速发展阶段,其销售收入远远不能同传统纸质图书市场的销售收入拉近距离,严重制约着整个市场的健康发展。然而,同软件、音乐、影视行业一样,电子图书盗版问题仍然很难解决。

标准不统一引发资源浪费

目前,国内的电子图书图书存储格式有 SEP、CEB、PDF、CHM、EXE、TXT、NLC、PDG、WDL、CAJ、EBK、EBX、STK、RB、LIT、SWB、JAR、UMD、HLP、DOC 二十余种(见表41.4)。存储格式的混乱导致很多问题:一是同一本图书被制作成多种格式图书,但是每一种格式的电子图书都不齐全,造成用户选购方面的困难和社会资源的巨大浪费;二是机构用户如果拥有多种各式的电子图书,需要下载不同的阅读器进行浏览,且图书数据库无法实现统一检索;三是出版商没有合适的方法制作保存自主版权的电子图书,限制了出版商向电子图书市场发展;四是随着手机阅读的兴起,传统的拥有版权保护功能的电子图书格式不能适应手机阅读的需要等。

表 41.4 电子图书格式分布比例

格 式	2006 年	2007 年
SEP	57.10%	53.40%
CEB	17.60%	16.45%
PDF	8.70%	8.20%
CHM	8.30%	8.31%
EXE	2.90%	2.50%
其他	5.40%	11.14%

为了解决这个问题,我们认为虽然电子书存储格式是无法统一的,但是可以通过统一的操作接口来实现阅读和检索的统一,就像符合 SQL 语言规范的数据库,即使厂商、储存格式和实现细节不同,也可像使用简单的 SQL 语句操作一样,通过规范的接口标准来实现各种格式的电子书的统一阅读。目前正在制定中的 UOML 标准有望解决这一问题,该标准预计将于 2008 年正式颁布。值得一提的是,该标准也是第一个由中国主导制定的软件国际标准。

商务模式仍需明朗

由于互联网行业的公开性、透明性和充分竞争性,一般一种商务模式只能成就一两个公司,电子图书市场仍然以网络原创、广告、UGC、海量版权、数字图书馆、盗版几种模式为主(见表 41.5)。除了盗版模式外,其他几种商务模式现在仍然处于摸索到稳定的阶段,预计这几种模式的表现将会逐步鲜明。

表 41.5 电子图书商务模式

商务模式	代表网站
网络原创	起点中文
广告	新浪读书、Google
UGC	豆瓣
海量版权	读吧
数字图书馆	超星、方正
盗版	小网站

机构用户增长趋缓

从电子图书销售收入比例分布来看,数字图书馆是电子图书的最大买家。2006年,数字图书馆销售收入为1.1亿元,2007年增长到1.21亿元,增长了10%(见表41.6),这一增长不及整个电子图书市场14.46%的增长率。

表 41.6 2007年电子图书主要业务类型销售收入(万元)

业务类型	2006年 销售收入	2006年 百分比	2007年 销售收入	2007年 百分比
数字图书馆	11000	74.3%	12100	71.43%
收费阅读	3000	20.3%	3700	21.84%
手机阅读	300	2.0%	650	3.84%
其他	500	3.4%	490	2.89%
合计	14800	100.0%	16940	100.00%

机构用户市场主要是指数字图书馆市场,主要用户有学校图书馆、城市图书馆等。机构市场的销售收入占电子图书市场70%以上,由于这个市场属于传统图书馆机构在数字信息时代的一个自然延伸,受传统业务影响比较大,机构用户每年都有采购新书的预算,一般与中国经济的宏观发展状况相

关，所以根据中国经济的走势，机构用户市场应该是一个平稳、向上的走势，但是随着个人消费市场的扩展，机构用户市场所占的比率可能会逐步下降（见图 41.5）。

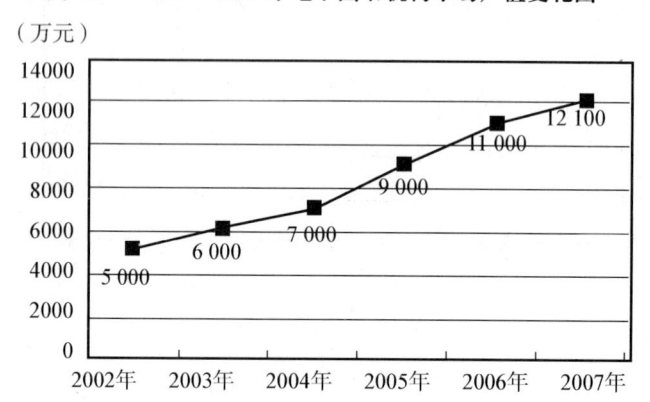

图 41.5　2002～2007 年电子图书机构市场产值变化图
（万元）

年份	产值（万元）
2002年	5 000
2003年	6 000
2004年	7 000
2005年	9 000
2006年	11 000
2007年	12 100

3. 前瞻：电子图书之发展未来

与纸质图书出版结合日趋紧密

目前，有很大一批作者是从网络开始其写作生涯的，但由于网络写作的门槛较低，也造成了很多作品的不成熟性和不完整性。同时，很多作者的作品在网络拥有一定的人气后，转向以纸质图书出版为主，以网络发布为辅，拥有了电子出版和纸质出版作者的双重身份。相比之下，由传统出版转向电子出版的作者则少得多。从这个角度上讲，电子出版为传统出版注入了新鲜的发展动力。数字图书馆、电子图书网站等技术提供商、出版社都开始在网络上寻找优秀的作者签约，竞争日演日烈。

电子图书作品大致将呈现以下几种形式：网络原创图书大量的出现，成就了越来越多的优秀作品由"网上"走到"网下"出版；一些传统图书在发行后，授权网上发布不完整的版本，很多人在尝试阅读后选择购买纸质图书，将促进传统图书的销量；一些优秀的纸质图书在网络上被盗版的现象严重，甚至超过纸质图书抢先出版，比如"哈利·波特"系列；大量的纸质图书被转换为电子图书，同时拥有纸质版本和电子版本的图书将越来越多；出版社和作者都更加重视图书的电子版权，同时，图书的游戏改编权、影视改编权也受到普遍的重视。

未来将有越来越多的读者选择阅读免费电子版的图书，特别是年轻的族群购买报纸和纸质图书的行为明显少于年纪较大的族群；一些读者在网上先看图书的评价，继而再选择是否购买纸质图书，可见，读者购买图书的行为受网络书评的影响将越来越大。

技术发展日趋成熟

随着科技的发展、网络的进一步普及、年轻族群的日益成长，全程电子化出版已是大势所趋。在电子图书的加密存储、授权成为国内甚至世界通行的标准后会更加普及。

互联网和3G移动通信的发展，使得出版发行成为一个巨大而扁平的结构。以往图书发行的多级行销结构将被彻底打破，作品审批、制作、发行、销售、版税结算都将在网络上完成。

版权保护将更关注于版权方的利益，同时由于手机阅读的兴起，适宜手机下载、阅读的电子图书加密、版权保护技术将受到重视。

为了使电子图书能够在产业链各环节中顺畅流通，亟须建立电子图书市场相关的标准、规范。

手机阅读在2006年的一年内数量上有大幅的增长，针对手机阅读的版权保护、阅读体验各方面的技术将更受重视。

市场扩容前景看好

电子图书在几年前还是盗版小网站的天下，经过数年发展，随着一些有实力的竞争者的加入,虽然新网站还依然不断涌现,但已经出现了起点中文网、新浪读书、豆瓣、读吧、17K等一些领先的"重量级选手",市场集中度在逐渐提高,新加入者的门槛和竞争力也在不断提高,典型代表是腾讯QQ在2007年加入该市场,取得不俗的业绩。

图书为人类创想的最先体现形式,然后被搬上银幕,改编为电影、电视剧、游戏。随着电子图书占原创图书比例的增大,其对电影、电视、游戏剧的影响也日益增加;另一方面,影视剧的上映也极大地提高了电子图书的阅读和畅销,如《哈利·波特》、《奋斗》、《士兵突击》等。同时,一些优秀的电影、游戏也衍生了大量的电子图书作品,如《指环王》、《魔兽世界》等。

互联网发布便利、成本低廉、传播迅速,并且可以再转为纸质图书出版。越来越多的作者特别是新生作者,选择在网上以电子图书的方式发布自己的作品。预计2008年,选择以电子图书形式发布作品的作者达117万(见图41.6)。

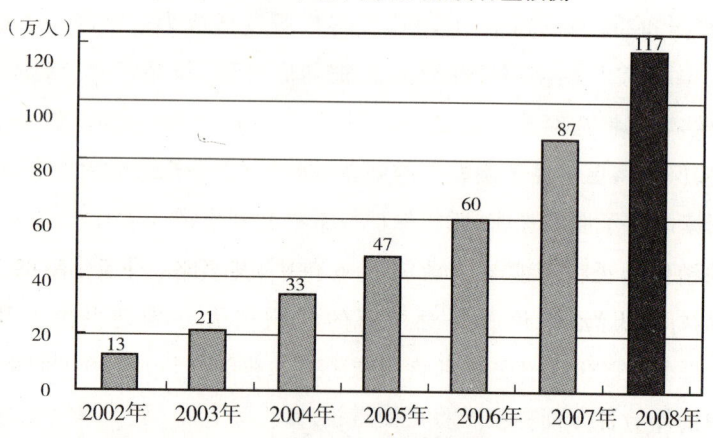

图41.6 2008年电子图书网络发行量预测

[链接:中国图书商报2008.4.18,姜海峰、马莹《电子图书市场扩容渐明》]

第 42 章　高端人士放眼'08 中国书业

2006 年以来,中国图书商报已连续 3 年对全国数百家出版社的年度销售表现等情况进行了权威调查,得到了业内各方好评,而 2008 年考虑到纸价上涨、人民币升值以及新媒体兴起等众多因素可能给书业带来前所未有的挑战,因此在进行码洋调查的同时又增设了对书业领军人物的高端调查,以求用他们的眼光来看待过去一年里书业的成长情况,并预测今年书业的可能走势。值得一提的是,此次受访对象均为书业企业的决策者,而且各种规模的集团、出版社均有涉及,他们的看法自然有相当的代表性。

1. 纸价上涨或成书业牵绊

从这次调查当中可以发现,已经过去的 2007 年对绝大多数同仁们来说是一个美好的回忆:72.34% 的受访者都认为,相比 2006 年总体是稳中有升,尽管增长幅度仅 5% 以内,但若是放到今年纸价上涨等众多外因可能带来多方面挑战的背景下,这种增长似乎就显得难能可贵了;有 53.19% 的认为 2008 年书业的销售增长很可能与 2007 年基本持平,甚至略有下降;有 89.36% 的书业领军人物认为,纸价上涨对书业的影响很大并带动书价上涨;还有 10.64% 的受访者认为会影响出版环节的资金流,但受制于国内读者在图书方面的消费能力,书价的涨幅要小于生产成本的增长,如有 59.57% 的受访者表示生产成本涨幅在 10% 以上甚至 20% 以上,但 65.06% 的人认为书价的涨幅在 10% 以下,其中认为涨幅在 5% 以下的有 17.02%。此外,转企改制一方面会理顺书业机制,激发企业活力,另一方面也因转制成本较高而对企业当年运营带来一定的影响。

对于2008年中小学教材全面免费,55.32%的人认为将增加书业成本、利润将继续下滑,有14.89%的受访者甚至表示将导致部分出版社难以为继;人民币升值尽管可以为引进版带来一定便利,但44.68%的受访者表示,因成本上升,以往那种印刷等代加工业务将会受到很大的影响,如输出品种以人民币计版税,单个品种的版税或许有所增长,但输出量肯定会减少;21.28%的受访者则认为,人民币升值预期吸引了更多的国外出版公司到国内来拓展业务,则从另一方面加剧了书业的竞争,特别是以亚马逊为代表的网络阅读器的兴起,超过七成的受访者认为会对传统出版带来部分影响;尽管新劳动法的颁布看似会增加劳动成本,但有63.83%的书业决策人士认为,实际工资涨幅不会超过10%,如陈昕就认为,涨幅可能在5%~10%。

不过,细心的人会发现,2007年书业之所以能够稳步增长,其中热门板块的贡献应该是其中的原因之一。从此次调查中了解到,2007年最热门的细分板块依次是生活健康类(68.09%)、读史类(59.57%)、投资理财类(55.32%)、少儿类(36.17%)、青春文学类(34.04%),而且仍有40.43%的领军人物认为,读史类今年还有望当家,只是热度相比要小一些。

2. 谨慎看待书业资本运作

应该说,自从上海新华传媒股份有限公司2006年借壳上市以来,新华文轩登陆香港联交所、出版传媒成为国内第一家出版内容上市企业。"十七大"期间,新闻出版总署署长柳斌杰接受中外媒体采访时曾透露今后有13家新闻出版企业要上市,加上2007年国内A股市场的强劲上扬,出版传媒首日甚至暴涨329%,也着实让书业人士看到了金融市场的魅力甚至诱惑。回过头来,书业领军人物们也开始谨慎看待上市一事,有48.94%的受访者表示,2008年上市的出版发行企业应在3家以内,因为在调查前后已有安徽出版集团重组科大创新、凤凰传媒旗下凤凰置业重组ST耀华的消息,实际期待可能只有1

家,即便44.68%再看多些的受访者心中实际盘算的也在3家以内。究其原因,吉林出版集团董事长周殿富认为,书业界目前尚缺少资本运作的能力,但是必由之路,不过前景一般。此次调查结果也显示,一是看跌书业股的受访者达到了34.04%,二是有40.43%的受访者认为书业面临外界多方因素变化考验,三是仅8.51%的受访者持有书业股,而42.55%看好书业资本运作能力的受访者也表示,具体企业和具体操盘手是首要因素。

3. 多元化梦想依然火热

一直以来,多元化经营也是书业同仁们讨论的热点话题,至今大家也是乐此不疲,尽管"做大做强"还是"做专做精"依旧是见仁见智。但从此次调查中还是发现了新的看点,那就是已有10.64%的已投入金融、地方等领域,并有斩获;17.02%的人认为应该加强研究,加大投入并招揽人才;加上31.92%的人认为可试探性投入,以便积累经验,合计有近六成书业领军者认为应在书业之外寻找新的利润增长点。不过,一直以"挺拔主业"著称的中国出版集团公司总裁、党组副书记聂震宁则表示,金融地产等与书业主业有一定的距离,并不看好。

更为重要的是,2007年几起大的书业并购重组事件也为出版企业逐渐建立退出机制提供了可能和猜想。就此次调查而言,51.06%的人认为2008年书业的并购重组主要集中在跨地区间拓展方面,但也不少受访者表示,转企改制后的出版企业在书号资源以及成立异地分支机构方面都可获得不少优惠政策,加上现在爆炸式的网络信息及网络技术带来的迅速便捷的联络,跨地区重组除非被重组方有较强的策划力量,否则并无实质性收获。对于发行企业来讲,现成网点和客源倒是成了各家角逐的方向。当然,书业上市公司背靠大资本则为重组其他媒体及出版社提供了更多的可能,此次调查共有55.31%的人持这种观点。

[链接:中国图书商报2008.5.9,蓝有林《高端人士放眼'08中国书业》]

第43章　年度书业景气调查

自2007年下半年开始,随着转企改制的不断深入、纸价上涨、书业企业整体上市以及书业内外部环境的不断变化,就有业内人士在各种场合对当前的书业背景发表评论。特别是2008年以来,受宏观经济运行势态影响,加之部分地区雪灾等天气与地质灾害接连发生,2008年出版业景气状况愈发令业界关切。

为此,中国图书商报就书业是否景气制作了包括品种变化、首印数变化、重印率变化以及纸张涨价的影响、2008年热门板块等相关问题的问卷,在郑州第18届全国书博会现场和会后,面向出版社发行部、总编室及负责人进行了广泛调查。需要说明的是,因少数受访者未填写品种变化数据,本调查单独统计分析了2007、2008年1~4月同期出版品种比较,2007年出版品种与2008年预期出版品种比较。同时为更全面反映业内人士的真实想法,本分析还参考了此前中国图书商报2007年出版社码洋调查及2008年高端调查数据。(详见中国图书商报2007年4月10日2~3版《2006年出版社码洋调查》和2008年5月9日2版《2007年部分出版社码洋调查表》)

1. 同期品种持平略降,年度预期小幅上扬

此次调查的数据统计表明,2008年1~4月出版品种与2007年同期相比,持平及负增长的占到了53.73%,增长的则占46.27%,二者相差7.46个百分点。

需要说明的是,其中负增长为23.88%,持平为29.85%,小幅增长10%

以内和增长10%～20%的分别为14.93%。据专业人士分析,同期相比持平及负增长达到53.73%,一方面说明一直以规模化效益为利润增长空间的做法开始有所松动。有出版社负责人此前也曾对记者表示,出版社要压缩品种规模并以单品种效益最大化来获得必要的发展空间。不过,也有业内人士认为,从行业正常发展规律来看,品种规模应该是小幅上涨,2008年春表现为持平甚至负增长,另一方面也说明纸张供应紧张导致部分出版社因缺纸而无法进行此前的规模化运作。当然,同期增长高达100%以上仍有8.96%,也说明部分出版社今年的发展态势积极迅猛,有人甚至预计当中或有出版社可能成为出版业的黑马。但有业内人士认为,表现为大幅增长的部分出版社,也有因奥运会的需要提前造货的可能。

从受访出版社回馈总体情况来看,出版业的基本面还是比较稳定。与2007年相比,预期2008年度出版品种增长且增长幅度在50%以内的受访者占63.1%,增长为50%～100%的比例有7.14%,年度预期增长的合计为71.43%。这在很大程度上说明,出版业从业人员对2008年的出版行情还是有比较大的期望,并未受当前纸张及内外部诸多因素影响而退缩。相比之下,预计2008年出版品种与2007年相比为负增长的仅为9.52%。对此,业内人士分析,阶段性品种的下挫基本上不是影响全年品种增长或负增长的关键因素,这当中既有出版节奏的考虑,也有出版品种本身的规划。

从出版社类别来看,教育类出版社的年度预期出版品种基本保持增长,但大众文艺类出版社及部分专业出版社选择了压缩品种。当然,就2008年而言,事关出版品种的增减除了出版社自身规划,纸价上涨也是一大因素,此前中国图书商报在书业高端人士调查分析文章中也曾表示,纸价上涨或成2008年书业发展牵绊。从这次出版业景气调查回馈的情况来看,认为有一定影响,预计书价增长5%～10%还是占绝对比重,高达61.11%,预计增长10%以上也有26.67%。同时仍有受访对象认为,考虑到读者购买力等诸多因素,图书定价最终并不能同幅度上涨。还有某文艺出版社表示,两大套丛书因为纸价上涨而不得不调整。

2. 首印数涨多跌少，重印率半数过半

作为市场景气指数预期的关键因素之一，对新书单品种首印数的把握直接反映出版社对市场的预期是高还是低。从调查反馈来看，首印数基本是涨多跌少，如与2007年相比持平且平均首印在5000～8000册的，占到了42.23%；而相比为上涨且平均首印在10000册以上的占到了22.23%，如二十一世纪出版社和北京出版社出版集团就表示，近年来其平均首印数分别在20000册以上和15000册以上，还有一部分表示在8000册至10000册之间。而与此相对应的下降部分则合计为35.55%，其中选择小幅下降的为26.67%，选择略有下降平均为首印5000～8000册、下降明显平均首印3000册以内的均为4.44%。

不过，仔细看来，不少专业图书的首印数历来即在3000册左右，甚至部分专业科技书只有1000册，但按照统计需要也放在了下降部分。出版社重印率的高低，一方面是说明出版社出版品种的生命周期的长短，而深层次的表现则包括当初选题策划力度、出版品质以及出版社营销推广能力等。当然，市场的冷热和持续时期也有不少偶然因素。从受访回馈来看，重印率保持在50%以上的超过了半数，占到了52.22%，而重印率在30%左右的则有36.67%，二者合计为88.89%，明显说明了大多数出版社对图书重印的重视和追求。与首印数相同的是，不少出版社也表示，教材的重印率基本在50%以上，但专业书和文艺类则相对没有那么幸运。

此外，对于2008年畅销图书门类的预期，调查者也试图跟此前所做的2007年热门板块判断作比较。从此次反馈情况来看，生活健康类、投资理财类、读史类依然占据前三名，分别为60%、45.56%和40%，但网络原创类则有望超越少儿类、青春文学类，分别占34.44%、33.33%和28.89%。但有出版社表示，诸如财经图书、侦探小说、名家小说、图画书等细分领域也有可能成为

热门,而上次几乎无人看好的教辅类读物也有 23.33% 的人选择,我们不妨拭目以待(见图 43.1)。

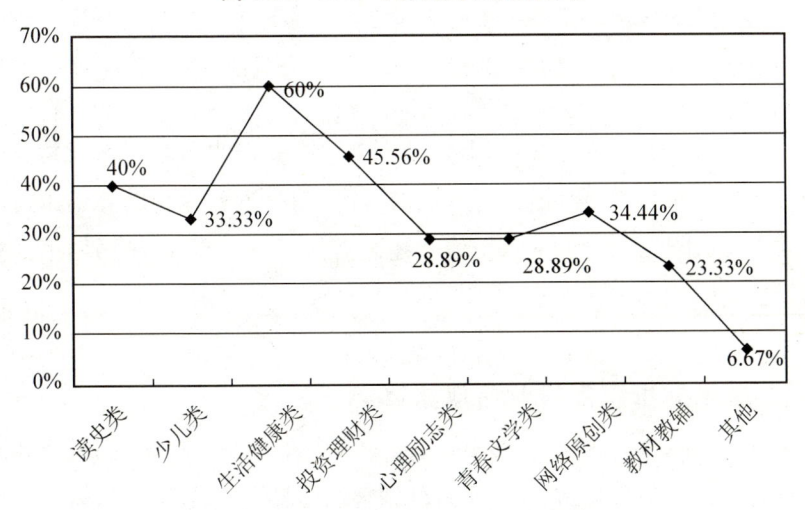

图 43.1　2008 年畅销图书类别预期

[链接:中国图书商报 2008.5.27,蓝有林《年度图书品种预期小幅上扬》]

第44章 谁是最讲信用的发行单位

信用是市场经济的灵魂,书业也不例外。由新闻出版总署出版物发行管理司和中国出版科学研究所联合开展的首次"图书发行单位结算信用情况调查报告"日前出炉,为行业的信用体系建设提供了重要参数,中国图书商报记者就此采访了相关方面人士。

1. 量化分析摸底行业信用结算

该报告是基于548家出版单位、198家发行单位——34223对社店业务关系的调查分析。报告显示:图书发行的销售和结算方式较为单一;发行单位对出版单位的结算周期偏长,信用意识普遍有待加强;出版单位对发行单位结算信用的评价偏低,评价标准较为宽松等。通过统计分析发现:从结算方式看,"先书后款"方式占据压倒性地位,所占比重高达93.21%;从结算周期看,行业总结算周期平均值为12.4个月(见表44.1);从结算周期满意度看,平均得分在3.73~4.00之间,处于"可以接受但不满意"和"还算满意"区间(见表43.2);在结算信用评分方面,平均得分为70.6分(见表44.3)。

表44.1 结算周期的行业整体情况(单位:月)

	平均周期	截尾平均周期	最常见周期	居中周期
总结算周期	12.4	11.5	7	11
第一阶段结算周期	9.5	8.9	6	8
第二阶段结算周期	3.0	2.4	1	2

(说明:1. 从出版单位发出图书到发行单位同意前者开寄结算票据为第一阶段,与之

对应的通常时间长度为第一阶段结算周期;从出版单位寄出结算票据到应收销货款实际入账为第二阶段,与之对应的通常结算时间为第二阶段结算周期。两者合计为总结算周期。

2. 截尾平均周期系去掉5%的最小值和最大值后得到的平均周期。

3. 最常见周期系在全部结算周期具体数值中出现次数最多的数值。

4. 居中周期系将全部结算周期按时间长短顺序依次排列后处于正中间位置的结算周期。)

表44.2　对结算周期满意程度的行业整体情况(单位:分)

	平均满意度得分	最常见满意程度
总结算周期	3.82	还算满意
第一阶段结算周期	3.86	还算满意
第二阶段结算周期	3.92	还算满意

(说明:1. 平均满意度得分系以各档次满意程度所占比重为权数、对各档次满意程度赋值后得到的加权算术平均数,各档次满意程度的赋值依次为:非常满意(6分)、满意(5分)、还算满意(4分)、可以接受但不太满意(3分)、不满意但只能接受(2分)、很不满意(1分)。

2. 最常见满意程度系在全部满意程度评价中出现次数最多的满意程度档次。)

表44.3　结算信用评分的行业整体情况(单位:分)

	平均分数	截尾平均分数	最常见分数	居中分数
结算信用评分	70.6	72.8	60	70

(说明:1. 截尾平均分系去掉5%的最高分和最低分后得到的平均分数。)

2. 最常见分数系在全部结算信用评分中次数最多的分数。

3. 最常见分数系将全部结算信用评分按大小顺序依次排列后处于正中间位置的分数。就发行单位个体而言:在结算周期方面,平均总结算周期短于半年的只有重庆邮政书报刊发行有限公司1家(3.82个月),7个月以内的有中国经济图书进出口公司、上海贝塔斯曼文化实业有限公司、石家庄秋林书店、安徽师范大学高校出版社图书代办站等6家,少于8个月的只有25家,近三成的发行单位平均总结算周期超过一年,最长的为41.83个月;在结算满意度得分方面,得分超过"满意"(5分)档次的只有3家,即浙江省新华书店集团(教材课本业务和一般图书业务)、广州购书中心和江苏新华发行集团的一般图书业务,近六成发行单位得分围绕"还算满意"档次(4分)上下浮动(见表44.4、表44.5);在结算信用评分方面,只有浙江省新华书店集团的平均得分超过90分,约3/4的发行单位平均结算信用评分在78分以下,最低平均得分9.13分。

在结算周期及其平均满意程度、结算信用评分乃至综合评价指标的分布上,不同程度地存在着"双峰对峙"和向较长周期或较低得分方向延伸、拉长的情况,即结算信用在一定程度上呈现出分化态势。如就行业整体而言,介于60～69分之间和80～89分之间的结算信用评分约各占总数的22%,而信用评分不及格或刚刚及格的社店业务关系则占到总数的1/3。相当数量的发行单位结算信用问题较为严重,给整体结算信用状况带来了极为不利的影响。

2. 结算信用是企业竞争力风向标

据了解,在全行业范围内如此大规模地开展结算信用情况调查,在新闻出版业还是第一次,受到了出版发行业的广泛关注。它不但客观、真实地呈现了行业结算信用的整体情况,也为出版发行企业加强信用建设的着力点提供了坐标参考。在总结算周期和满意度排名榜上有名的发行单位均得到了出版单位的广泛认可,也为发行单位加强诚信经营起到了示范作用。

浙江省新华书店集团位居结算信用评分榜首,该公司副总经理金琳认为,诚信体系的建立是企业经营的根本,结算信用是诚信经营的重要环节,因此,按期回款应是最起码的商业规则。据介绍,浙江新华能够保证回款信用,主要依托其完善的信息化建设,包括计算机管理平台的有效性和人机对话促成的信息的有效使用。以此为基础,浙江新华经过几年努力,做到了不论大社小社、国有民营,都能一视同仁,以销定结。

"为了做到按期回款,我们遵守市场规则,不打价格战,与客户的关系用合同约束,每年根据经营管理情况征求客户意见,从而保证了服务水平的不断提高。"中国图书进出口集团总公司党委书记焦国瑛总结道,信用体系建设是企业做长久的根本。近几年,中图公司的现金流状况很好,与合作单位的信誉关系也在改变,从2006年开始,中图公司已经不用去贷款了。

江苏新华发行集团常务副总经理金国华表示,按期回款是衡量一个企业诚信的标志,也是衡量一个企业业务能力、管理能力、市场运作能力、规范程度的风向标。建议发行企业在市场拓展的同时,善于选择绩优终端客户、诚信客户,建立市场拓展的效益评估体系、客户评估体系、回款风险评估机制等,将市场竞争纳入良性竞争中。

记者在采访中发现,很多发行单位都根据自身实际,总结了提高结算信用的"妙招"。安徽新华教育图书发行有限公司总经理谢正平认为,保证回款信用的方法有三:一是按照合同办事,合同由老总把关后,在业务部门、办公室、财务部门按期归类存档;二是在预算上体现按合同付款,保持资金的平稳;三是各部门要与上下游密切配合,保证各个环节的顺畅。上海天地图书有限公司在每月10日、25日根据销售情况向供货商支付应付款,并且按照3个月的账期,主动退书,及时结账,"有时退书还没到,账就结了",该公司总经理葛慧英说道。哈尔滨中央书店十分注重资金运转效率,并作多次调研,合理配置库存量,以便于减轻书店的负担,及时回款。该店总经理鞠占斌坦诚,目前零售书店还没有找到合适的盈利模式,不能轻易开店盲目扩张,而要量力而行理智发展,这样才能保证资金经营能力和有信誉的回款。

3. 信用体系建设须立体循环

随着经济契约化的发展,商业信用已成为合作与交易的先决条件。诚信体系建设也不是发行单位单方面的事,而是需要上下游共同努力。不可回避的是,有些出版社长期疏于信用管理、缺乏信用体系的评估,对信用制度的缺失起到了"推波助澜"的作用。

中国劳动社会保障出版社发行部经理李亚峰曾填写本次报告的调查问卷,对信用问题深有感触:"对出版单位而言,必须在内部加强信用制度建设,从战略高度上将回款纳入制度化管理的轨道上来。"他表示,具体操作方面,出版社要根据自身产品和不同渠道制定相应的信用管理制度。通过科学化的评估指标来为发行单位评分或进行更深入的尽职调查,然后依据评分或调查结果综合评估决定给予客户的授信额度和授信区间。在信用制度建设中,要把握原则性和灵活性相统一的原则。尤其是在目前出版发行信用环境不良的情况下,一定要给制度保持足够的弹性空间,以免过于刚性催逼导致新的呆、坏账产生。

北京理工大学出版社在年初专门在营销的考核中设定了账期控制指标。该社社长助理张文峰介绍,指标考核对发行部、市场部的客户账期按照国营、民营发行单位进行了严格控制,年终考核中对于超过账期的应收款部分,按比例进行扣除。客户账期控制全部达到要求的,方可评定优秀;未达到要求的客户超过5家,对责任人评定为不称职。对此,他评价,"虽然指标'够狠',但有压力才有动力,目前来看,效果还是不错的"。

也有业者指出,信用制度建设要考虑适应性。出版社单位渠道特点和产品的不同决定了具体信用制度的多样性,如以教材为主或以社科为主的出版单位绝不能以简单的"一刀切"方式采取雷同的操作策略,那样的制度在实践中往往达不到预期的效果。

张文峰同时指出,账期并不是结算信用的唯一指标,压缩账期必须靠出版社和发行单位双方的共同努力。出版社的产品适销,发行单位的销售额增长,账期才会缩短。"根子还是在出版社。是否能将适销对路的产品发给发行方,既不能太多,又不能不够,这非常考验发行的能力"。

中国商业联合会作为我国最早开展行业自律和信用评价的协会,制定了商业信用自律等级的行业分类标准和商业企业信用登记评价的管理办法。该协会相关负责人认为,由于买方市场普遍形成,交易方式从现金交易逐步过渡到信用交易,出版行业同样如此。但是我国企业的信用风险管理水平还处于初级阶段,信用风险意识较为淡薄。建设商业信用体系应从两个方面来做:一是发挥政府的促进、推动、监管职能。包括加快商业信用立法工作、加快征信数据的开放与信用数据库的建立、促进信用中介机构的建立与规范发展、加强政府对信用行业的监管。二是加快企业内部商业信用管理制度建设。包括设置商业信用管理部门和岗位、逐步建立完善的商业信用管理信息系统。

出版发行信用环境的改善是多方努力的结果——主管部门加强宏观指导、行业协会（或联合体）完善沟通机制、出版单位强化信用制度建设、发行单位深化履约意识、媒体适时准确监督……多维力量交织互动，行业信用环境的改善才可期待。

表44.4 发行单位总结算周期前30名

图书发行单位	平均周期 排序	平均周期 数值（月）	最常见周期（月）	最常见周期（月）
重庆邮政书报刊发行有限公司	1	3.82	0、1	2
中国经济图书进出口公司	2	6.10	6	6
上海贝塔斯曼文化实业有限公司	3	6.36	3	5
石家庄秋林书店	4	6.56	7	7
安徽师范大学高校出版社图书代办站	5	6.84	6	6
广东畅想源教育图书有限公司	6	6.91	8	7
天津商学院高校出版社图书代办站	7	6.92	6	6
河北省教育图书发行部	8	7.04	6	6
浙江省新华书店集团有限责任公司（教材课本业务）	9	7.05	7	7
北京世纪卓越信息技术有限公司（亚马逊卓越网）	10	7.13	7	7
南京知识书店	11	7.19	7	7
江苏蓝畅教育图书有限公司	12	7.33	8	7.75

续表

中国科技大学高校出版社图书代办站	13	7.48	6	7
江苏省新华书店集团有限责任公司（教材课本业务）	14	7.50	7	7
上海上图书店	15	7.57	7	7
石家庄春风书店	16	7.64	6	8
广州购书中心有限公司	17	7.65	7	7
江苏省新华书店集团有限责任公司（一般图书业务）	18	7.68	7	7
石家庄花山书店	19	7.83	6	7
浙江大学出版社书店	20	7.85	6	7
海南大学高校出版社图书海口代办站	21	7.86	7	7
北京市新华书店首都发行所有限公司（教材课本业务）	22	7.91	7	7
新疆蓝色畅想图书发行有限公司	23	7.93	6	7.75
中国出版对外贸易总公司	24	7.97	7	8
湖北政博书刊发行有限公司	24	7.97	6	7
北京科文书业信息技术有限公司（当当网上书店）	26	8.01	7	7
江苏华茂图书文化经营部	27	8.07	9	8
中国图书进出口上海公司	28	8.19	7	7
中国图书进出口集团总公司	29	8.23	7	7
中国教育图书进出口公司	30	8.24	7	7

（说明：1. 各图书发行单位的平均周期、最常见周期和居中周期数值系依据截至2007年12月31日回收的356套问卷中涉及各该单位的社店业务关系相关数据统计而得，均为样本值。

2. 排序中的数值系依据各图书发行单位平均总结算周期数值的大小所作的排名，将该数值减1即可反映出有多少家单位的平均总结算周期短于该数值所对应的单位。

3. 最常见周期系在各该发行单位的全部结算周期中出现次数最多的数值。

4. 居中周期系将各该发行单位的全部结算周期按时间长短顺序依次排列后处于正中间位置的结算周期。）

表 44.5　发行单位总结算周期的满意程度前 30 名

图书发行单位	平均满意度得分 排序	平均满意度得分 数值	最常见满意程度
浙江省新华书店集团有限责任公司（教材课本业务）	1	5.27	非常满意
浙江省新华书店集团有限责任公司（一般图书业务）	2	5.18	非常满意
广州购书中心有限公司	3	5.16	非常满意
江苏省新华书店集团有限责任公司（一般图书业务）	4	5.09	满意
北京海渊阁书店	5	4.97	满意
河北省教育图书发行部	6	4.95	满意
江苏省新华书店集团有限责任公司（教材课本业务）	6	4.95	满意
北京市新华书店首都发行所有限公司（教材课本业务）	8	4.90	满意
上海上图书店	9	4.87	满意
重庆邮政书报刊发行有限公司	10	4.86	满意
天津商学院高校出版社图书代办站	11	4.83	满意
南京知识书店	12	4.82	满意
安徽师范大学高校出版社图书代办站	13	4.77	满意
中国经济图书进出口公司	14	4.74	满意
石家庄秋林书店	15	4.72	满意
沈阳文源书刊有限公司	16	4.70	满意
广东畅想源教育图书有限公司	17	4.65	满意

续表

北京市新华书店首都发行所有限公司（一般图书业务）	18	4.64	满意
中国出版对外贸易总公司	18	4.64	满意
中国教育图书进出口公司	20	4.61	满意
哈尔滨市学府书店	21	4.60	满意
哈尔滨市中央书店	22	4.59	满意
浙江大学出版社书店	22	4.59	满意
贵州省新华书店（教材课本业务）	24	4.56	满意
云南省新华书店集团（教材课本业务）	25	4.55	满意
中国图书进出口集团总公司	26	4.53	还算满意
中国国际图书贸易总公司	26	4.53	还算满意
长春市学人文化传播有限责任公司	26	4.53	满意
上海天地图书有限公司	29	4.51	满意
安徽新华教育图书有限公司	30	4.50	还算满意
济南市新华书店	30	4.50	满意
青岛市新华书店	30	4.50	满意
河南省新华书店（教材课本业务）	30	4.50	满意

（说明：1. 图书出版单位对各图书发行单位总结算周期的满意程度系依据截至2007年12月31日回收的356套问卷中涉及各该发行单位的社店业务关系相关数据统计而得，均为样本值。其中，平均满意度得分系以涉及各该发行单位的社店业务关系相关数据中各档次满意程度所占比重为权数、对各档次满意程度赋值后得到的加权算术平均数。

2. 排序中的数值系依据各图书发行单位得到的平均满意度得分大小所作的排名，将该数值减1即可反映出有多少家单位的总结算周期平均满意度得分高于该数值所对应的单位。

3. 最常见满意程度系在各该发行单位得到的全部满意程度评价中出现次数最多的满意程度档次。）

[链接：中国图书商报2008.7.11，马莹、郭虹据中国出版科学研究所课题组报道《谁是最讲信用的发行单位》]

第45章　产业大盘显现新格局

新闻出版总署最新发布的2007年全国新闻出版统计数据,反映了中国出版产业的发展态势,剖析这些数据,可对业界以提示、启示、警示,有助业界调整发展思路、调整战略布局、调整产业结构。

1. 传统出版业生机仍强:纸介质出版产值增长7.1%,出版规模增长1.6%

2007年统计数据表明:尽管互联网的发展日新月异,尽管数字出版对传统出版的冲击日甚一日,但以纸介质出版物为代表的传统出版产业2007年仍呈增长状。其增长不仅体现在出版产值(定价总金额1154.18亿元,同比增长7.12%)上,也体现在出版规模(总印张2345.2亿印张,同比增长1.62%)上,同时还体现在出版耗材(用纸量542.7万吨,同比增长1.61%)上,这三个要素的同向增长,以及2004年我国新闻出版业执行新的统计制度以来4年的统计数据雄辩地说明:当今时代,传统出版业生机仍强,生命力旺盛,纸介质出版物的特点及其阅读感受,是网上阅读、数字出版和新兴传媒所不能取代的(见表45.1)。

表45.1　2004~2007年纸介质出版物产业规模

年份	出版总金额(亿元)	出版总印张(亿印张)	用纸量(万吨)
2004	975.46	2100.9	486.19
2005	1028.8	2231.67	524.45
2006	1077.45	2307.83	534.11
2007	1154.18	2345.2	542.7

纸介质出版物连续四年持续增长,使我们有理由相信,数字出版、新兴传媒的迅猛发展,丰富了中国出版产业的出版形态和传播手段,在相当长的时期内,它们与传统出版业将共生共荣,满足不同阅读群体的不同需要,实现出版产业多元产品的多功能价值。

2. 坦然应对纸价上涨：纸质出版物印张均价小幅上扬，大多不足10%

纸价上涨是2007年中国出版业应对的最大困扰。自当年第二季度开始的纸价上涨,2008年尚未缓解。纸价上涨使传统出版业的运营成本加大,为了降低对产业的影响,出版业不得不顶着不明就里的社会责难,适度提高纸介质出版物的价格。根据最新统计数据推算:2007年纸介质出版物的印张均价为0.49元,比上年的0.47元上涨4.26%。这与出版物印刷用纸价格涨幅约20%,相差十多个百分点,表明在纸价飙升的态势下,传统出版业的涨价是十分有限的,仅是小幅上扬。对纸介质出版物的细分解剖,则反映出不同出版物价格涨幅的差异(见表45.2)。

表45.2　2006、2007年纸介质出版物印张均价(元)

类别 年份	图书	一般图书	课本	少儿读物	期刊	报纸
2006	1.27	1.52	1.01	1.84	1.11	0.17
2007	1.39	1.68	1.08	2.11	1.08	0.18
涨幅	9.45%	10.53%	6.93%	14.67%	-2.7%	5.88%

由表45.2可见,2007年图书的印张均价上涨不足10%,但由此却使近20年来才在2006年出现的图书印张均价下降的记录,成为不再延续的历史。进一步细分,图书整体中课本的印张均价涨幅最低,一般图书印张均价涨幅高于图书整体印张均价涨幅,少儿读物印张均价涨幅最高,但仍不足15%,低于纸价涨幅。报纸的印张均价涨幅尚不足6%,而期刊的印张均价不但没有上

涨,还呈下降状。因此可以说,面对纸价飙升,传统出版业在极为有限度的小幅涨价背后,承担了很大的牺牲。

3. 图书重印率创新高:图书出版重印率达 45.13%,为 40 余年来新高

图书在纸介质出版物的产值中占有最大的份额,是传统出版业中的主体和支柱。2007 年全国共出版图书 248283 种,同比增长 6.12%,其中重版、重印图书为 112057 种,重印率首次超过 45%,达 45.13%,创下自上世纪 1965 年以来中国出版业图书重印率新高。

仅以近 10 年为例:提高图书出版的重印率,是中国出版业近 10 年来的一贯追求,也为出版产业主管部门反复强调。近 10 年来,图书出版品种持续增长,但重印率始终在 41%~44%左右徘徊;2007 年图书出版重印率跃上 45%档级,标志着中国图书出版重印率达到一个新的水平(见表 45.3)。

表 45.3　1998～2007 年全国图书出版品种及重印率

年份	出版品种	重印率(%)
1998	130613	42.79
1999	141831	41.41
2000	143376	41.25
2001	154526	40.84
2002	170962	41.1
2003	190391	41.8
2004	208294	41.62
2005	222473	42.21
2006	233971	44.32
2007	248283	45.13

图书出版重印率的提高,显示了出版产业的成熟和优化结构的成果,是出版产品生命力强的标志,是出版业传承、积累功能的实现,也是出版产业运

营成本降低的体现。2007年的图书出版重印率水平,不仅是近10年来的最高,而且是自1965年以来,四十余年时间跨度内的最高,其意义非同寻常。

4. 一般图书量增或解出版之痒:图书出版总印数下降1.79%,一般图书总印数增长2.07%

"九五"以来的1996~2007年,全国图书出版品种持续递增,其中新版图书品种也连年增长,这在相当程度上反映出中国书业创意度的不断提高和对出版资源的深度挖掘。但与此同时,全国图书出版总印数不但没有持续增长,反而下降、徘徊:"九五"期间从高点73.16亿册,下降至低点62.74亿册;"十五"期间则始终在60多亿册间徘徊;"十一五"已过去的两年,图书出版总印数的下降仍未止住,2007年同比下降1.79%,62.93亿册的印数,几乎跌至12年的最低点。图书出版总印数在相当程度上反映了出版业在社会上的受众面,总印数在相当一个时期内下降、徘徊,不能不影响出版业的受众面,这也成为多年来困扰中国出版业的图书出版之痒。

尽管2007年图书出版总印数继续下降,但细分来看,面向广大社会读者的一般图书总印数却呈增长状:以29.41亿册(张),同比增长2.07%。这是2007年图书出版的一个亮点,特别是这一增长并非轻易出现,而是2004年执行新的统计制度以来的首次增长(见表45.4),并且其增幅大于当年图书出版总印数的降幅。

表45.4 2004~2007年一般图书出版总印数

年份	总印数(亿册、张)	同比%
2004	31.13	-7.76
2005	29.17	-6.3
2006	28.81	-1.23
2007	29.41	2.07

加大一般图书出版是出版业降低对教材依赖的重要举措,也是出版业更加走向市场的必然。2007年与一般图书总印数增长2.07%相对应的是:教材

出版总印数下降 5.22%。但愿 2007 年一般图书出版总印数的增长成为图书出版的一个转机,并将这种增长持续下去,以一般图书出版的不断增长,扭转图书出版总印数不理想造成的中国图书出版之痒。

5. 课本比重再降,结构调整见效:课本总印数比重下降 1.91 个百分点,课本销售份额下降 3.22 个百分点

2007 年,中国书业值得欣慰的是,"十一五"首年——2006 年出现的课本出版比重下降态势得以继续,使中国书业的产品结构调整成效得以持续,得以扩展。

2007 年,中国书业中课本出版品种比重为 21.75%,比上年下降 0.44 个百分点;总印数比重为 52.82%,比上年下降 1.91 个百分点;总印张比重为 48.5%,比上年下降 1.45 个百分点;总定价比重为 37.56%,比上年下降 2.22 个百分点。与 2006 年相比,2007 年课本比重下降为四要素全部下降,比 2006 年的三要素比重下降更为理想,而且是几年来从未有过的(见表 45.5)。

表 45.5 2003~2007 年全国课本出版占书业出版比重

年份	品种比重%	总印数比重%	总印张比重%	总定价比重%
2003	15.12	48.79	45.27	34.9
2004	17.33	51.01	47.21	37.35
2005	22.49	54.58	51.48	42.19
2006	22.19	54.73	49.95	39.78
2007	21.75	52.82	48.5	37.56

2007 年课本除占书业出版比重下降外,自身出版的四要素除品种外,另三要素同比也均不同程度的下降。即总印数下降 5.22%,总印张下降 7.74%,定价总金额下降 1.58%。这种课本出版三要素同时下降的状况,既优于上年仅总印数、定价总金额两项下降,也是近几年中国书业所没有过的。与课本出版份额下降相辅的是,2007 年全国书业销售中中小学课本的份额也呈下降状:销售数量的份额为 49.26%,同比下降 0.96 个百分点;销售金额的

份额为34.11%,同比下降3.22个百分点。

出版领域和分销领域课本份额的下降相得益彰,使得2007年成为中国书业近几年来产品结构、销售结构调整,降低对教材的依赖成效最显著的一年。

6. 专业出版增势凸显:16类图书出版增长,专业出版类居多

2007年各门类图书的出版状况显示:22大类图书中16类图书出版总印数增长,涵盖面逾7成,6类图书出版总印数下降,涵盖面近3成。出版增长的图书,除马列主义毛泽东思想类增幅逾1倍外,环境科学类和航空航天类由于系新兴热门学科,增幅分别达45%和27%,历史地理类和哲学类增幅分别为23%和20%。其余各类增幅均在20%以下。其中增幅在10%以上的有生物科学、军事、天文学地球科学、政治法律和经济共5类,增幅不足10%的有农业科学、文学、交通运输、工业技术、社会科学总论和医药卫生等6类。从图书门类归属来看,属于专业出版范畴的图书门类几乎全部增长,显示了出版业重视应用科学领域的选题资源开发,在加大为专业人士的服务力度上下工夫。

当年,出版总印数下降幅度最大的是自然科学总论类,降幅为42.96%;综合类和数理科学化学类的总印数分别下降24%和12.98%;语言文字类、艺术类和文化科学教育体育类总印数分别下降7%、5%和3.9%。

图书出版细分结构的变化、不同门类图书出版量的增减,折射了出版业产业投入和服务视角的些微变化。2007年图书出版量增减显现的特点是:一些出版份额大,主要面向普通读者,属于大众出版范畴的门类出版量减少,如文化科学教育体育类在整个图书出版中份额最大,达76.42%,语言文字类和艺术类的出版份额分别居第四、五位。而一些出版份额小,面向专业读者,属于专业出版范畴的门类出版量大多增长,如军事类、航空航天类、天文学地球科学类、生物科学类的出版份额均不足0.2%,环境科学类、交通运输类的出版份额均不足0.3%(见表45.6)。专业出版的增长,表明中国出版业服务社会的专深度进一步加强,产业的专业化水准提升。

表45.6 2006、2007年各门类图书出版量及份额

类别	总印数（万册、张）2007年	总印数（万册、张）2006年	出版量份额% 2007年	出版量份额% 2006年
马列主义毛泽东思想	1335	558	0.21	0.09
哲学	3746	3116	0.6	0.49
社会科学总论	2033	1990	0.32	0.31
政治法律	14007	12403	2.24	1.94
军事	513	447	0.08	0.07
经济	14847	13418	2.37	2.09
文化科学教育体育	478766	498318	76.42	77.76
语言文字	16864	17169	2.69	2.68
文学	16536	15880	2.64	2.48
艺术	16621	17564	2.65	2.74
历史地理	19504	15806	3.11	2.47
自然科学总论	1592	2791	0.25	0.44
数理科学化学	3299	3791	0.53	0.59
天文学地理科学	618	549	0.1	0.09
生物科学	784	680	0.13	0.11
医药卫生	7359	7217	1.17	1.13
农业科学	2439	2221	0.39	0.35
工业技术	20216	19620	3.23	3.06
交通运输	1814	1747	0.29	0.27
航空航天	131	103	0.02	0.02
环境科学	1803	1242	0.29	0.19
综合	1704	2250	0.27	0.35

7. 农技图书出版显增：农技图书出版品种突破4000，总印数、总印张双增

服务"三农"是近几年出版业的一大主题，落实这一主题，一靠适销对路的产品，二靠健全的供应系统。服务"三农"的出版物范围广泛，其中农业科技图

书针对性最强，作用最直接，是"三农"读物的主打产品。2007年这类产品的出版确有可圈可点的佳绩：比上年品种增长17.55%，总印数增长9.82%，总印张增长8.16%——出版三要素全面增长。特别是4086种的出版品种，不仅首次越上了4000档级，而且创下了前所未有的新高。而其品种增幅，也创下近10年来的新高（见表45.7）。

与出版三要素全面增长相伴的是，农业科技图书三要素占图书整体的份额也同告增长：品种份额为1.65%，增长0.16个百分点；总印数份额为0.39%，增长0.04个百分点；总印张份额为0.44%，增长0.06个百分点。一方面是农业科技图书出版自身的增长，显示了出版业对此类图书的选题开发、出版规模和产业投入等几方面的加大。另一方面是农业科技图书的产业份额在增长，显示了此类图书在产业中的位置。两个方面六个要素的增长，使农业技术图书的出版达到一个新水平。

不过按"三农"读物应让农村读者"买得起，看得懂，用得上"的标准来衡量，"三农"读物应该在价格和单册印张上低于一般图书平均值。但2007年农业科技图书的印张均价为1.90元，单册平均印张为8.69，高于一般图书1.68元的印张均价和8.5的单册平均印张。因此，可以说农业科技图书的出版尚需在降低这两项要素上付出努力。

表45.7　1998~2007年农业科技图书出版品种状况

年份	出版品种	同比%
1998	3072	10.07
1999	3328	8.33
2000	3384	1.68
2001	3281	-3.04
2002	2936	-10.52
2003	3219	9.64

续表

2004	2697	−16.22
2005	3045	12.9
2006	3476	14.15
2007	4086	17.55

2007年,"三农"读物的供应与上年同比稳中有升:尽管出版物农村零售比重仍维持在21%的水平,但出版物农村零售额88.85亿元,比上年增长0.76%。

8. 书业销售实物量回落:纯销售数量下降2.37%,人均购书量又减

统计数据显示,尽管2007年中国书业出版物总销售册数和金额均告增长,但反映书业终极销售和市场实际规模、不含重复计算的中国书业纯销售数量在2006年实现多年不见的增长后,2007年再次有所回落。2006年中国书业的突出亮点如此"转瞬即逝",值得业界警惕。

纯销售数量是不含价格因素、最直接反映书业受众面及对社会贡献度的重要参数。20世纪90年代末以来由于互联网等新兴传媒的冲击,传统阅读群体的发生动摇乃至减缩,书业纯销售在销售金额持续增长的同时,销售数量却处于动荡之中。颇为耐人寻味并几乎成为一个规律的是:近10年来,伴随着书业纯销售金额的持续增长,书业纯销售数量却是每隔3年才闪现一次增长,即以连续3年下降为代价换取一年增长(见表45.8)。

表45.8 1998~2007年全国书业纯销售状况

年份	销售数量(亿册)	同比%	销售金额(亿元)	同比%
1998	77.04	3.12	347.61	11
1999	73.29	−4.87	355.03	2.13
2000	70.24	−4.16	376.86	6.15
2001	69.25	−1.41	408.49	8.39
2002	70.27	1.47	434.93	6.47

续表

2003	67.96	−3.29	461.64	6.14
2004	67.06	−1.32	486.02	5.28
2005	63.36	−5.52	493.22	1.48
2006	64.46	2.06	504.33	2.25
2007	63.13	−2.37	512.62	1.64

这种书业销售金额和销售数量逆向增长的状况无法根本摆脱，已成为相当一个时期以来困扰中国书业的"瓶颈"。不突破这一"瓶颈"，中国书业的产业业绩就不能根本提升。由于书业纯销售数量的下降，也导致全国人均购书量的下降：按国家统计局公布的2007年末全国人口计算，当年全国人均购书4.78册，比上年减少0.14册；全国人均购书金额为38.80元，比上年增加0.43元。人均购书量的下降，不仅仅是一个简单的回落，而且还使2007年的全国人均购书量成为近20年来的最低值。

9. 七类读物市场结构趋优：课本销售下降，少儿读物、社科图书销售上扬

2007年全国出版物销售分类反映了全国市场行情和走向。中小学课本拥有最大的固定读者群，因而仍是最大的销售门类：与上年相比销售量增长1%，销售金额下降3.26%。其销售数量占总销售的49.26%，比上年下降0.96个百分点，销售金额占总销售的34.11%，份额比上年下降了3.22个百分点。

文化教育类图书，读者广泛，而将教辅读物涵盖在内后，更使其销量翻番，其销售仅次于中小学课本。其销售数量同比下降1.88%，销售金额同比增长6.7%。其销售数量占总销售份额为28.38%，同比下降了1.41个百分点；其销售金额占总销售份额为26.84%，同比上升了0.21个百分点。大中专教材同样因为读者相对固定，而销售业绩看好，其销售居第三位。其销售数量同比

增长26.75%,销售金额同比增长16.05%。销售数量占总销售的份额为4.26%,同比上升0.8个百分点;销售金额占总销售的份额为8.72%,同比上升0.76个百分点。

哲学、社会科学类图书行情看好,销售数量同比增长20.30%,销售金额同比增长16.51%。销售数量占总销售份额为3.56%,同比上升0.51个百分点,销售金额占总销售份额为7.53%,同比上升0.69个百分点。

面向专业读者的自然科学技术图书销售数量虽不及上年(下降3.07%),但销售金额却同比增长9.27%。其销售数量占总销售的份额为3.03%,同比下降0.18个百分点,销售金额占总销售的份额为7.4%,同比上升0.23个百分点。

文学艺术类图书多受读者青睐,其销售数量同比增长6.18%,销售金额同比增长7.88%。销售数量占总销售的份额为2.8%,同比上升0.09个百分点,销售金额占总销售的份额为5.09%,同比增长0.01个百分点。

少儿读物为少儿欢迎,销售数量同比增长14.76%,销售金额同比增长17.89%。销售数量占总销售份额为2.5%,同比上升0.26个百分点,销售金额占总销售份额为2.94%,同比上升0.3个百分点。

10. 报刊出版进入良性循环:平均期印数、总印数、总印张全面增长,期刊印数突破30亿,报纸平均期印数突破2亿

比之图书出版,报纸、期刊出版进入良性循环。尽管二者的出版品种均较上年持平,但却分别演绎出产值和平均期印数、总印数、总印张全面攀升的靓景。

期刊出版在"十五"期间曾一度陷入僵局;总印数和平均期印数连续下滑,至"十五"末已分别低于"九五"末。进入"十一五"的2006年,期刊出版出现转机,产值和平均期印数、总印数、总印张均告增长。2007年,期刊出版增势依旧,而且平均期印数、总印数、总印张三要素增幅均大于上年。特别是在纸价上涨的态势下，期刊出版印张均价不但没有上涨，反而下降，可谓奇迹。

期刊出版总印数首次突破30亿册，以30.41亿册成为新中国成立以来年期刊出版数量的最高峰。改革开放后的首年——1979年，中国期刊出版总印数首次突破10亿册，达11.84亿册。至1984年期刊出版总印数突破20亿册，达21.82亿册，跨越10亿册仅用了5年。此后期刊出版总印数几度徘徊、回落，跨越又一个10亿册进入30亿档级，竟用了23年时间。

2007年，期刊出版总印张增幅为15.33%，比总印数增幅6.62%高出近10个百分点。按期刊门类细分，综合类、哲学社会科学类、自然科学技术类、文学艺术类、少儿读物类五类期刊总印张增幅均大于总印数增幅；文化教育类和画刊类期刊虽然总印数下降，但总印张仍增长。这表明各类期刊印张均显增长，厚刊趋势依旧。

期刊总印张15.33%的增幅，高于总定价12.28%的增幅3.05个百分点，使得期刊印张均价不升反降。由于有广告支撑，厚刊低价以吸引更多读者，扩大发行量，不失为期刊发展的有效途径。

报纸出版在传统出版业中可谓风调雨顺，几年来未经波折，总印数、总印张持续增长。2007年这一趋势依旧，总印数增长3.17%，总印张增长2.52%。值得圈点的是平均期印数跨入一个新的档级，首次突破2亿份，达2.05亿份，创下了报业的新高。

细分门类，当年平均期印数增幅最高的是地市级报纸，达14.56%；总印数增幅最高的是县级报纸，达16.32%；总印张增幅最高的也是县级报纸，达14.06%。

11. 音像电子出版萎缩：音像制品电子出版物出版数量均告下降

2007年的全国音像制品出版可谓进入萧条期：出版品种31955种，同比下降5.19%，出版数量4.91亿盒（张），同比下降15.78%。2006年音像制品的出版品种和数量已均告下降,在此基础上2007年这两项要素继续下降,而且降幅明显大于2006年,音像出版业整体萎缩状态愈加明显。

　　细分类别,录音制品下降幅度大于录像制品下降幅度。各类录音制品中出版数量全面下降;其中录音带和高密度激光唱盘(DVD－A)出版品种和数量均下降,前者出版数量下降达20.5%,后者出版数量下降达38.34%;激光唱盘(CD)品种增长,数量下降19.01%。

　　录像制品中录像带和数码激光视盘(VCD)出版品种和数量均下降,前者出版数量下降达19.44%,后者出版数量下降达17.98%。高密度激光视盘(DVD－V)是2007年各类音像制品中仅存的"一枝独秀",当年其出版品种为5959种,同比增长29.52%,出版数量近1.16亿张,同比增长16.42%。

　　由于MP3、MP4乃至MP5、手机视频等的冲击,音像制品出版的萎缩已是大势所趋。除了教学内容的音像制品生命力尚存外,娱乐内容的音像制品很难再有复苏的可能。

　　无独有偶,2006年曾显示生机的电子出版物,2007年也陷入窘况:虽然出版品种增长了20.05%,但出版数量却下降了15.29%。电子出版物从出版规模来讲是出版物中的"弱势群体",但从其科技含量来说又是新兴传媒,只是近几年由于网络出版的冲击,使其发展受到抑制也是难免的。

12. 出版外贸：实物逆差加大，版权逆差缩小：外贸实物逆差为1∶6.41，图书版贸逆差为1∶3.99

　　尽管中国出版业加大了"走出去"的力度,但人民币的持续升值,不可避免地对2007年的中国出版物出口带来影响。当年全国出版物累计出口1207640种次,同比下降24.4%,累计出口数量1091.57万册(份、盒、张),同比下降1.94%,累计出口额3967.97万美元,同比增长1.32%。出口种次和数量的下降,乃至出口额的微弱增长与人民币升值带来的抑制不无关系。

　　从出口出版物细分来看,纸介质出版物——图书、报纸、期刊出口额均增长,录音带、DVD-V出口额增长,CD、VCD、电子出版物出口额下降。我国出版物出口种次高于进口种次的顺差已持续多年,2007年尽管由于人民币升值导致出口种次减少,但仍保持了1.47∶1的顺差值。而出版物进出口数量和金额的逆差,也已持续多年,2007年这两个逆差值均同比加大,数量逆差为1∶2.2,金额逆差为1∶6.41,出版物外贸逆差加大,也与人民币升值密切相关。尽管出版物进出口额总体逆差,但结构细分仍有顺差的品类:综合类图书外贸顺差为1.007∶1,VCD外贸顺差为19.58∶1。

2007年中国出版业继续加大版权输出力度,版权贸易逆差进一步缩小。当年共输出出版物版权2593种,同比增长26.06%,引进出版物版权11101种,版权贸易逆差为1∶4.28,逆差比上年明显降低。版权贸易中的最大份额——图书2007年输出版权2571种,引进版权10255种,版权贸易逆差为1∶3.99,比上年1∶5.34的逆差大为改善。图书版权输出中,对美国、英国、法国、俄罗斯、新加坡的输出量明显加大。

[链接:中国图书商报2008.7.25,文东《产业大盘显现新格局》]

第46章　书业分销排定新座次

新闻出版总署新近发布了2007年全国新闻出版业统计数据,和往年一样反映出版物销售既有总销售数据,又有纯销售数据。一些地区、单位和媒体喜欢引用总销售数据,因为它大且诱人,其数值通常为纯销售的两倍以上。但总销售包括了流通系统内的购销、调拨;其重复计算的部分超过50%。而纯销售是不含重复计算、反映读者实际消费的终极销售,其数据是对市场规模的真实、准确反映,而且其统计口径是和历史上图书分销业的统计口径相一致的,保证了数据和以往的可比性。特别是现在一些发行集团由于运行体系不同,对总销售的统计口径也不同,彼此之间缺乏可比性。因此本文的销售数据均为纯销售数据。总署公布的统计数据,取自全国新华书店系统和出版社自办发行单位。为了更简洁、贴切地表示,本文将其统称为"国有书业"。

1. 省域排行七成换位

2007年全国书业(国有书业,不含港、澳、台地区)出版物销售(纯销售,下同)金额为512.62亿元,同比增长1.64%。

2007年是中国书业进入500亿市场规模的第2年,也是中国书业进入"十一五"规划期的第二年,从总体看,当年书业市场态势平稳,未有大的起落。各省域市场大多平稳运行,全国市场格局未有大的变化。

书业的中央领域由220家中央在京出版社(含副牌社16家)和新华书店总店、中国图书进出口(集团)总公司、中国国际图书贸易总公司、中国出版对外贸易总公司、中国教育图书进出口公司五家中央级发行单位构成,2007年他们共销售 67.09 亿元,同比增长 1.91%,以 13.09% 的比重占了最大的市场份额,其市场份额同比上升了 0.04 个百分点。

省域销售由各省新华书店系统担纲,本省出版社扶携,部分省出版社自办发行业务未予展开,则由新华系统独家包揽。

31 个省、自治区、直辖市中销售不足亿元的,仅青海、西藏两省(区)。与上年相比,青海的销售略有下降,西藏的销售略有上升,二者在省域销售中的排位与上年未有变化(见表 46.1)。

表 46.1 2007 年全国省域销售排行

序位	省份	销售额(亿元)	占全国份额%
1	江苏	42.51	8.29
2	广东	30.82	6.01
3	山东	30.19	5.89
4	浙江	29.77	5.81
5	河南	24.58	4.79
6	四川	23.6	4.6
7	湖南	22.74	4.44
8	上海	18.94	3.69
9	安徽	18.91	3.69
10	河北	16.79	3.27
11	北京	15.54	3.03
12	陕西	15.4	3
13	江西	14.83	2.89
14	广西	14.67	2.86
15	福建	13.84	2.7
16	辽宁	12.8	2.5
17	山西	11.88	2.32

续表

18	云南	11.74	2.29
19	湖北	10.77	2.1
20	重庆	10.67	2.08
21	新疆	8.35	1.63
22	贵州	7.76	1.51
23	甘肃	7.54	1.47
24	黑龙江	7.23	1.41
25	吉林	6.46	1.26
26	内蒙古	6.24	1.22
27	天津	5.86	1.14
28	海南	3.05	0.59
29	宁夏	1.39	0.27
30	青海	0.63	0.12
31	西藏	0.06	0.01
	中央	67.09	13.09

江苏省以42.51亿元的年销售额领先第2位近12亿元,蝉联省域销售之冠。虽然位次不变,但销售却较2006年增长了近2个亿,占全国的市场份额也比2006年提升0.24个百分点,达8.29%。

位居亚军的广东省2006年位居第四,2007年它以3.5亿多元的增量跃入年销售30亿元档级,且晋升亚军,创下了两项不凡,显示了其强劲。

山东省销售同比略有下降,虽保住了30亿元档级,但在全国的位次却从上年的亚军屈居2007年季军。

由于广东的跃前,浙江省虽然销售增长了近2个亿,但其位次却从2006年季军退居2007年第四。

较之2006年,河南和四川的位次本年做了交换,河南销售实现了1400万元的增量,位次升至第五;四川销售下降,位次只得退后,屈居第六。

湖南以3300万元的增量,既使自己保持在20亿元档级,又使自己停留在第7的位次。

年销售超过20亿元的7个省与2006年完全相同,只是有5个省的位次发生变化。该7省销售额共计达204.21亿元,占全国的份额为39.83%,比2006年下降0.01个百分点。时间过去一年,该7省以自身的强势和对中国书业的引领,无愧于中国书业的第一方阵。第一方阵的成员构成显示了经济发达、区位优势、人口众多等对中国书业的拉动作用。

2007年销售在10亿～20亿档级的有13个省,数量与构成均与上年相同,只是一些省的位次发生变化。上海、安徽、河北、北京四省市分别居第8、9、10和11位,位次与上年相同。其中上海、安徽销售增长,河北、北京销售略有下降。陕西销售增长、江西销售略有下降,二省位次做了交换,分居第12、13位。广西销售增长,位次不变,仍居第14位。福建、辽宁、山西、云南四省销售增长,位次分别跃前一位,分列第15、16、17、18位。湖北销售下降,从上年第15位降为本年第19位。重庆销售增长,位次不变,仍居第20位。这13省的销售占中国书业的33.42%,构成中国书业的第二方阵。这一方阵成员区域分布广,以中部地区为多,同时涵盖了直辖市、老工业基地、少数民族区域和边疆地区。虽然2007年这一方阵的市场份额比上年有所下降,但它们所蕴涵的潜力不可小觑,其中国书业中坚力量的作用不可低估。

年销售不足10亿元的省,除前述青海、西藏外,尚有9个省,这11个省可谓中国书业的第三世界。它们又可以年销售5亿元为界,分为两个层级。属于前一层级从第21位顺次排列的新疆、贵州、甘肃、黑龙江、吉林、内蒙古、天津等7省区,2007年销售增减不一,位次有升有降。虽然它们大多位于欠发达地区,但又多具有各自亮点。如内蒙古、新疆书业近年都有在全国产生影响的可圈可点之处。就连海南、宁夏、青海、西藏四省区,虽属另一层级,但仍不乏可开掘之处。

2. 新华军团主导市场

2007年是中国新华书店诞生70周年。走过70年不凡历程的新华书店，2007年不仅书写了许多改革发展的精彩篇章，而且进一步强化了其在中国书业中的主体地位。当年的全国书业销售中，新华书店系统的销售为415.07亿元，占了80.97%的份额。各地新华书店在各自的市场中风光凸显。

由于各地新华书店在当地书业居于主导，因此全国新华书店系统的销售排行与中国书业销售排行大体相同(见表46.2)。

表46.2 2007年新华系统销售排行

序位	省份	销售额(亿元)	占新华系统份额%
1	江苏	40.71	9.81
2	广东	30.16	7.27
3	山东	30.07	7.24
4	浙江	27.83	6.71
5	河南	24.35	5.87
6	四川	23.18	5.58
7	湖南	21.83	5.26
8	安徽	17.72	4.27
9	河北	16.58	3.99
10	江西	14.55	3.51
11	北京	14.36	3.46
12	广西	13.92	3.35
13	福建	13.72	3.31
14	陕西	12.93	3.12
15	山西	11.88	2.86
16	云南	11.7	2.82
17	上海	11.05	2.66

续表

18	重庆	10.55	2.54
19	辽宁	9.8	2.36
20	新疆	8.35	2.01
21	湖北	8.1	1.95
22	贵州	7.68	1.85
23	甘肃	7.53	1.81
24	黑龙江	6.99	1.68
25	吉林	6.03	1.45
26	内蒙古	5.09	1.23
27	天津	3.35	0.81
28	海南	1.91	0.46
29	宁夏	1.39	0.33
30	总店	1.07	0.26
31	青海	0.63	0.15
32	西藏	0.05	0.01

江苏新华发行集团作为全国第一家国家主管部门批准的发行集团和全国文化体制改革试点单位,在屡创改革新绩的同时,2007年创下40.71亿元的销售业绩,成为首家销售突破40亿元的新华集团。其销售在本省书业销售中占据95.77%的份额,占全国新华系统9.81%的份额。其销售领先新华系统销售亚军10亿元之多,使其全国新华系统"龙头"老大的位置无可撼动。而其在2006年38亿多的基础上,以5.38%的增幅再创新高,与其加大馆配业务,发展跨区域经营不无关系。

广东新华2007年销售同比增长13.77%,首次进入30亿档级,并从上年新华系统第三位跃居第二位。广东新华系统虽尚未由广东新华集团全部统领,但在深圳出版发行集团、广州新华书店集团等的共同参与和努力下,2007年其销售占当地销售的份额达 97.86%。

山东新华年销售继续保持在超过 30 亿元的档级，占本省书业销售份额为 99.6%。由于广东新华的跃升，山东新华 2007 年屈居排位第三。近期山东新华书店集团已成立，这对山东新华系统的销售想必会产生重要的推动。

浙江新华 2006 年位居全国新华系统第 5，2007 年以 27.83 亿元的销售，位次跃居第 4，其销售增幅达 11.45%，占本省书业销售份额为 93.48%。其销售增长，位次提升，在一定程度上得益于其发展跨区域经营和年内刮起"橙色风暴"。

与浙江新华一同升位的还有河南新华。河南新华 2006 年位居第 6，2007 年升位至第 5。河南是全国新华员工最多的省份，河南新华在全国率先发展了读者俱乐部，2007 年河南新华的销售达 24.35 亿元，占本省书业份额为 99.06%。

四川新华 2006 年位居第 4，2007 年由于销售下降，位次降至第 6，其 23.18 亿元的销售，占本省书业份额为 98.22%。其新华文轩公司率先在香港上市后，对销售的助推想必将会到来。

湖南新华位居第 7，与 2006 年相同。其 21.83 亿元的销售，比 2006 年略增，占本省书业份额为 96%。其汽车书店的强劲发展，有效地提升了销售。

销售逾 20 亿元的 7 省新华，销售总额达 198.13 亿元，占全国新华系统销售的 47.73%。除浙江新华销售占本省书业销售份额为近 94% 外，其余各省新华占本省书业的销售份额均超过 95%。它们构成了中国新华书店的第一强劲军团。

除第一军团的 7 省新华外，销售占全国新华系统销售份额逾 2% 的尚有安徽、河北、江西、北京、广西、福建、陕西、山西、云南、上海、重庆、辽宁、新疆等 13 省（市、区）新华。这 13 省新华是全国新华系统中颇为活跃的阵营，虽然有的名气、影响、销售总额不如第一军团成员，但其劳动效率、利润水平、"小康"

程度并不逊于，有的甚至强于第一军团成员。其中安徽新华、河北新华、江西新华四面出击，多元发展，集团经营十分红火，生机盎然。北京、上海、重庆三家直辖市新华或有超大书业设施，或在书业首家上市，或有强大辅业支持，均在业界有上佳表现。广西、云南、福建新华位处沿海、边疆，均在寻求境外发展上有规划、有行动。辽宁新华的省店第一卖场、书业第一物流仍在发挥显效。这13省新华除个别省外，2007年销售均告增长，除少数省外大多数省新华的销售均占本省书业份额90%以上。

这13省新华精锐和第一军团的7省新华，构成全国新华销售20强。这20强的年销售总额达365.25亿元，占全国书业的销售份额为71.25%，成为名副其实的中国书业市场主体。

3．出版自销略有收缩

2007年全国出版社自销出版物97.55亿元，同比下降4.29%，占全国书业的销售份额为19.03%。

从总体结构看，中央级出版社自销66.02亿元，同比增长6.57%。地方出版社自销增减不一：辽宁、湖北、天津等14个省市的出版社自销增长，上海、北京、江苏等12个省市的出版社自销减少。2006年曾有自销业务的山西省出版社，2007年取消了自销业务（见表46.3）。

表46.3　2007年出版社自销排行

序位	省份	销售额（万元）	占自销总额比重%
1	中央	660204	67.68
2	上海	78899	8.09
3	辽宁	30010	3.08
4	湖北	26678	2.73
5	天津	25143	2.58
6	陕西	24636	2.53

续表

7	浙江	19389	1.99
8	江苏	18035	1.85
32	安徽	11892	1.22
9	北京	11785	1.21
10	内蒙古	11432	1.17
11	海南	11361	1.16
12	湖南	9033	0.93
13	广西	7498	0.77
14	广东	6529	0.67
15	四川	4271	0.44
16	吉林	4249	0.44
17	江西	2788	0.29
18	黑龙江	2332	0.24
19	河南	2298	0.24
20	河北	2038	0.21
21	山东	1274	0.13
22	福建	1200	0.12
23	重庆	1174	0.12
24	贵州	829	0.08
25	云南	436	0.04
26	甘肃	61	0.01
27	西藏	57	0.01
28	宁夏	0	0.00
29	青海	0	0.00
30	山西	0	0.00
31	新疆	0	0.00

除中央级出版社外,出版社自销逾亿元的共10个省。上海以出版社居多,理所当然地居自销第二位,自销额近7.9亿元,与位居第三的辽宁省

拉开了近5亿元的距离。湖北省出版社自销增长明显,增幅达44.09%,从上年自销量位居第9位,跃为本年第4位。自销逾亿元的尚有天津、陕西、浙江、江苏、北京、内蒙古、海南等7省区。新进入这一档级的内蒙古自治区出版社上年自销仅4530万元,位居第19;本年自销逾亿,增幅达1.52倍,位居第10,可谓大幅跨越。出版社自销超过5000万的,还有湖南、广西、广东3省。

2006年出版社自销逾亿的四川、山东两省,2007年自销量均大幅下降。四川省出版社自销从1.21亿元下降至4271万元;山东省出版社自销则从1.11亿元下降至仅1274万元。

从总体看,2007年全国出版社自销业务有所收缩,对此应从两方面认识,辨别其利弊。倘若出版社自销的减量转由专业分销机构操作,则是产业运营向专业化发展的利事。倘若自销业务的下降,源于出版社产品质劣或自身经营不善,则是产业应极力避免的。

4. 农村零售期待改观

出版物农村零售是出版业服务"三农"最直接的行动。2007年全国出版物农村零售88.85亿元,同比增长0.76%。当年城乡零售比例为79:21,21%的农村零售比重与上年持平。

从全国农村零售的省域细分来看,总体情况劣于2006年。首先,全国农村人口第一大省——河南的农村零售比重从上年的52.94%跌至本年的49.82%,使得全国不再有农村零售超过50%的省。其次,农村零售比重超过30%的省,从2006年的5个,减少至2007年的4个。再次,有4个省区农村零售为0,而除西藏外,其中三个省2006年农村零售业务量均有数百万元乃至上千万元。2007年出现的状况是数据填报时的差错,还是确实不再开展农村零售业务,不得而知。倘若是后者,那则是不可忽视的,因为这几个省区农村的面积还不在小数。但愿是前者的问题。

表46.4　2007年全国农村零售比重排行

序位	省份	农村零售比重%	农村零售额(万元)
1	河南	49.82	102019
2	江苏	47.61	192922
3	甘肃	44.14	32860
4	山西	35.16	39625
5	山东	29.8	84925
6	云南	29.51	34560
7	安徽	29.34	52730
8	河北	28.23	46588
9	贵州	25.5	13690
10	福建	24.17	29509
11	广西	20.41	16789
12	湖南	20.19	43751
13	江西	20.13	28993
14	重庆	18.53	18853
15	新疆	17.81	14763
16	陕西	17.72	25320
17	四川	16.06	37405
18	湖北	14.82	12610
19	吉林	14.38	9164
20	浙江	8.34	22931
21	上海	5.27	7596
22	天津	4.75	2139
23	辽宁	4.7	5038
24	宁夏	4.24	588
25	黑龙江	3.33	2309

续表

26	北京	2.16	2983
27	广东	1.69	3913
28	中央	1.25	3924
29	海南	0	0
30	青海	0	0
31	西藏	0	0
32	内蒙古	0	0

由表46.4可见,2007年全国农村零售在10%以上的有19个省,在20%以上的有13个省,均与上年相等。

江苏省虽然农村零售比重低于河南,但其农村零售额却以19亿多元而名列榜首。

农村零售比重在10%～20%之间的省域值得关注,即重庆、新疆、陕西、四川、湖北、吉林6省,这6省地处非发达地区,农村是其重要的领地。加大农村零售比重,是当地出版业的应尽责任。2008年国家将大力建设6万个农家书屋,倘若全部建成,那将给改变全国出版物农村零售状况带来新的契机。

[链接:中国图书商报 2008.7.25,文东《书业分销排定新座次》]

第47章 民营书业或显"围城现象"

随着新闻出版总署发布最新的2007年全国出版产业统计数据,中国书业的一大方面军——民营书业的基本状况、产业规模、发展走向到底怎样,再度成为业界所关注的话题。

1. 民营书业发展经历三阶段

中国民营书业的兴起是改革开放的产物。在今日,业界回顾中国书业改革开放30年的历程,总结中国书业30年改革发展成果时,民营书业的发展是其重要的篇章和不可忽视的内容。

中国民营书业的兴起始于1982年。当年,"一主三多一少"的提出和推行,是中国书业发行体制改革的开端,也是中国民营书业兴起的契机。其显著标志是:新华书店系统在图书发行领域一统天下的局面被打破,民营书店开始名正言顺地进入中国图书发行行业,成为中国书业一支新兴的发行分支。

26年来,民营书业的发展大体经历了三个阶段:

第一阶段系20世纪80年代。此期间为民营书业发展的初级阶段,众多民营书店开始跻身书业零售领域,一般规模均不大,除中小型书店外,还有相当一批流动性的书摊、书贩。

第二阶段系20世纪90年代。此期间,民营书业开始走向成熟。其特点:一是一批民营书店开始涉足批发,或批零兼营,或转而以批发为主;二是一些由有较深文化造诣的学人开办的书店,如风入松、国林风、万圣等以其特色确定了其在行业中的地位;三是以策划教辅图书为主的一批民营文化公司纷纷出现,并渐成规模。

第三阶段系21世纪以来至今。此期间,民营书业开始显现多元分化。以山东世纪天鸿书业有限公司为代表的十多家民营公司获得新闻出版总署批准的总发行权,成为民营书业上规模、上档次的代表;而另有一批民营书店包括一些曾经在业内颇具影响的民营书店却由于种种原因难以为继,而退出书业。

2. 民营网点、人员持续增长

如何准确地研判当今的中国民营书业——权威部门的权威数据是最好的佐证。其最基本的三要素是发行网点、从业人员和销售额。

2004年前的新闻出版统计制度中对民营书业的网点和从业人员,曾用"集、个体书店(摊)网点"和"集、个体书店(摊)人员"两个项目来反映。2003年的集、个体书店(摊)网点为34384处,人员为53017人。2004年起,执行新的修订后的新闻出版统计制度,统计范围扩大,统计对象涵盖所有经批准从事出版物发行和进出口业务的单位和个体经营者,民营书业的统计趋于规范化。民营书业网点数据细分为二级民营批发网点和集、个体零售网点两部分。当年二级民营批发网点的统计数据为4687处,集、个体零售网点的统计数据为104266处,仅集、个体零售网点数据就比上年增多逾2倍,一年间如此大的增幅,显然系统计口径的变化所致。因此,可以说2004年的民营书业网点统计数据与2003年的民营书业网点统计数据缺乏可比性。而2004年公布的出版物发行业从业人员统计数据,仅限于新华书店系统和出版社自办发行单位从业人员,未包含民营书业人员。这种网点统计和人员统计的不对应持续了两年,直到去年公布的2006年全国出版物发行业从业人员统计数据,才将民营书业从业人员含括在内。其中,仅集、个体零售网点从业人员就达42.38万人,与3年前的5.3万余人相差了37万余人,显然同样不具可比性。直至新近公布的2007年统计数据,才首度在执行新的统计制度后,民营书业的网点和从业人员数据同与上年具有可比性(见表47.1、表47.2)。

表47.1　2004～2007年全国民营书业网点统计

年份	民营书业网点(处)	同比(%)	占全行业比重(%)	二级民营批发网点(处)	同比(%)	集个体零售网点(处)	同比(%)
2004	108953	—	78.3	4687	—	104266	—
2005	113233	3.93	70.99	5103	8.88	108130	3.71
2006	115699	2.18	72.44	5137	0.67	110562	2.25
2007	120911	4.5	72.29	5946	15.75	114965	3.98

表47.2　2006～2007年全国民营书业从业人员统计

年份	民营书业从业人员(万人)	同比(%)	占全行业比重(%)	二级民营批发人员(万人)	同比(%)	集个体零售人员(万人)	同比(%)
2006	48.61	—	67.31	6.23	—	42.38	—
2007	54.24	11.58	70.58	9.13	46.55	45.11	6.44

从表47.1可见，几年来民营书业网点持续增长，2007年比2004年民营书业网点增长10.98%。民营书业网点占全行业的比重，始终保持在七成以上。网点细分比较，二级批发网点的增长速度快于零售网点的增长速度。2007年比2004年，二级批发网点增长26.86%，零售网点增长10.26%。前者增幅比后者增幅高16个百分点。

从表47.2可见，2007年二级批发从业人员同比增长速度快于零售从业人员增长速度，二者增幅差高达40个百分点。

统计数据表明，近4年，民营书业的网点持续扩增。从绝对数看，零售网点增长数量多，达10699处；从增幅看，二级批发网点增势明显。

3. 民营销售多有下滑

民营书业的产业规模除网点、人员规模外，更具代表性的应是其经营规模。但由于统计上的局限，长期以来，出自官方、反映中国民营书业经营规模的销售数据一直缺失。2004年执行新的统计制度,扩大统计范围后,虽然书业人员、网点统计涵盖了全行业,但销售统计仍只限于新华书店系统和出版社自办发行单位,民营书业销售仍未纳入。

民营书业的经营规模到底有多大,由于没有官方权威统计数据,致使业界众说不一:有民营销售已占半壁江山说,有民营销售已超过国有书店说,有民营系统一般书销售超过新华系统说,等等,莫衷一是。笔者认为,这些笼统的说法,由于缺乏真实的数据支撑,都有失偏颇;这些多凭主观印象的不准确判断,都或多或少地放大了民营书业的规模。

需要澄清的是业界鲜为人知的一个实情,即民营书业销售并非完全脱离官方权威统计的"盲区"。我们知道,当今民营书业的销售由两部分构成:一是通过从出版社、新华书店批发的货源所产生的销售。

民营书业发展初期,这种从国有书业批发单位购进货源的自身零售,是民营书业唯一的、全部的销售。二是由民营工作室、文化公司、民营批发商策划并发行的图书所产生的销售。这部分销售随着民营书业介入出版策划和与出版社合作的增多,而逐渐扩大。而这两部分销售构成中,第一部分实际上已隐含在新闻出版总署公布的纯销售数据中,只是其立项称谓并非明晰。在纯销售构成中,2004年以前这部分销售数据实际上即是被冠名为"批给集、个体书店"的数据;自2004年起,这部分销售数据实际上即是被冠名为"批给县以下单位或个人"的数据。应该说,在统计所指不变的情况下,这一称谓的变化是否妥帖值得商榷。

由于这一数据每年是作为批发数据来公布的,因此只有真正从专业角度细分纯销售的构成,了解其各部分构成称谓的历史沿革,并深刻理解长期以来在中国图书发行统计中对部分批发实行"以批代零"规则,才能够知晓根据"以批代零"规则,这一数据既反映了出版社、新华书店即国有书业对民营书业的批发,又可视作民营书业的零售。考查这几年这一数据的变化是研判当今民营书业的重要依据(见表47.3)。

表 47.3 2004～2007 年批自国有书业的民营书业销售

年份	销售额（亿元）	同比%	占纯销售份额%
2004	98.08	8.16	20.18
2005	58.99	－39.86	11.96
2006	65.14	10.42	12.92
2007	61.81	－5.11	12.06

从表 47.3 可见，近 4 年来，民营书业销售的重要部分——批自国有书业的销售趋于下滑，2005 年比 2004 年下滑幅度高达近 4 成。2006 年虽有所反弹，但 2007 年又继续下滑。从总体看，2004～2007 年 4 年间民营书业的这部分销售下降了 36.99%。

虽然民营书业非批自国有上游的销售，没有官方权威统计数据显示，但笔者认为，中国现今书业市场不含重复计算的实际销售规模约为 600 亿元，这一判断应该是比较恰如其分的。由此推算，民营书业非批自国有书业的销售约为七八十亿元。民营书业总体经营规模在 130 亿元左右。

4．数据诠释"围城现象"

统计数据是对产业现象的最好说明。

随着 2003 年《出版市场管理规定》的出台，国家对书业市场准入的政策进一步放宽。门槛降低使民营书业的发展提速，当年民营书业批自国有书业的销售从上年的 78 亿元，跃升至 90 亿元，增幅达 16%。2004 年，民营书业的这一销售持续增长，达到有史以来的最高值——98 亿元。当年十几家民营公司获得总发权，民营书业发展进入全盛期。

只是民营书业的发展可谓一波三折。进入 2005 年，寒流即已开始猛袭民营书业。由于新华连锁阵营的不断增强，民营书店在竞争中困境明显，一些书店不得已关闭。年内最具代表性的是，2004 年曾还雄心勃勃的上海思考乐书局因经营困难，难以为继而告退。当年民营书业批自国有书业的销售额同比下跌了近40%。

2006年，虽然从销售数据上看略有反弹，但民营书业的颓势并未止住。具有代表性的，一是云南最大的教辅图书民营批发商昆明云安公司退出市场；二是曾为业界"黑马"、占据海南书业市场半壁江山的海南创新书局，在不到半年时间内关闭了十多家门店；三是曾为辽宁最大的民营连锁书店的沈阳东宇图书发行有限公司在经过一段"挣扎"后，终告倒闭。

2007年，民营书业尚未转暖，民营书业销售再度下滑。败走市场的民营书店仍不断出现，最具代表性的，一是曾在全国声名显赫、号称拥有800家网点的全国最大的民营连锁店——席殊书屋，在经历了纠缠不清的债务官司后，终因经营不济而告停业；二是曾在沪上颇具影响、拥有22家直营店、10家加盟店的上海明君书店，在萧瑟的深秋关闭了其最后两家门店。

2008年上半年民营书店关张的消息仍不断传来。一些民营批发商也痛感经营艰难，进退维谷。

近3年来，一批批民营书店告别书业，或因新华强势挤压，或因不堪债务重负，或因经营管理失策，或因缺乏资金支撑，致颓原因不一，同为穷途末路。

耐人寻味的是，统计数据显示：与民营书业销售下滑、出局者不断相伴的是，民营书业网点和从业人员持续增长。这种一边是痛尝苦果的往日经营者纷纷离去，一边是踌躇满志的新生经营者频频涌入，构成了当今民营书业典型的"围城现象"。民营书业或正进入一个成长与没落交织的特殊发展期。

［链接：中国图书商报2008.8.5，文东《民营书业或显"围城现象"》］

第48章 中外出版人最关注什么？

诚如经典名言"一千个读者就有一千个哈姆雷特"，对于同样的一些问题，每个人的看法无疑千差万别，对于中外出版人来说，因其文化背景、思考方式以及从业环境等诸多因素的不同，对于业内众多问题的认识自然也有所不同。尽管如此，从差异中寻找共性，剖析根源，不仅能让我们看到当下中外出版人各自最关心的热点焦点，更能为进一步加强中外交流与合作提供参考依据。

正是出于这样的初衷，中国图书商报借2008年9月天津第15届北京国际图书博览会之机，现场对近百位中外出版从业人员进行了一项关于"中外出版人最关注什么？"的主题调查，了解他们对于薪酬问题、人才问题、纸价问题、版税问题、版权输出或引进后的销售数量、出版业的数字化、出版资源争夺、零售市场情况、网络渠道、阅读趋势、书业政策共11个问题的关心程度：非常重要、重要或不很重要。此次调查共发放问卷100份，回收有效问卷78份，其中中方37份，外方41份，涉及集团老总、版权经理、普通编辑等各个层面的中外出版从业人员。

1. 人才问题、出版资源、数字化最为中方关注；数字化、版贸销量、阅读趋势备受外方推崇

在此次回收的问卷当中，"人才问题"、"出版资源争夺"、"出版业的数字化发展趋势"成为中国出版人认为"非常重要"问题的前三名，占中方回收问卷的比例分别为64.86%、56.76%、40.54%，可以说"人才问题"已成中方最为重

要的命题。

据记者了解,人才问题之所以成为国内书业人员的首要选项,一方面可从这些年国内书业从业人员的学历状况得到印证,目前绝大多数出版社在新进人员时都要求应聘人员具备硕士研究生及以上学历;另一方面,在现有出版业从业人员当中,一些观念新、业务强的高素质出版人才也备受各出版集团、出版社青睐,重金聘请或给予更为灵活的发展空间早已不是新鲜事。

"出版资源争夺"、"出版业的数字化发展趋势"位列二三名也是非常自然的事情。就拿"出版资源争夺"来说,在日常采访和交流当中,记者听得最多的一句话非"出版业竞争越来越激烈"莫属。尽管事实上出版业还远远无法与IT业、家电业、保健品业等行业竞争的惨烈度相提并论,但从宏观方面来说,随着出版业的转企改制,原来的事业单位企业化运作模式将面临越来越大的挑战就是事实,而新闻出版总署正在开展的首次经营性出版单位的评估,也为今后出版社退出机制埋下了伏笔;从微观角度来看,因为好的作者资源、渠道资源、营销资源等出版资源相对有限,特别是事关潜在畅销书或畅销书作者的新作,彼此间互相争抢而导致作者"转会"已是家常便饭,跟风、盗版也是伴随左右。

值得一提的是,正因出版资源的争夺加剧以及网络的普及,数字化也被国内出版业提上议事日程,中国出版集团公司、上海世纪出版股份有限公司等纷纷成立相关子公司,不少出版社也设立数字出版相关部门,知识产权出版社、中国标准出版社等还在按需出版方面进行了有效探索。2008年7月16日,全国第一家经新闻出版总署批准的国家数字出版基地又在上海浦东张江高科技园区内挂牌设立。当然,就在国内出版界尚在争论"数字出版"的商业模式,以及质疑其到底可以带来多少商业上的收入的时候,国外出版业不仅已经探索出了一些可行的数字出版模式,而且还在较短的时间内实现了较为丰厚的商业回报。

据公开数据显示,截至 2006 年底,欧美部分大型出版集团数字出版收益在其总收益中所占比例迅猛上升,其中汤姆森出版集团 69%、里德·爱思唯尔集团 70%、培生教育集团 50% 的收入均来自数字出版及网络相关业务。而在此次调查当中也印证了这一点——外方有 58.54% 的人最关心"出版业的数字化发展趋势"。

紧随其后的,外方前三个选项中另两个分别是"版权输出或引进后的销售数量"、"读者的阅读趋势变化",认为其"非常重要"的比例均为 56.10%。据本报执行调查的记者反映,此次外方受访对象多以版权经理为主,"版权输出或引进后的销售数量"自然成为他们普遍关心的问题,毕竟这是他们的职责所在。而从务实的角度来说,掌握读者的阅读趋势方能提供更有针对性的图书产品。与此相对应,中方认为"版权输出或引进后的销售数量"、"读者的阅读趋势变化"非常重要的比例仅分别为 13.51%、24.32%。(见图 48.1)

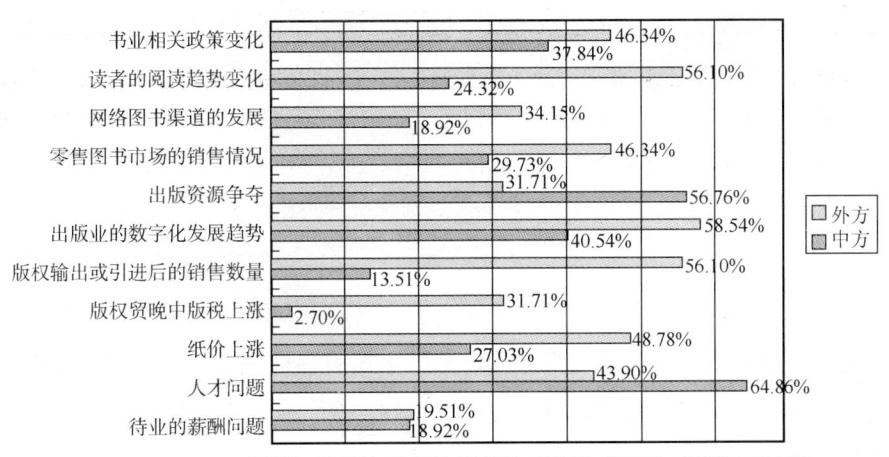

图 48.1　中外出版从业人员行业问题关注度对比

行业问题	外方	中方
书业相关政策变化	46.34%	37.84%
读者的阅读趋势变化	56.10%	24.32%
网络图书渠道的发展	34.15%	18.92%
零售图书市场的销售情况	46.34%	29.73%
出版资源争夺	56.76%	31.71%
出版业的数字化发展趋势	58.54%	40.54%
版权输出或引进后的销售数量	56.10%	13.51%
版权贸易中版税上涨	31.71%	2.70%
纸价上涨	48.78%	27.03%
人才问题	64.86%	43.90%
待业的薪酬问题	19.51%	18.92%

图 48.2 中方出版从业人员行业问题关注度

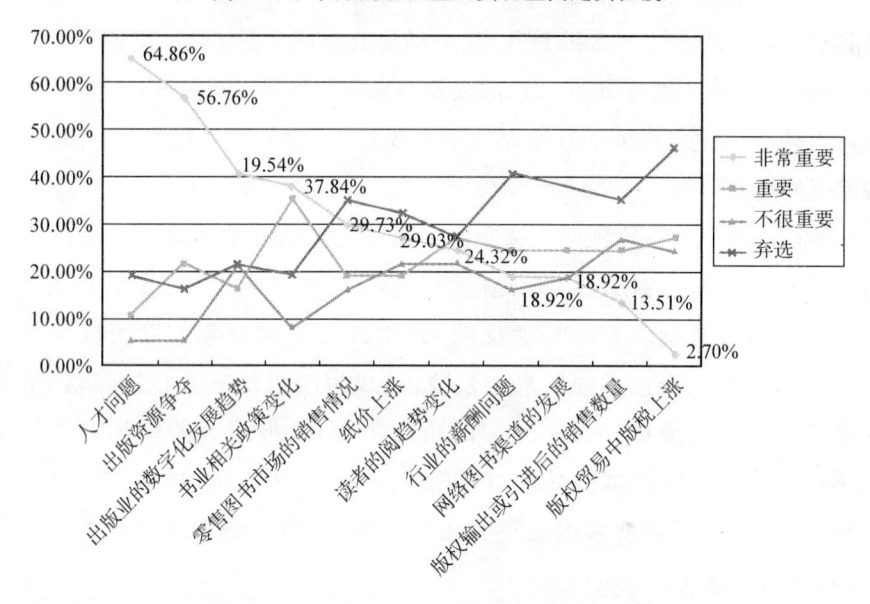

图 48.3 外方出版从业人员行业问题关注度

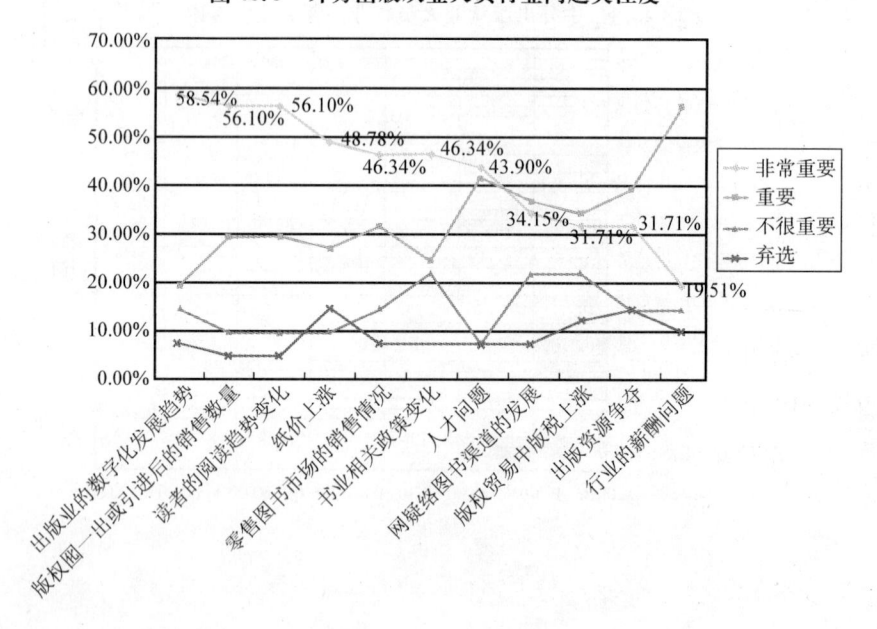

2. 中外均重视政策、纸价及零售；版税、薪酬及网络渠道相对靠后

有意思的是，按选择"非常重要"所占比例高低排序，中外双方接下来的选项则颇为相似，其中，中方出版人员的选项依次为"书业相关政策变化"、"零售图书市场的销售情况"、"纸价上涨"、"读者的阅读趋势变化"，所占比例分别为37.84％、29.73％、27.03％、24.32％，而外方的选项则依次为"纸价上涨"、"零售图书市场的销售情况"、"书业相关政策变化"、"人才问题"，所占比例分别为48.78％、46.34％、46.34％、43.90％。除"读者的阅读趋势变化"和"人才问题"外，其他三项均相同但位次稍有调整，也说明此类选项在中外出版业从业人员心中的分量旗鼓相当。（见图48.2，见图48.3）

部分参与调查的中外出版人在填写问卷的同时，也主动谈到了选择这些选项的原因——在当前转企改制关口，书业相关政策的变化对书业发展有着相当重要的影响，改革开放30年来中国出版业之所以能取得如此成绩，很大程度上取决于政策的支持；而外方关注"书业相关政策变化"也是为了更好地进军中国书业，这早在中国加入WTO时便可见端倪。

中外出版业关注的一个共性问题还有这两年来纸价的飙涨。从2007年下半年起，国家关停许多污染严重的小型造纸企业，加上造纸原材料价格上涨以及国内CPI上涨带来的能源、人工等价格上调，导致国内纸价上涨迅速，平均涨幅超过10％。以新闻纸为例，2008年一季度由4900元/吨上涨至5500元/吨，6月份由5500元/吨涨至5800元～6000元/吨。进入8月以来，几家主流厂商又再度每吨提价300元左右，白卡纸、铜版纸莫不如此。需要说明的是，基于中小学教材实行政府采购和限价出版发行，而一般图书因并非消费者刚性需求，图书定价无法实现与纸价同幅度增长，加之国外多年来将中国作为印刷基地的事实，使得纸张价格的上涨对中外出版业来说，都有着切肤之痛。

此外，2008年初颇受各方关注的新《劳动合同法》、物价上涨等可能带动书业薪酬的上涨的因素，从此次调查来看，并未如人们当初想象的那么"可

怕",行业的薪酬问题在中外从业人员眼中"非常重要"的比例仅分别为18.92%、19.51%。这当中或许有爱书之人的精神追求因素,另一方面也说明,要么书业企业已经很好地解决了员工的薪酬问题,要么是可提升空间本身就比较有限。

"网络图书渠道的发展"在中外出版人关注的重要度中位居后列,中外问卷中选择此项为"非常重要"的比例分别为18.92%和34.15%。当然,从数据也可看出,相对而言外方对网络销售渠道的重视度仍是国人的两倍。调查中,"版权贸易中版税上涨"一项的排位相当靠后,对此业内人士认为,一方面是版税本身的涨幅不是很大,另一方面受人民币升值的影响,对于中外双方来讲其上涨还都在可接受范围之内。

[链接:中国图书商报 2008.9.19,蓝有林《中外出版人最关注什么?》]

第49章　中国期刊网络传播趋势报告

中国图书商报与龙源期刊网 2008 年 11 月联合发布的中国期刊网络传播趋势报告显示，期刊网络阅读已日渐成为主流的阅读方式之一。作为国内最大的期刊网络付费阅读和传播平台，龙源期刊网多年来一直致力于将中国期刊通过网络在国内外传播，已取得初步成效。从 2005 年龙源首次发布期刊网络传播数据以来，各刊点击阅读量均有大幅提高。在龙源期刊网这样一个汇聚全国 2400 多种期刊的网络传播平台上，点击阅读量每年飞速增长成为中国网络阅读快速发展最有力的一个注脚，尤其在目前全球经济萎缩的大背景下，网络这种成本相对较低的阅读途径优势会更加突出。

趋势一　网络付费阅读量高企

近年来，随着网络的普及和期刊数字化大潮的不断推进，期刊网络阅读量连年保持高速增长态势。据统计，龙源期刊网 2008 年 TOP100 期刊的国内付费阅读量之和约为 1550 万次，而 2006 年的这一数字仅为 460 万次，3 年时间增长率高达 337%。

龙源期刊网络付费阅读量的节节攀升，主要源于以下三个方面的原因：一是越来越多的受众开始认可期刊网络付费阅读的价值，期刊付费阅读的网络传播环境正逐步形成；二是国内刊社对网络传播的认可度越来越高，逐渐认识到"数字化引领期刊未来"这一课题的重要性；最后一个不容忽视的因素在于"龙源"这一品牌的价值近年来稳步提高，随着龙源期刊网通过各种手段在大中专院校、科研机构、军队、机关事业单位等社会团体进行广泛、深入的市场营销,以及在各类媒体上不懈推广自己的品牌,越来越多的读者开始选择龙源期刊网作为自己网上读刊的重要阵地。

另外,从2005年以来的龙源期刊网络付费阅读的相关数据来看,期刊出版频率与网络传播效率明显成正比关系,即期刊的出版周期越短,其网络传播的效率就越高,反之亦然。换句话说,也就是周刊、半月刊比月刊的网络阅读量更高。以龙源2008年"国内阅读TOP100"榜单为例,与2005年和2006年的数据相比,周刊、旬刊、半月刊的比例大幅增加。中国期刊界近年来出现的"周刊化"发展也为网络传播高速增长添加助力。

趋势二　长尾马太效应并存

在龙源以往的付费阅读排行前100名(TOP100期刊排行榜)期刊中,网络传播"长尾效应"明显——2000多种期刊通过网络传播得到了纸本刊物难以获得的传播力和影响力。这一点很容易理解,目前的市场竞争环境下,由于受制于资金、人才、政策等资源的限制,期刊的生存空间受到挤压,但是网络的大规模普及无疑把各类期刊都拉到了同一条起跑线上。通过网络传播,不同类型的期刊通过自身的努力,完全可以适应更多不同口味读者的需求,因此才有了2008年数据统计中《商场现代化》、《领导文萃》、《考试周刊》等期刊的抢眼表现。从这个角度上来讲,"长尾理论"仍然深刻影响着期刊网络传播的格局。

但是从龙源期刊网4年来的传播数据来看,强势期刊如《青年文摘》、《意林》等与其他期刊相比领先优势更加突出,付费阅读量越来越向优势期刊集中。如《青年文摘》的网络付费阅读量超过45万次,第二名《意林》超过38万次,TOP100期刊中其他大部分的阅读量在4万次至10万次之间徘徊。同时,龙源2008年"海外阅读TOP100期刊"的排行也凸显了这种"马太效应":海外阅读TOP100排名第一的《中外文摘》访问量超过1.4万次,明显领先第二名《当代》的1.09万点击量,领先幅度接近30%。《中外文摘》更是超过排名第一百名的《台港文学选刊》访问量的 50 倍之多。

这种网络资源越来越向优势期刊资源集中的现象表明，期刊网络传播已经逐渐摆脱了原来那种"混战不断"的乱象，随着强势期刊在网络传播上的崛起以及地位的不断巩固，整个期刊网络传播的市场格局正在逐渐趋稳，因此期刊的网络传播也就越来越具有了实体期刊市场的特征——"赢家通吃"，内容好才是真正的好。

趋势三　时政财经类话题成焦点

2008 年是个极具媒体话题意义的一年，雪灾、地震、奥运会、毒奶粉，新闻事件之影响一浪高过一浪，这种时政热潮也反应在期刊网络阅读热点上，在龙源期刊网络传播数据国内阅读 TOP100 中，时政新闻类期刊占有很大比例，《中国新闻周刊》、《新民周刊》、《南风窗》等均在榜上，且《中国新闻周刊》占据第 5 位，创下近年来的最高纪录。"多事之秋"成就了新闻时政类期刊纸版零售的高潮，同样也创造了网络传播的新纪录。

楼市、股市等财经话题从 2006 年下半年开始逐渐成为人们普遍关注的话题，美国次贷风波引发的金融问题更是成为去年下半年以来社会大众最关心的话题之一，长期占据各大媒体头条、头版或首页位置。从 2008 年龙源期刊网络传播国内阅读 TOP100 期刊中，财经管理类期刊占据了 16 种，比例高达 16%，充分彰显网络用户对财经话题的高度关注，《商业时代》、《理财周刊》、《中国市场》、《商界》、《中国经济周刊》、《环球企业家》等杂志均有上榜。

趋势四　阅读取向"内外有别"

通过龙源每年发布的国内、海外两种榜单可以看出，中文期刊在海外华人市场继续保持很强的号召力。但是对比国内榜单，海外读者更认可传统的"名刊"，并对一些特殊领域保持不同于国内付费阅读市场的兴趣。文化认知背景、信息获取渠道的差异或许是海外阅读和国内阅读之所以呈现出不同特色的两大因素。

综合2008年期刊网络传播的"国内阅读TOP100期刊"和"海外阅读TOP100期刊"两个榜单来看,一个明显的特征是海外读者更重视期刊品牌的影响力,比如《当代》、《青年文摘》、《家庭》、《十月》、《大众摄影》等传统品牌期刊都位居海外阅读十强期刊,整个海外阅读TOP100期刊中有很多都是老牌知名期刊。而2008年"国内阅读TOP100期刊"中,越来越多的新锐期刊如《商场现代化》、《领导文萃》、《考试周刊》等上升速度非常明显。

从国内和海外的这种阅读差异中可以看出,目前国内很多期刊的品牌还不能有效的延伸到网络,形成有效的网络吸引力。而一些中小期刊由于自身内容更适合网络阅读或者推广力度大等原因,通过网络传播大大扩张了自己的影响力,取得了纸本期刊难以取得的成绩。

2008年期刊海外网络传播数据TOP100中医药保健类期刊多达13种,远远高于国内期刊网络传播TOP100。中华传统医学养生保健知识一直是海外华人和一些西方人士最关注的中国传统文化内容之一,是中国期刊海外阅读的主流。因此,期刊海外网络付费阅读潮流中,以文学文字为主的纯休闲阅读和以保健养生为主的偏实用阅读构成了海外用户两大主要阅读诉求,龙源连续4年发布的TOP100期刊反复证明了这一点。

趋势五 网络传播显示巨大重塑力

期刊阅读移至网络之后,网络显示出了对传统期刊格局的巨大重塑力。不论是新刊还是老刊,名刊还是小刊,各类杂志似乎处在了同一条起跑线上,通过龙源这个期刊平台获得了巨大的网络传播力和影响力,甚至期刊网络传播受众的性别特征也颠覆了"杂志女性读者多"的定律。

新刊网上不一定逊于老刊。纸网联合发展已经越来越成为主流期刊主流的发展模式,而且,网络化某种程度上可以弥补纸版的发展不足,或者给纸版带来意料之外的收获。在网络化发展方面,新刊并不意味着处于劣势地位。

创刊仅3年的《37°女人》和创刊仅1年的《先锋国家历史》均进入龙源2008年期刊网络传播数据国内排行TOP100榜单,《37°女人》居第65位,《先锋国家历史》居79位。从这个意义上讲,新刊在网络传播方面并不完全逊于老刊,重要的还是期刊内容本身。《37°女人》和《先锋国家历史》快速进入大众阅读视野,跟其准确的市场定位和优质内容不可分割,在网上,这一优势同样可以获得网民的认可。

小众杂志网上实现大众传播。从龙源期刊网传播排行数据中,我们还惊奇地发现,现实世界非常小众的杂志在网络空间也可以成为大众杂志,如各种特殊兴趣类杂志。这类杂志往往是只有少数爱好者的热衷读物,但是在网络上,小众杂志也日渐得到大众的喜爱。在2005年龙源发布的期刊网络阅读亚洲排行TOP100中,只有《海事大观》、《坦克装甲车辆》和《搏击》三种特殊兴趣类杂志上榜。但是,2006年的"TOP100"榜单中,上榜的有《轻兵器》、《大众摄影》、《棋艺》、《精武》、《武当》、《搏击》、《海事大观》、《兵器知识》等杂志,且付费阅读量均在1.5万次以上。在2007年和2008年的"TOP100期刊"中,上述的大多数杂志仍旧保持不错的阅读量。

趋势六　网络阅读彰显草根本性

从龙源连续4年的期刊网络传播趋势中我们发现,网络文化的草根性在TOP100榜单上得到了充分而切实的印证。文学、婚姻、家庭、故事阅读占据了主流阅读主题,而这类阅读是最没有"知识门槛"而且也是离普通大众的生活更近的。

从龙源2008年的相关数据来看,国内期刊网络阅读方面,《意林》、《青年文摘》这类适合年轻人阅读的文摘类杂志最受欢迎,其刊载的文章短小精悍、故事性强、励志而富有人情味,这也比较符合网络阅读的特征。从2005年到2008年连续4年龙源公布的期刊网络传播数据来看,文摘类文学类一直占据TOP100期刊主流位置,且排行靠前,突出了网络传播的特征:在网络空间,期刊以单篇文章传播，文摘类和文学类杂志，单篇文章均是一个独立完整的个体，且文摘和文学类文章或短小精悍、或励志抒情、或情节生动，容易形成一个单独的阅读单元。另外，从龙源期刊网络付费阅读国际前100文章来看，文学期刊网络阅读量最高：《当代》有39篇文章进入TOP100文章排行，《十月》有17篇，《人民文学》有14篇，《收获》有10篇，四大文学期刊在TOP100文章中占据80%的比例，老牌文学期刊在海外华人读者中的品牌影响力足见一斑。再者，文学类期刊多以"篇"为单位，单篇文章之间没有太多的联系，各篇自成一体，整体结构相对比较分散，主题之间不需要一定的衔接和过渡，故事性强、时效性弱，因此，也更适合网络空间的传播。国内文学期刊庞大的媒体群同时也有庞大的阅读市场，文学期刊也有望能够互联网等新媒体平台扩大阅读群体。

［链接：中国图书商报2008.11.4，马雪芬、李鹏《期刊网络付费阅读渐被接受》］

第50章 解码第二批转制大学社实况

教育部与新闻出版总署2008年11月24日～25日在北京联合召开的"第二次高校出版体制改革工作会议",拉开了第二批大学社体制改革的序幕,标志着全国大学社体制改革工作已进入全面推进的阶段。经过首批19家高校出版社近一年半的改革试点,以及相关政策、配套办法的不断明朗,此次列入第二批改制试点的61家大学出版社经过积极的准备,将进一步加大步伐,向纵深推进高校出版社体制改革的进程,它们的自身情况、发展规模、经营特色等与改制成果密不可分。

1. 61家试点大学社分析

目前,全国共有103家大学出版单位,已进入转企改制行列的大学社包括第一批试点的"18+1"家,近两年陆续新成立的5家(黑龙江大学出版社、湘潭大学出版社、江苏大学出版社、贵州大学出版社、浙江工商大学出版社,均以企业身份注册成立),以及第二批试点的61家大学社,共有85家,占全国大学社的82.5%。

华东地区试点社最多;理工类大学社数量占优

进入第二批转制试点的61家社占全国大学社总量的59.22%。

从地域上看,这61家大学社分布在华北、东北、华东、中南、西北、西南6个地区;其中,华东和华北地区列入试点的大学社数量较多,分别为18家和13家;其次为东北地区的9家和中南地区的8家;西南和西北地区分别有8

家和 7 家大学社列入试点(见表 50.1)。

表 50.1　61 家试点大学社地区分布

地区	数量	出版社名称
东北	9	辽宁师范大学社、东北财经大学社、东北师范大学社、哈尔滨工程大学社、大连海事大学社、吉林大学社、东北大学社、哈尔滨工业大学社、延边大学社
华北	13	北京语言大学社、对外经济贸易大学社、中国传媒大学社、北京邮电大学社、北京体育大学社、北京理工大学社、中央广播电视大学音像社、首都经济贸易大学社、河北大学社、旅游教育社、中国农业大学社、北京交通大学社、中国政法大学社
华东	18	同济大学社、上海交通大学社、上海外语教育社、华东理工大学社、苏州大学社、南京大学社、中国石油大学社、合肥工业大学社、河海大学社、安徽大学社、中国海洋大学社、山东大学社、中国矿业大学社、厦门大学社、南京师范大学社、复旦大学社、立信会计社
中南	8	华南理工大学社、暨南大学社、中国地质大学社、华中师范大学社、武汉理工大学社、中南大学社、湖南大学社、河南大学社
西北	6	陕西师范大学社、西安交通大学社、西安电子科技大学社、西北大学、西北工业大学社、兰州大学社
西南	7	重庆大学社、西南师范大学社、西南财经大学社、电子科技大学社、四川大学社、西南交通大学社、云南大学社

从类别来看,这 61 家大学社分属于人文、师范、理工、综合 4 类出版社。其中,理工类大学社数量最多,包括上海交通大学出版社、西安交通大学出版社等 24 家;其次为综合类大学社,包括南京大学出版社、苏州大学出版社等 20 家,人文类大学社包括上海外语教育社、北京语言大学出版社等 11 家;师范类大学社有东北师范大学社、西南师范大学社等 6 家(见图 50.1)。

依据中国出版科学研究所研究员刘拥军通过 LM 竞争力监测系统对全国大学社进行的竞争力调查(数据包括监测系统独立采集和 2007 年新闻出版总署计划财务司编的《中国新闻出版统计资料汇编》,如无特殊说明,下文引用皆依据上述数据),有9家第二批转制试点单位进入大学出版社竞争力总排名前20名,分别是上海外语教育出版社(第6名)、南京大学出版社(第8名)、西南师范大学出版社(第11名)、复旦大学出版社(第12名)、东南大学出版社(第13名)、南京师范大学出版社(第15名)、重庆大学出版社(第18名)、上海交通大学出版社(第19名)、辽宁师范大学出版社(第20名)。

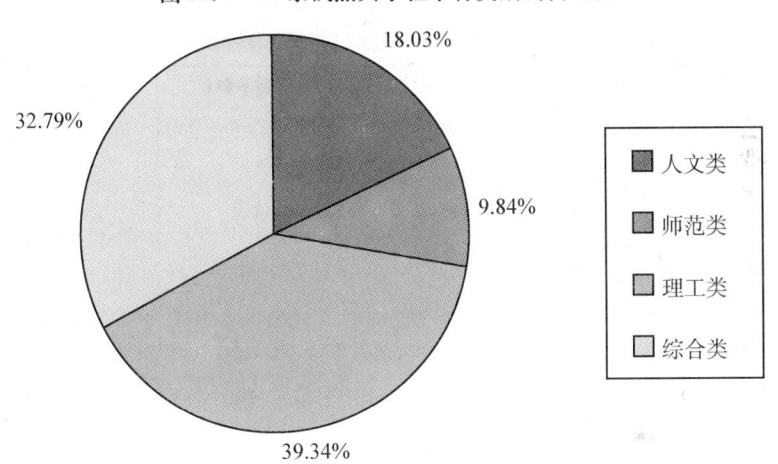

图50.1　61家试点大学社中各类别所占比例

人文类 18.03%
师范类 9.84%
理工类 39.34%
综合类 32.79%

多数试点社为"第二梯队";少数社具备较强竞争力

在理工类大学出版社竞争力前5名排行榜上,上海交通大学出版社位列第2名,北京理工大学出版社位列第5名;在人文类大学出版社竞争力前5名排行榜上,上海外语教育出版社位列第3名,东北财经大学出版社位列第5名;在师范类大学出版社竞争力前5名排行榜上,西南师范大学出版社和南京师范大学出版社分列第4和第5名;在综合类大学出版社竞争力前5名排行榜上,南京大学出版社位列第2名,复旦大学出版社位列第4名。

尽管上述大学社在生产力、销售力、赢利力等方面显示出较强的竞争实力,从规模上看,与第一批19家试点单位相比,第二批列入试点的61家大学社多为中小型出版社(见表 50.2)。在图书出版品种方面,只有 2 家出版社出版图书总品种超过 1000 种,81.96%的大学社出版图书在 500 种以下,新书品种比例最高的是 100~200 种之间,达 30 家出版社;在图书印数方面,61 家试点大学社中,近一半数量的出版社印数在 200 万册以下,印数超过 2000 万册的仅有 2 家,超过 1000 万册的有 8 家;在定价总金额方面,码洋在 5000 万以下的大学社比例为 55.74%,1 亿码洋以下达 50 家,超过 2 亿码洋的大学社有 4 家。

表 50.2 61 家试点大学社生产、销售情况

项目			出版社(个)	百分比
品种(种)	总品种	1000 以上	2	3.28%
		500~999	9	14.75%
		200~499	41	67.21%
		199 以下	9	14.75%
	新书品种	300 以上	5	8.2%
		200~299	20	32.79%
		100~199	30	49.18%
		99 以下	6	9.84%
总印数(万册、张)		1000 以上	8	13.11%
		500~999	10	16.39%
		200~499	16	26.23%
		199 以下	27	44.26%
定价总金额(万元)		20000 以上	4	6.56%
		1000~1999	7	11.48%
		5000~9999	16	26.23%
		4999 以下	34	55.74%

综合类社利润总量最高;师范类社均收入领先

就产业规模而言,综合类大学出版社整体规模最大,20 家综合类大学社占 61 家试点社产业销售收入总量的 45.84%,占销售码洋总量的 34.78%,占

税前利润总量的 37.24%,是大学出版产业利润最大获得者。其次为人文类出版社,11 家人类大学社占 61 家试点社产业销售收入总量的 20.37%,占销售码洋总量的 23.4%,占税前利润总量的 31.97%(见表 50.3)。

表 50.3　61 家试点大学社各类所占规模比例

类型	数量	销售收入	销售码洋	税前利润
理工类	24	17.34%	22.33%	12.37%
人文类	11	20.37%	23.40%	31.97%
师范类	6	16.45%	19.49%	18.43%
综合类	20	45.84%	34.78%	37.24%

就 61 家试点大学社平均的经济实力而言,师范类大学社实力雄厚,社均销售收入 8348 万元,税前利润 1309 万元。实力相对弱小的是理工类大学出版社,其平均的销售收入为 2200 万元,税前利润为 219 万元(见图 50.2)。

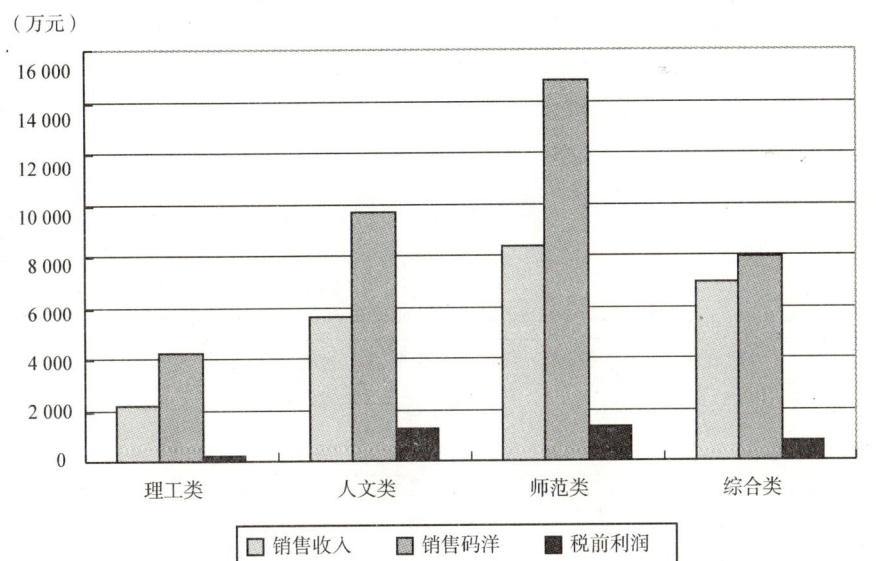

图 50.2　61 家试点大学社社均所占规模比例

华东地区社占总体产业规模1/2；高等教育是大学社主要利润来源

从61家试点社分布的地域来看，华东地区的大学社数量最多，整体规模最大——18家大学社销售规模达15.1亿元，几乎占61家试点社产业销售收入总量的一半；销售码洋17.5亿元，占61家试点社销售码洋总量的38.48%；税前利润达17.1亿，占61家试点社税前利润总量的39.99%。其次为华北地区的13家出版社，销售收入占总量的18.88%，销售码洋占总量的21.04%，税前利润占总量的23.59%（见表50.4）。

表50.4　61家试点大学社分布区域所占规模比例

地区	数量	销售收入	销售码洋	税前利润
东北	9	10.72%	11.21%	12.07%
华北	13	18.88%	21.04%	23.59%
华东	18	49.43%	38.48%	39.99%
西北	6	5.17%	8.29%	3.07%
西南	7	9.06%	11.70%	8.39%
中南	8	6.73%	9.29%	12.88%

大学出版社的图书出版业务按照服务对象可以区分为高等教育市场、基础教育市场、职业成人教育市场、社会教育市场、学术图书市场、大众图书市场等。就整体而言，大学出版的利润主要来自高等教育与基础教育两大市场，但各类大学出版社之间呈现出很大的差异（见表50.5）。

表50.5　61家试点大学社各类社的利润来源

类别	高等教育	基础教育	职业成人教育	社会教育	学术图书	大众图书
理工类	55.91%	9.79%	12.94%	3.28%	4.78%	13.3%
人文类	81.9%	1.93%	5.59%	4.14%	2.71%	3.73%
师范类	21.77%	59.39%	6.26%	2.56%	1%	9.02%
综合类	69.38%	16.53%	6.69%	0.82%	2.13%	4.46%

61家试点大学社中,理工类、人文类、综合类出版社的主要利润均来源于高等教育市场,其中,人文类的高等教育利润比例高达81.9%,综合类和理工类社高等教育的利润教育;师范类出版社的基础教育利润则高于高等教育,分别为59.39%和21.77%。理工类出版社的职业成人教育市场利润较高。相对而言,社会教育、学术图书在61家大学社的利润份额中所占比例较低,理工类和师范类出版社在大众图书市场也取得了不错的利润。

2. 备战转制蓄势待发

正如南京大学出版社社长左健所言:"真正意义的市场主体必定会高度重视品质和品牌,而改制则有助于塑造真正的、可持续发展的市场主体。"依托第一批试点大学社的"实战"经验,在改制的路线图与时间表均明晰的改制推进状态,第二批试点单位虽属于大学出版"第二梯队",仍根据各自的优势和特点,积极地做着改制准备工作。

产品:整合专业学术优势,打好多元板块组合拳

大学社背靠母体大学,天然具有学科优势和学术资源,不少进入第二批改制试点的大学社充分把握住这一优势发挥专业化特色,不断增强实力,为改制奠定了坚实基础。

"北有北师,南有南师"是幼教图书出版领域流传的老话。南京师范大学社进入幼教类图书领域已有10年,逐步建立立体、动态的产品体系:从高端到大众的教材覆盖层面,从有理论指导到活动实践指导的教师用书,有纸质到电子书的出版形式,探索了颇有心得的幼教书特色出版道路。北京语言大学社凭借其在对外汉语教材出版的优势,采取多元合作模式,研发出版不同类型的本地化汉语教材以及系列大型中国文化类和汉语学习类电子音像产品,在短短的三年里,资产总额、出版品种、生产码洋、销售码洋和销售回款较3年前翻了一番,资产总额和生产码洋均过亿元。

东北财经大学社社长方红星认为,专业性是基础,开放式和国际化以专业性为依托,三者相辅相成,紧密渗透。基于这样的思路,东财社立足财经专业领域,坚持专业化发展,致力于在细分市场上创立和拓展品牌。在专业化发展的过程中,东财社也特别注意产品结构的合理性,实行以财经教育为主,财经专业、财经学术为配合的产品布局,形成了"7:2:1"的比例,即约70%的财经教育出版,约20%的财经专业出版和约10%的财经学术出版。此举帮助该社实现从资源约束型向市场导向型发展模式的战略转移。

除了确保自身特色出版的"专、精、深",也有不少大学社开始涉足一般书领域,如北京理工大学社在高职高专教材为主的高等教育类图书发力外,不断增加大众图书领域的人员配套和市场调研力度,确定了幼儿益智与生活健康两个主要出版方向,如今大众图书品种已占总品种的30%左右。西南财经大学社把握财经热点,及时把握财经热点问题,积极策划,推出了一批适合市场需求的经济类一般读物,尝试开发双效明显的经济类一般图书。在2007年股市行情出现井喷的情况下,该社及时组织、邀请相关作者编写了《我最喜欢的蓝筹股》,一个月之内就重印两次。

管理:借前车路径"备好转制课"

从第一批大学社体制改革试点工作的成效看,转制后的出版社创建了新体制,建立了新机制,增强了经济实力且享受到了出版体制改革的优惠经济政策和出版政策。以下数字足以说明:19家试点单位的出版物重印率不断提高,已达到64.7%;平均总资产增长率连续两年保持在13%以上,平均净资产收益率保持在近20%左右;各项生产指标都有较快增长,2007年与2005年相比,生产码洋增长19%,销售收入增长12%,税前纯利润增长39%;主要经营指标占百家高校出版社的一半以上,总码洋占57%,销售收入占56%,税前纯利润占66%。同时,也为后续转制工作提出了不容忽视的问题,如避免在清产核资、资产评估等方面做得不够彻底,关注个别地区改革的优惠经济政策落实问题，确保制订切实可行的体制改革实施方案等。

"我们会在吸取第一批试点改企大学社经验的同时，把改企工作做得更谨慎、更稳妥。"复旦大学社社长、总编辑贺圣遂认为，对复旦社这样有一定规模和较高品牌知名度的出版社而言，改制一定会继续提高它的市场竞争力，释放出它的生产力。上海地区的大学出版社在成立之初，法人治理结构比较完备的。比如，大都是按照企业法人注册登记的，而其原先的企业运作的程度也比较高。相较于部分大学社"大刀阔斧"的改革，贺圣遂表示，该社的改制将是稳妥的、务实的，主要是进一步完善企业法人治理制度，改善管理体制，提高企业的市场主体意识。

南京大学出版社早在2006年就已着手进行转制工作，在左健看来，虽然南大社从建立出版社起就已经进行了企业法人注册，但是通过转制，仍然可以强化现代企业体制，增强全社员工的市场意识，特别是促进事业编制的老员工割断原来的身份，更好地融入到企业环境中去。他认为，在转制的过程中，有许多问题需要出版社、主管学校以及主管部门加以注意，如在清产核资过程中，核销不良资产在行业内被认为是很正常的事情，但是这个行为对于出资方——学校来说就不太好理解；另外，是以董事会还是以学校资产经营中心作为出资主体问题，对于出版社将来作为企业进行经营活动会产生一定的影响。

苏州大学社社长高敏认为，大学社改制带来的最主要变化就是，出版社成为市场竞争的主体，要按照企业的要求办事，不同于以前作为学校下属部门的管理方式，这就要求在内部的管理机制上进行比较大的调整，尤其是员工的思想要进行相应的调整，改革的难点在于让"老人"也实行新机制，这是所有面临改制的大学社不可回避的难题。其次，出版社在投资主体没有改变的前提下，实行企业的财务核算制度是具体操作上的转变。

中国石油大学社已尝试异地设立分社，充分利用各种资源，发挥地域优势和人才优势。该社已经在北京和青岛建立了两个异地分社，北京分社建立已有一年半的时间，主要策划出版石油科技类图书；青岛分社则组建于2007年

10月,主攻电子音像产品。该社社长许恒金认为,出版社发展需要资金,有了资金,才能做强做大。作为小社,希望在改制中能享受退税返还的相关政策,即便几百万的税额对出版社今后的发展也是很有帮助的。

"第二次高校出版体制改革工作会议"之后,各出版社与大学将会制订详细的体制改革落实方案,同时进行清产核资、财务审计、资产评估等准备工作,有关改制的优惠政策也将明确出台。可以预见,此次列入第二批改制试点的61家大学出版社将掀开大学社发展史上新的一页。

[链接:中国图书商报 2008.12.16,马莹《解码第二批转制大学社实况》]

第51章 2008零售市场年度走势图析

1. 全年整体走势未脱窠臼，指数同比上下半年大相径庭

根据商报·东方数据监测网数据分析，2008年图书市场的零售走势如图51.1所示，从整年来看有两个销售高峰，分别在2月和7月，均主要受到学汛影响，销售低谷则在5月。全年的商报·东方图书指数整体走势和去年并无二致。但从全年各月指数的同比情况来看，仍有一些值得关注的差异。首先是2月的销售地位更为突出，2007年2月指数和3月差别不大，和3月共同形成上半年突出的"小平坡"，而2008年2月指数在上半年是作为唯一的销售峰值出现。其次是5月取代4月成为销售最低点，二者的指数几乎互相颠倒，其中4月的提升和2008年上半年整体提升步调一致，而5月的下降则受到黄金周缩短的影响较多。总的来看2008年上半年图书市场呈现升势，除3月和5月下调外其余各月均有较明显的上升，而下半年开始跌势占据主导，除7月升至近两年指数最高点外，8～11月无一例外比2007年回落，并且回落态势越发明显。下半年图书市场开始走下降通道的时间和国际金融危机显现并逐步影响我国经济生活的节拍是较为吻合的。

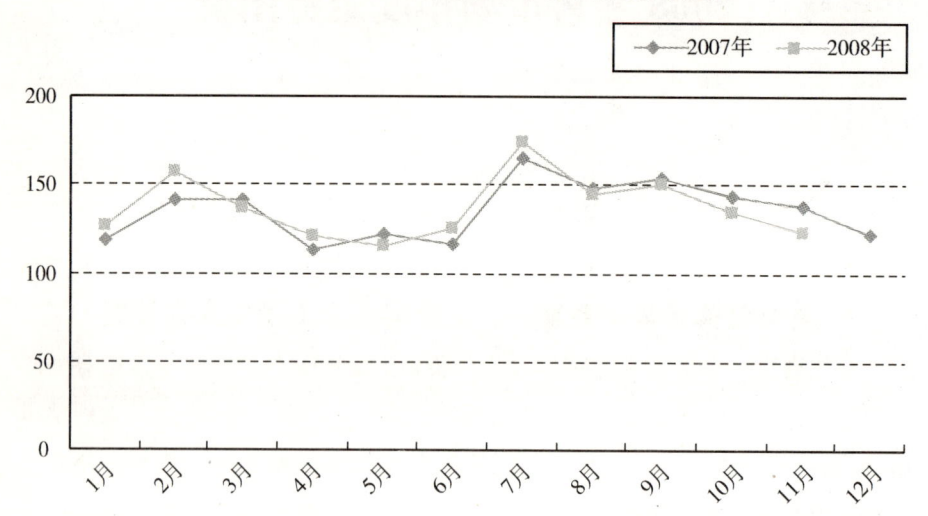

图 51.1 2007～2008 年度图书市场零售走势示意图

（说明：商报·东方图书指数是由中国出版物流通监测系统定期发布，用来衡量中国图书零售增长情况及变化趋势的指标体系。指数是系统依据各指数监测点 2004 年 1 月的图书数据为基数 100，其他时段的图书数据与之相比得出各自的指数。）

2. 文化教育类居首，文学类增长较多

在 2008 年图书市场中，占据市场份额最大的依然是文化教育类，占了 21.63％的市场份额，其次是语言文字类，市场份额为 10.79％，文学类的市场份额为 10.52％，这三类超过 10％的图书市场份额之和为 42.94％，比 2007 年下降了 0.45 个百分点（见图 51.2）。

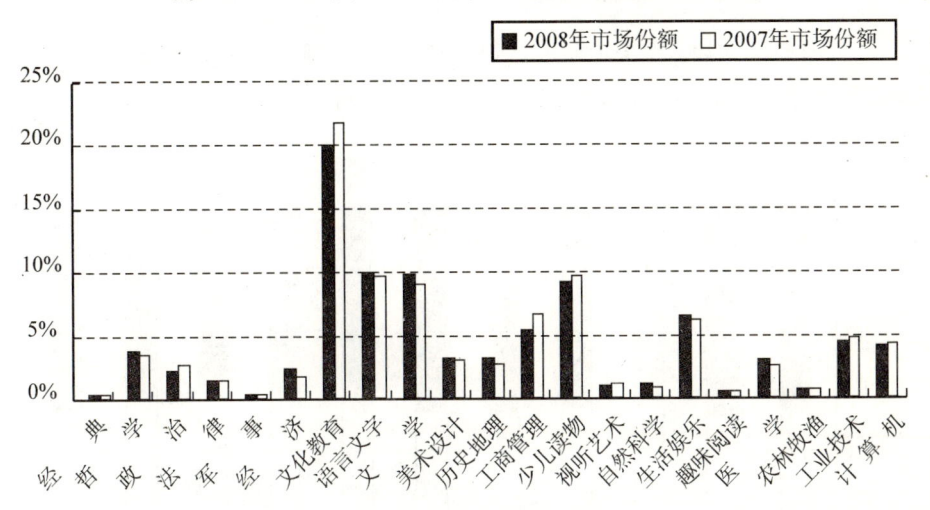

图 51.2　2008 年和 2007 年图书市场类别结构对比示意图

（图表：2008年市场份额与2007年市场份额对比，涵盖经典、哲学、政治、法律、军事、经济、文化教育、语言文学、文学、美术设计、历史地理、工商管理、少儿读物、视听艺术、自然科学、生活娱乐、趣味阅读、医学、农林牧渔、工业技术、计算机等类别）

2008年市场份额较低的几个类别分别为农林牧渔、军事和经典类，三类市场份额之和为1.13%，较去年上升了0.06个百分点。各个类别中，文学、历史地理等类的市场份额较2007年上升明显，其中文学类依靠青春文学、职场小说、盗墓悬疑等更呈多元化的题材和引进版、长销书的助力取胜，历史地理则受到"明朝那些事儿"系列、"德川家康"系列和"百家讲坛"系列等几大板块的带动。

3. 出版社集中度分析：CR60 变化较为规律，CR10 波动频仍

从2008年12个月份看来（见图51.3），出版社市场集中度CR60呈现下降→上升→下降的趋势，其中4~9月连续6个月上升，至9月达到年度最高52.94%，而最低点在3月，为48.34%。CR10的变化相较而言显得波动频仍，呈现下降→上升→下降→上升→下降的特点，其最高点也在9月，为21.28%，最低点则在2月，为15.70%。本年度整体图书市场的前三甲分别为机械工业出版社、外研社和商务印书馆，新书市场的前三甲分别为机械工业

出版社、人民邮电出版社和外研社。

图51.3　2008年TOP60和TOP10出版社码洋份额集中度对比示意图

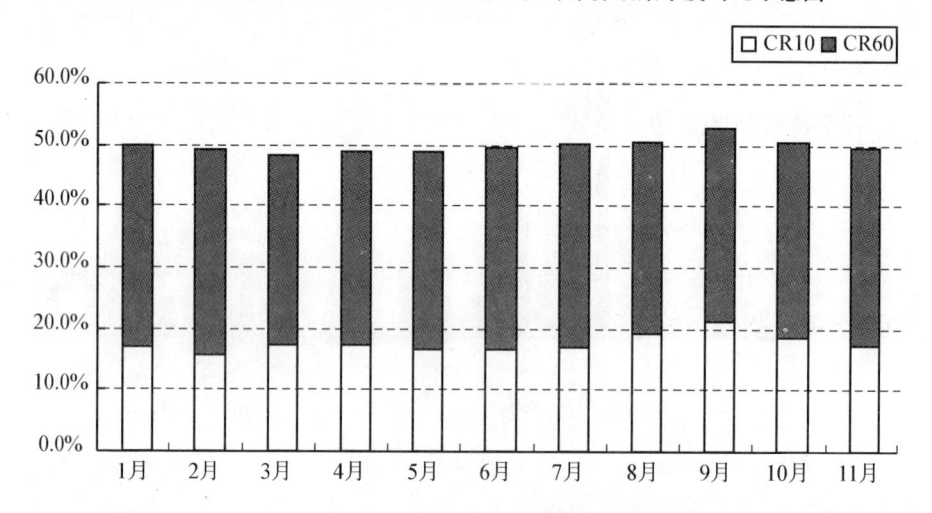

就全年分析，从出版社市场集中度CR10来看，2008年比2007年有所下降，而CR100则有所上升，其中2008年CR10比2007年下降了0.12个百分点，CR100比2007年上升了0.85个百分点。在新书市场上表现出类似情况，同样是CR10下降而CR100上升，其中2008年的CR10比2007年下降了1.11个百分点，CR100则比2007年上升了2.4个百分点。

4. '08回顾：岁岁花相似书不同

保健养生书势不可挡　2008年中国图书市场上最亮丽的一道风景线无疑属于保健养生图书。在老龄化日益显现、工作节奏加快和工作压力倍增的今天，保健养生书的突出表现并不意外。在生活休闲类中的码洋份额最大的三个二级分类——保健养生、地图和烹饪食谱中，从2006年三者均占约18％码洋份额的平起平坐，到2007年保健养生领先其他两类约4～6个百分点的突出重围，再到2008年保健养生类的一枝独秀，该类在生活休闲类的码洋份额已达到

29.59%,超过第二、三位的地图类和烹饪食谱类分别约12和13个百分点,毫无争议地成为生活休闲类的第一主角。同时,《求医不如求己》一二册、《不生病的智慧》、《从头到脚说健康》等书在年度畅销书总榜上都位于显要位置,在国学热退烧的2008年为整个图书市场贡献了诸多有分量的超级畅销书。

郭敬明领衔文学榜 2007年郭敬明的《悲伤逆流成河》大获成功并取得了惊人销量,在文学榜上却被两本《品三国》压着一头。2008年他携《小时代1.0——折纸时代》卷土重来,这本书在2008年9月上市,用了4个月的时间在年终排在了文学类畅销榜的榜首。尽管在内容上着力渲染奢华的物质享受遭到非议,但其作品仍然具有鲜明的时代感和个人特点,热销也在情理之中。

《明朝那些事儿》本本火爆 "明朝那些事儿"系列的市场表现2007年就不俗,当时推出的4册都进入了年度历史地理类的TOP10。2008年该系列更进一步,其1~5册包揽了历史地理类榜单的年度前5名,成功地压制了2007年居于自己之上的"百家讲坛"系列和后起之秀"德川家康"系列。同时,该系列还创下了自4~10月连续7个月囊括历史地理类前5的记录,直到当年11月才被一本美国当选总统奥巴马的自传打破。抱着"历史应该可以写得好看"宗旨而写作的普通公务员当年明月,不仅证明了草根的文化力量同样不容忽视,更使得由他和《明朝那些事儿》带来的白话说史风潮影响深远。

股票书风光不再 随着熊市的到来,2007年创造辉煌销售的股票书风光不再。在2007年的榜单上,经管类前100位畅销书中股票书有37种,在前10名中就占了半壁江山,分别为排名第3、5、6、9、10位的《炒股就这几招(绝招篇)》、《中国新股民必读全书》、《股市操练大全(K线·技术图形识别和练习专辑)》、《要做股市赢家——杨百万股经奉献》和《股市操练大全·第2册》,在前20名中则有10种。同时,在这37种股票书中,2007年出版的新书有19种,超过半数。而在沪深股市大幅跳水的2008年,只有10种股票书进入了经管类畅销书前100,排名均在30位之后,排名最高的是第38位的《要做股市赢家——杨百万股经奉献》。股票书的新书出版也遭到冷遇，在10种入榜图书中2008年出版的新书只有两种，分别是《胡立阳股票投资100招》和《价值投资——看透股票这东西》。

《沉思录》打破国学垄断　于丹的两本国学心得《于丹〈论语〉心得》和《于丹〈庄子〉心得》在2007年的哲学类榜单中销量遥遥领先，2008年这种局面被《沉思录》的异军突起打破。这本古罗马著名"哲学家帝王"马可·奥勒留的著作，因得到国务院总理温家宝的称誉而备受关注。各家出版社推出了不同版本的《沉思录》原著及相关作品二十余种。其中销量最佳的为中央编译版的《沉思录》，该书最终力压于丹的三种国学书，在2008年哲学类畅销榜上位居榜首，并在畅销书总榜上也位居第四。此外，中央编译出版社不失时机地在2008年推出的新书《沉思录（中英文双语）》也取得了不俗的销售成绩。

新劳动合同法图书热销　新《劳动合同法》于2008年1月1日出台以来，已经在企业人力资源和合同用工等方面产生了较大的影响。和一般的专业法律法规不同，该法不仅仅局限于法律界及相关专业人士的研读，由于和普通劳动者及用人单位密切相关，对该法律文本的学习和研究扩大到各行业的员工职员和企业人事部门等利益各方，随之也引发了新《劳动合同法》图书的热销。在法律类年度畅销榜单中，新劳动合同法图书包揽前4位，并在前10中占得6席。而中国法制出版社的《中华人民共和国劳动合同法》和法律出版社的《中华人民共和国劳动合同法（附草案说明）》更是在年度畅销书总榜中抢得第5和第8位。

少儿系列图书出现断层　2007年是少儿系列图书取得丰收的一年，"冒险小虎队"、"虹猫蓝兔"、"杨红樱"系列和"哈利·波特"系列的争奇斗艳形成了年度一景，煞是好看。这样的局面在2008年却没能再度上演，随着"虹猫蓝兔"系列的淡出，"冒险小虎队"系列的销量下滑，少儿类年度前10中仅剩"杨红樱"系列的3本和"哈利·波特"系列中的《哈利·波特与死亡圣器》。在旧的品牌和系列逐渐退出市场竞争时，没有后续产品或其他新的系列图书能够接班，从而造成了少儿系列图书出现断层的现象。在保持品牌持久生命力和延续性方面，杨红樱系列或许可以称为典范，"笑猫日记"和"马小跳"系列均推出了 2008 年新品，延续品牌美誉度的同时也取得了销售佳绩。

5．'09 展望：加大营销培育热点

  2009 年，我国将迎来建国 60 周年和澳门回归 10 周年，红色图书和各类献礼图书的出版和发行必将迎来一个高潮，政治、军事类等题材的图书也有较大的上升空间。同时，国际局势也将发生一系列变化，1 月奥巴马将就职成为美国第一位黑人总统，9 月德国将举行新一轮大选，时政人物类图书不乏热点。同时，2008 年三季度席卷而来的国际金融危机对我国的经济发展也带来了重重阻力，国内消费面临巨大压力。公众普遍认为 2009 年的国际金融环境将继续恶化。在这样的经济背景下，图书市场无法独善其身，从 2008 年各月图书指数的变化趋势来看，图书市场已经感受到了危机带来的阵阵寒意。如何面对这场数十年不遇的危机，已经是摆在眼前刻不容缓的问题。在可能出现的更多老百姓不愿掏钱买书的情况下，书业上下游有必要加强合作，共同提升和丰富图书的推广促销手段，提高服务质量，打造优质图书品牌；另一方面，可以考虑加大合理运用新的网络营销手段的力度。同时，加速进行电子图书市场的开发、规范和整合也可能带来新的增长点。此外，通过加强管理，节约成本也有助于共同迎接金融危机带来的挑战。

  除了值得期待的热点和面临的挑战，我们还有一些疑问，比如保健养身类图书是否会继续火下去；比如青春文学会不会涌现出有号召力的 90 后作者；比如少儿类图书能不能出现新的有竞争力的系列图书。对于这些问题，相信市场会给出解答，而我们也将继续通过商报·东方数据的变化和分析来接近和了解答案。

表51.1　各类别冠军榜

营销分类	书号	图书书名	定价	版别	监测销量	出版年份
经 典	978-730007010-0	《毛泽东传（最新版全译本）（插图本）》	55.00	人民大学	12906	2006
哲 学	978-780211574-3	《沉思录》	20.00	中央编译	86926	2007
政 治	978-701006513-7	《中国共产党章程》	2.80	人民	414913	2007
法 律	978-750930056-5	《中华人民共和国劳动合同法》	4.00	中国法制	83684	2007
军 事	978-704022415-3	《大学生国防教育》	18.00	高等教育	12488	2007
经 济	978-750860868-6	《货币战争》	38.00	中信	107908	2007
文化教育	978-750076496-0	《小学数学口算心算速算天天练（一年级上）（新课标人教版）》	4.80	中少总社	67764	2007
语言文字	978-710003974-1	《新华字典（第10版）（双色本）》	15.00	商务印书馆	217523	2004
文 学	978-753543817-1	《小时代1.0——折纸时代》	29.80	长江文艺	49368	2008
美术设计	978-753872042-6	《庞中华初中生必背古诗文行书钢笔字帖》	8.00	时代文艺	39517	2005
历史地理	978-750572246-0	《明朝那些事儿·朱元璋卷》	24.80	中国友谊	53359	2006
工商管理	978-711115871-4	《你在为谁工作》	16.80	机械工业	47317	2005
少儿读物	978-780655890-4	《100分幼儿启蒙练习册·加法练习（上）》	2.00	广州	70305	2005
视听艺术	978-710302184-2	《拜厄钢琴基本教程》	13.90	人民音乐	11436	2003
自然科学	978-704020549-7	《高等数学·上（第6版）》	27.60	高等教育	13833	2007
生活娱乐	978-780089208-0	《求医不如求己》	29.00	中医药	123968	2007

续表

医 学	978-711700303-2	《国际标准视力表》	1.00	人民卫生	16540	1998
农林牧渔	978-750823927-9	《橡胶树栽培与利用》	10.00	金盾	5026	2006
工业技术	978-711209027-3	《08建设工程施工管理（第二版）》	41.00	建筑工业	8222	2008
计算机	978-781120152-9	《电脑报2007合订本（上、下）》	45.00	汕头大学	24431	2007

[链接：中国图书商报2009.1.6、2009.1.13，柏陈斌《2008零售市场年度走势图析》]

第52章 谁是'08书业细分市场领路者

根据商报·东方数据对2008年全年数据的监测分析,各细分市场出版社市场份额排行可以显示如下趋向。经管类前三甲出版社的位次与2007年相比没有变化,其码洋份额和2007年相比,除榜首的机械工业出版社微跌0.03个百分点外,中信出版社和北京大学出版社分别上升了2.82和0.1个百分点,中信出版社也是TOP20中码洋份额上升最大的出版社。这三家出版社在畅销书品种方面也超越了其他出版社,在经管类TOP100畅销书中分别占据了11、15和9席。其中机械工业出版社在职场管理类图书方面占有相当的优势,《你在为谁工作》继2007年取得第7后2008年上升至第2,该社的《工作就是责任》、《方法总比问题多打造不找借口找方法的一流员工》和《卓有成效的管理者》分别列第10、19和40位;中信出版社则以善于把握时代热点和捕捉时代脉搏的特长为人称道,继《货币战争》蝉联经管类畅销榜首后,《激荡三十年——中国企业1978～2008》的下册和上册分列第7和第9位,《看不懂的中国经济》列第14位,《黑天鹅——如何应对不可预知的未来》和《美元大崩溃》等两本引进版图书则位居第42和第50位;北京大学出版社的过人之处在于考试类图书,该社有5种会计资格应试指导的相关图书进入畅销榜TOP100。其他TOP20出版社中,排名上升和下降最大的分别为以人力资源及绩效考核图书见长的人民邮电出版社和以股票书为主力的地震出版社,分别为上升9位和下降8位;同时,码洋份额增长较为显著的出版社还有出版了《牛奶可乐经济学——最妙趣横生的经济学课》和《影响力》等引进版图书的中国人民大学出版社,同样以注册会计师和会计专业考试图书为主打产品的经济科学出版社和中国财经出版社,以及以《企业会计准则讲解·2006》《理财有道》和《即将来临的经济崩溃》等不同风格图书出击的人民出版社。(见表52.1)

表52.1 出版社市场份额排名TOP20——经管

排名	出版社	码洋份额%	去年排名	动销品种
1	机械工业	9.03	1	2732
2	中信	8.24	2	956
3	北京大学	4.99	3	1817
4	人民大学	4.29	6	2271
5	经济科学	3.89	5	2406
6	中国财经	3.63	7	1948
7	人民邮电	3.45	16	688
8	中国经济	2.90	10	1797
9	广东经济	2.68	9	906
10	人民	2.67	14	890
11	企业管理	2.63	4	1005
12	清华大学	2.43	11	1792
13	电子工业	1.80	19	951
14	中国纺织	1.46	12	715
15	经济管理	1.32	15	1289
16	地震	1.30	8	262
17	民主法制	1.28	25	78
18	上海人民	1.15	18	717
19	中国金融	1.08	27	1146
20	立信会计	1.08	24	1091

1. 年度少儿类出版市场份额分析

浙江少儿出版社继续稳居少儿类出版社榜首,该社的"超级成长版冒险小虎队"系列大多销量和排名均比2007年较大下滑,但仍有14本进入了少儿类畅销书TOP100,同时"福娃奥运漫游记"系列尽管在销量上未有一种进入

TOP100，但该书较高的定价为该社的码洋份额贡献不少。人民邮电出版社异军突起，排名比2007年上升6位来到榜眼，其中"喜羊羊和灰太郎"系列及"我的第一套百科全书"系列功不可没，其中前者虽然仅有2种入围畅销书TOP100，但该系列其他十余本图书与入围两种图书的销量相差不大，而后者单册接近50元的高定价也为出版社增加了不少码洋，同时该社的引进版图书《女孩子必读的100个公主故事》列畅销榜第18位，以该书58元的定价而言算是不错的排名。二十一世纪出版社作为TOP20出版社中唯一码洋份额同比保持不变的出版社，排名比2007年上升了1位，该社近两年出版的"我的第一本科学漫画书"系列整体保持了不错的销量。以低幼读物作为主打的广州出版社和吉林美术出版社的排名分别上升了3位和1位，码洋份额则分别上升了0.2和0.23个百分点，两社各有14种和9种图书进入少儿类畅销榜TOP100，均因为低幼读物2008年的不俗表现而受益；"杨红樱"系列在少儿类的其他系列图书纷纷下滑之时得利较多，成为了出版社排名上升的助推器，接力出版社的11种"杨红樱"系列图书进入畅销榜TOP100，排名比2007年上升了2位，明天出版社入榜的8种"杨红樱"系列则带动出版社排名跃升了5位，两家出版社的码洋份额也各上升了0.41和0.64个百分点。受到"哈利·波特"系列销量下滑影响较大的人民文学出版社的排名则下降较多，由榜眼下降到了第7位。(见表52.2)

表52.2 出版社市场份额排名TOP20——少儿读物类

排名	出版社	码洋份额%	去年排名	动销品种
1	浙江少儿	7.76	1	1876
2	人民邮电	5.10	8	972
3	二十一世纪	4.93	4	1312
4	上海人美	4.34	6	768
5	北京少儿	4.11	3	1042
6	吉林美术	3.91	7	973
7	人民文学	3.11	2	236
8	同心	2.91	9	478

续表

9	安徽少儿	2.90	5	1098
10	接力	2.80	12	433
11	中少总社	2.52	10	1252
12	吉林摄影	2.42	14	429
13	江苏少儿	2.28	13	919
14	广州	2.13	17	207
15	明天	2.02	20	709
16	辽宁少儿	1.92	15	898
17	北京科技	1.69	22	181
18	上海少儿	1.61	11	1443
19	中国戏剧	1.55	18	148
20	北方妇儿	1.53	23	515

2. 年度历史地理类出版市场份额分析

凭借"明朝那些事儿"系列囊括畅销榜前 5 的优异表现,中国友谊出版社顺理成章地登上了历史地理类的榜首,码洋份额比 2007 年提高了 2.67 个百分点,排名也上升 1 位。中华书局则下降 1 位至榜眼,码洋份额下跌 0.85 个百分点,该社的 2008 年新书《康熙大帝》和《乔冠华与龚澎/我的爸爸妈妈》排名靠前。人民出版社守住了第三的排名,码洋份额比 2007 年提高了 0.5 个百分点,该社 2008 年表现较好的图书有《21 岁当总裁》和《"文革"前夜的中国》。南海出版公司是排名变化最为显著的出版社,比 2007 年提高了 88 位排在第 4,其码洋份额也上升了 2.82 个百分点,该社出版的日本作家山冈庄八的"德川家康"系列 13 本悉数进入 TOP100 畅销书榜单。吉林出版集团也有 13 种图书进入 TOP100,包括《图说天下·传说时代·夏·商·西周》、《地球之谜》、《失落的文明》等系列图书,该社的排名较 2007 年上升 3 位居第 5,码洋份额上升了 0.47 个百分点。此外,继《流血的仕途:李斯与秦帝国》取得成功后,中信出版社2008年新推出的《流血的仕途:李斯与秦帝国》终结版也取得销售佳绩,在TOP100畅销书排行中位列第18位,同时该社的《巴菲特传:一个美国资本家的成长》、《杰克·韦尔奇自传》和《希拉里传/掌权美国的女人》等人物传记类图书的热销力助该社排名攀升24位列在第6,其码洋份额也上升了1.53个百分点。广西师大出版社、北京大学出版社、陕西师大出版社和上海人民出版社列第7~10位,其中出版了"蒙曼说唐"系列的广西师大出版社排名和码洋份额均有上升,其他3社的码洋份额都为下降,排名或持平或有所下滑。(见表52.3)

表52.3 出版社市场份额排名TOP20——历史地理

排名	出版社	码洋份额%	去年排名	动销品种
1	中国友谊	6.40	2	60
2	中华书局	4.84	1	1012
3	人民	4.05	3	695
4	南海	3.06	92	41
5	吉林出版集团	2.54	8	88
6	中信	2.40	30	74
7	广西师大	2.32	16	316
8	北京大学	2.18	6	270
9	陕西师大	1.68	9	130
10	上海人民	1.66	5	347
11	重庆	1.66	26	221
12	团结	1.52	12	245
13	中国旅游	1.39	7	313
14	中央编译	1.34	24	103
15	北京	1.33	13	144
16	京华	1.28	10	154
17	三联书店	1.19	17	269
18	上海文艺	1.19	19	92
19	新世界	1.12	48	97
20	中共党史	1.07	18	202

据了 11 个席位,主要为中国地图、北京地图和世界地图等。江苏文艺社以 5.09% 的码洋份额位居次席,同比增长了 4.26 个百分点,排名比 2007 年飙升了 32 位,该社在保健养生书方面的突出表现助其取得突破式地增长,其中《求医不如求己》第 2、3 册、"不生病的智慧"系列 3 册和《特效穴位使用手册》等 9 种中医保健类图书进入了畅销榜的前 50 位。主攻烹饪食谱类图书的吉林科技出版社位列第 3,排名比 2007 年上升了 2 位,该社的《精编家常菜》、《实用家庭菜谱彩色升级回馈版》等家常菜图书实现了不错的销售成绩。在 TOP20 中排名上升最多的出版社为化学工业出版社,其排名比 2007 年劲升了 38 位列第 9 位,该社的《经典家常菜 500 例时尚美食馆》、《时尚瑜伽馆系列——28 天瑜伽瘦身计划》和《大众家常菜 1688 例》等书的市场表现不俗,均进入了生活休闲类 TOP100 榜单。以优生育儿图书为主打的中国妇女出版社和以《求医不如求己》第 1 册为主要品牌的中医药出版社,排名分别比 2007 年上升了 16 和 15 位,列第 17 和第 10 位。此外,以烹饪食谱类图书为主的广东经济出版社和青岛出版社的排名虽有所下滑,不过这两家出版社仍有 9 种和 5 种图书进入了畅销书 TOP100 榜单。(见表 52.5)

表 52.5　出版社市场份额排名 TOP20——生活休闲

排名	出版社	码洋份额%	去年排名	动销品种
1	中国地图	5.91	1	788
2	江苏文艺	5.09	34	15
3	吉林科技	4.50	5	770
4	轻工业	4.31	3	1053
5	中国纺织	4.16	2	754
6	青岛	4.00	4	498
7	山东地图	2.66	6	105
8	中国旅游	2.50	7	620
9	化学工业	2.27	47	327
10	中医药	2.15	25	155

续表

11	上海科普	1.92	8	327
12	南海	1.80	10	221
13	广东经济	1.66	9	164
14	辽宁科技	1.54	11	635
15	上海科技文献	1.41	12	492
16	北京	1.36	13	334
17	中国妇女	1.22	33	227
18	中国人口	1.19	14	307
19	星球地图	1.17	16	299
20	人民交通	1.15	24	133

［链接：中国图书商报2009.1.6，柏陈斌《谁是'08书业细分市场领路者》］

第53章　年度中国大陆畅销书盘点

本文以2008年度《中国图书商报》发布的"商报·东方数据每月主要细分市场排行"为数据来源,以累计赋值的方式(每月排行榜第1名得分为20分,然后依次递减,第20名得分为1分,一年累计,按照分值高低得出排名)统计出2008年度中国大陆哲学类、文学类、少儿类、经管类、生活类、文教类六类畅销书。值得说明的是,首先,在畅销书排行榜遍地开花的今天,排行榜统计数据的真实度和权威度是至关重要的一环,这也是我们课题组完成课题本次盘点选取商报·东方数据的依据。其次,在网络购书不仅仅是一种时尚,而是一种最日常、最普遍的购买行为的情景下,当当网、卓越网每月发布的基于"客户实际购买行为"的畅销书排行榜不容忽视,但当当、卓越的畅销书排行榜没有类别划分,所以这些按照销量依次呈现的榜单只能作为本次盘点的重要参考。再次,由于本次盘点展示的是2008年度每类畅销书的前10名,这也注定了一些在2008年度颇为"畅销"的图书无法在本次统计中展示出来,这也成为本次盘点的小小遗憾。最后,我国的畅销书排行榜在畅销书类别划分和统计方面的口径还需协调。目前不同媒体发布的榜单在类别统计方面差别很大,即使同一媒体发布的畅销书排行榜在具体类别划分和命名方面也需斟酌。比如商报·东方数据每月发布哲学类畅销书排行榜,但从哲学类上榜图书的内容来看,有些书冠以"哲学书"之名不太恰切,像于丹的系列图书、《男人来自火星,女人来自金星》等,我们课题组在综合分析了商报·东方数据的哲学类畅销书排行榜图书内容后,认为以人文社科类命名更为适当。

1. 2008年度中国大陆人文社科类畅销书

综观2008年度人文社科类畅销书排行榜，可以看出本年度人文社科类畅销书发展具有以下特点：

第一，"学术超女"于丹的风头依然不减。商报·东方数据显示，于丹的三本学术文化类畅销书《于丹〈论语〉心得》、《于丹〈庄子〉心得》、《于丹〈论语〉感悟》占据了每月排行榜的前几名，因为于丹《论语》系列图书持续畅销，一些出版社甚至出现了跟风《论语》的出版现象，并取得了不错的市场效果。在统计过程中，我们发现，《论语》、《论语译注》、《论语力》、《论语/国学百部文库》等图书虽没有进2008年度人文社科类畅销书排行榜的前10名，但它们却经常跻身于月度排行榜，于丹《论语》系列畅销书的影响力可见一斑。（见表53.1）

第二，哲学类畅销书的品牌效应和多点出击策略应引起关注。与通俗文艺类畅销书不同，哲学类畅销书主要以深邃的思想力量树立品牌从而行销世界。从我们对哲学类畅销书的统计过程看，2008年可以说是《沉思录》出版年。不同版本《沉思录》全面开花的现象告诉我们：在哲学类畅销书出版方面，经典的哲学类图书不存在"过气"的问题，它会永远挑战编辑出版人员的创新理念。第三，人生警言性畅销书隆重登场，颇受青睐。在2008年度人文社科类畅销书榜单上，《做最好的自己》、《包容的智慧》、《思路决定出路》这三本书从不同的角度阐析了人生的生存哲学和处事智慧，以期为读者指出一条明晰的生存之道。同时，一些以人生阶段警示语作为书名的图书热卖。

表53.1 2008年度人文社科类畅销书Top10

排名	书名	出版社	得分
1	《于丹〈论语〉心得》	中华书局	191
2	《沉思录》	中央编译	190
3	《于丹〈庄子〉心得》	民主法制	164
4	《20几岁，决定女人的一生》	南海	160

续表

5	《于丹〈论语〉感悟》	中华书局	133
6	《男人来自火星,女人来自金星(最新版)》	吉林文史	125
7	《包容的智慧》	湖北人民	125
8	《做最好的自己》	人民	97
9	《二十几岁,决定男人的一生》	漓江	77
10	《思路决定出路》	中国和平	71

2.2008年度中国大陆少儿类畅销书

解读2008年度中国大陆少儿类畅销书榜单,可以发现本年度少儿类畅销书出版与阅读具有以下特点:

第一,幼儿启蒙类与儿童文学类各占半数,特色鲜明。2007年儿童文学占据强势地位的状况一去不复返,而曾引起购买热潮的卡通动漫也退出了"前10"的阵营,在2008年少儿类畅销书排行榜上,幼儿启蒙类和儿童文学类平分秋色,分别占据了整个榜单的半壁江山。同时,在幼儿启蒙类图书方面,刮来了一阵新鲜而有力的风,一些"新品种图书"势头强劲。此类书籍多是父母购买,所涉及包括简单算术、图像识别、短故事等内容。在装帧设计方面,这些图书延续了幼儿书籍一贯的轻、薄、易翻阅的装帧形式,在儿童的早期教育中起到寓教于乐的作用。第二,生育高峰促成早教书籍的热销。年轻的父母或者还没迎接新生命的准爸爸、准妈妈们会挑选一些早教书籍,为宝宝的早期教育做好准备,因此在本年度的少儿类畅销书榜单中,《100分幼儿启蒙练习册·加法练习上》、《动物(上)/小海豚宝宝圈圈书》这样的早教书籍一举包揽了前两名。第三,常销的"舶来"作品与一枝独秀的本土作家现象。在2008年的榜单中,有两本书曾经出现于2007年甚至更早的少儿类畅销书榜中,成为"常销常热"的常销书,它们分别是南海出版公司的《窗边的小豆豆》和人民文学出版社的《哈利·波特与死亡圣器》。好在,我国本土儿童文学类作品还颇有市场,可以弥补一下少儿类常销书缺乏本土原创的缺憾。"淘气包马小跳"系列和"笑猫日记"系列受到了小读者们的喜爱,成为本土儿童文学的代表作品。第四,"系列书"特征仍在继续上演。从历年的少儿类图书畅销情况看,少儿类图书有"系列性"的特点,而2008年的榜单也充分体现了这一特点。深受广大小读者喜爱的"淘气包马小跳"和"笑猫日记"都是以"系列书"的形式出现。(见表53.2)

表53.2 2008年度少儿类畅销书Top10

排名	书名	出版社	得分
1	《100分幼儿启蒙练习册·加法练习上》	广州	80
2	《动物(上)/小海豚宝宝圈圈书》	广州	73
3	《哈利·波特与死亡圣器》	人民文学	64
4	《窗边的小豆豆》	南海	43
5	《侦探小组在行动/淘气包马小跳系列》	接力	31
6	《小猫出生在秘密山洞/笑猫日记》	明天	29
7	《蓝色的兔耳朵草/笑猫日记》	明天	26
8	《新编幼儿描红:汉字描红1》	锦绣文章	25
9	《青苹果小小故事精读系列—乌鸦和狐狸》	中国人口	21
10	《新版左脑开发3?4岁/左右脑开发1》	北京科技	21

3. 2008年度中国大陆经管类畅销书

经管类畅销书本土和引进比例失衡的状况在2007年度得到了改观,本土原创的经管类图书第一次超过了引进版。从2008年度中国大陆经管类畅销书榜单情况看,仍然继续着2007年的发展势头:由本土作者创作,针对国内经济情况展开分析经管类图书,逐渐得到了广大读者认同。综观2008年度经管类畅销书榜单,可以总结出以下特点。

一是上榜图书充分反映了经管类图书必须实用和"与时俱进"的特征。从上榜图书内容来讲,本年度经管类图书可以分为两类:一类是以阐释经济理论、国家政策为内容的专业考试用书,一类是以介绍实用理论、指导实际操作和激励读者发掘自身潜力的大众图书。第一类主要是教材教辅类图书,上榜的图书有四本与会计考试有关的图书。这类图书的畅销原因在于其实用价值,它们的受众主要是职称或者资格考试的应试人员,相关出版社的量身订制共同创造了此类图书的畅销。第二类图书的内容主要结合我国改革开放30年经济增长中的情况阐释中国经济走过的路程和未来大走向。这类图书选题配合了2008年颇为盛行的"改革开放30年"系列主题,具有很强的"与时俱进"特点。例如《野蛮增长》就是地产界大腕冯仑从个人经历出发,秉持独特的观点动态审视民营企业发展历程的畅销书。而《激荡三十年——中国企业1978~2008下》也属于上述系列。

二是经管类畅销书出版社品牌效应日益彰显。从2008年度经管类畅销书出版社情况看,主要集中在五家出版社。经济科学出版社和中国财政经济出版社这样专业的财经社所出版的图书依旧占据了经管类畅销书的重要地位;中信出版社、机械工业出版社和民主法制出版社在经管类畅销书市场的地位逐渐提升,逐渐稳固了自己的经管出版品牌。本年度榜单显示,中信出版社的经管类畅销书在排行榜占据了将近一半的位置,这也正映合了中信出版社一直以来坚持的理念,致力于传媒内容的创新,在千变万化的市场中体现应变力。(见表53.3)

表53.3　2008年度经管类畅销书Top10

排名	书名	出版社	得分
1	《货币战争》	中信	99
2	《你在为谁工作》	机械工业	61
3	《马云点评创业(附盘)》	民主法制	54
4	《会计/08注册会计师全国统一考试教材》	中国财经	47
5	《野蛮生长》	中信	29

续表

6	《看不懂的中国经济》	中信	27
7	《税法/08年注册会计师全国统一考试辅导教材》	经济科学	25
8	《激荡三十年——中国企业1978~2008下》	中信	19
9	《经济法/08注册会计师全国统一考试教材》	中国财经	18
10	《中级会计实务/08全国会计专业技术资格考试》	经济科学	12

4. 2008年度中国大陆文学类畅销书

对比2007年中国大陆文学类畅销书排行榜，在2008年，一些文学类图书依然延续着持续热销的状况，《狼图腾》、《追风筝的人》、《人生若只如初见》这些已经畅销几年的图书也依然榜上有名。但是，一直在文学类畅销书占据半壁江山的"青春文学"2008年的状况欠佳，韩寒、郭敬明等青春文学领军人物的作品几乎无一上榜，目前只有一部描写"80后"生活的《奋斗》可圈可点，这也暗示出另外的一个信息，青春文学急需补充新的创作血液了。同时，在盘点2008年的文学类畅销书后，我们惊奇地发现，在本年度排行榜榜单中，名列前10名的图书，无论从图书风格、题材还是涉及领域，都更加趋于多元化，真正呈现出"百花齐放"之态，这些图书以鲜明的特色、极富个性化的语言，在文学类图书中"各领风骚"。具体来看，职场小说、影视小说、盗墓笔记、古诗词解读类图书异军突起，并取得不俗的成绩。另外，2008年柏杨先生的去世再次引发了其代表著作《丑陋的中国人》的再度热读。文学类图书在具体类型方面的多样化，实际反映了社会读者文学阅读的多元化，这也应该是每个出版人愿意看见的一幕，公众多样化的阅读需求扩大了他们在出版活动中的选择空间。（见表53.4）

表53.4 2008年度文学类畅销书Top10

排名	书名	出版社	得分
1	《追风筝的人》	上海人民	73
2	《杜拉拉升职记》	陕西师大	67
3	《狼图腾》	长江文艺	65
4	《奋斗(上)》	百花洲	60
5	《品三国(下)》	上海文艺	59
6	《人生若只如初见》	天津教育	52
7	《丑陋的中国人》	人民文学	45
8	《品三国(上)》	上海文艺	44
9	《浮沉——最激励人心的职场生存小说》	陕西师大	44
10	《文化苦旅》	东方出版中心	35

5. 2008年度中国大陆生活类畅销书

综观2008年度生活类畅销书排行榜,可以总结出本年度生活类畅销书具有以下特点。

第一,健康、饮食类畅销书一统天下。随着现代生活水平的提高,如今的人们早已将生活理念集中投放到身体健康的层面。但快节奏的生活不想被打乱,拥挤的医院不愿去踏足,于是在家中保持健康、通过家庭保健的方式解决身体小恙便成了人们的常用方式。这也带动了家庭医疗类图书的畅销。第二,中医类图书受到广大读者青睐。随着中国文化的世界传播,作为中国文化至宝的中医中药学也备受人们关注。在一些国家,中医甚至成为象征先进与科学的健康理疗观念。第三,交通地图类图书异军突起,在本年度生活类畅销书榜单中占据重要地位。而且,上榜的地图全部是北京、上海区域地图。尤其是上海地图居多,这也说明了上海这一现代都市作为优秀旅行城市的独特魅力。

最后,对比近年来的生活类畅销书排行榜情况,往年菜谱类图书是生活类图书的主打品种,几乎占据榜单近三成的比例。但在2008年的榜单上,菜谱类图书却呈现出量少排名且靠后的局面。究其原因是,由于市场同类书籍太多,造成商品同质化趋势明显,菜谱类图书市场已出现饱和,于是在今年慢慢退出历史"舞台"。(见表53.5)

表53.5 2008年度生活类畅销书Top10

排名	书名	出版社	得分
1	《求医不如求己》	中医药	95
2	《求医不如求己2》	江苏文艺	83
3	《不生病的智慧》	江苏文艺	73
4	《人体经络使用手册》	人民	42
5	《上海市道路图·2008版内附放大镜》	中华地图	42
6	《从头到脚说健康》	长江文艺	40
7	《北京城市地图》	地质	36
8	《上海道路交通管理信息图2006》	上海人民	34
9	《新编家常菜谱》	青岛	25
10	《上海城区交通图2004年5月版》	上海科技文献	13

6. 2008年度大陆语言、文教类畅销书

走在各大书店,文教类图书的摊位前总是人头攒动,这是中国教育界一道独特的风景,而历数全国几百家出版机构,不在文教图书市场上分杯羹的也几乎屈指可数。近些年,文化和教育越来越受到国家的重视,而提高素质、博学知识也成了学生和家长追求的目标,然而随着课程改革、版本多元化、分省高考等一系列教育改革的深入和逐渐稳定,这些改变也对文教书业产生了巨大的影响,但不管怎样,文教类图书非但"余热未退"反而温度骤升,并且逐渐走向成熟。在如今的图书市场,文教类图书占据很大的市场份额,而且也成为各

大书店利益的重要来源。文教图书是整个书业一直保鲜的一类图书,它的销量如同它的种类一样多得超出人们的想象。为了进一步研究文教类图书的发展规律,我们从 2006 年开始以商报文教类图书数据为依据进行统计分析,而 2008 年,商报·东方数据把该类图书又进一步细分为语言文字类图书和文化教育类图书两大类,一个更侧重语言,一个则更侧重教育,想必这样更能挖掘出文教类图书潜在的特点。

表 53.6　2008 年度语言文字类畅销书 Top10

排名	书名	出版社	得分
1	《现代汉语词典第 5 版》	商务印书馆	114
2	《新华字典第 10 版双色本》	商务印书馆	104
3	《新华字典第 10 版》	商务印书馆	97
4	《新概念英语新版 1》	外研社	71
5	《朗文外研社新概念英语新版 2》	外研社	71
6	《牛津高阶英汉双解词典第 6 版》	商务印书馆	66
7	《新华字典第 10 版双色本 全金版》	商务印书馆	53
8	《新概念英语新版 3》	外研社	48
9	《现代汉语词典第 5 版 全金版》	商务印书馆	43
10	《新华字典第 10 版单色本 全金版》	商务印书馆	34

2008 年度语言文字类畅销书

学好语言,文字是基础,辞书是必不可少的工具,而在当今的中国汉语和英语当属最重要的两门语言。从我们的统计来看,商报数据不管是细分了也好是综合的也罢,排在前五的都集中在汉语和英语这两门语言上。通过近三年的榜单比较我们可以发现这样一个有趣的现象:商务的三本工具书和外研社的《新概念英语》几乎垄断文教类图书前五的名次。抛开版本的区别更具体一点说,一直以来是《新华字典》、《现代汉语词典》和《新概念英语》在文教这个大千世界里独领风骚。经典、权威、正规、系统，对于语言的学习至关重要，当然会吸引更多人的眼光，这三部书以其使用价值的重要性、完备性和权威性，成为文教图书的胜利者，赢得了广大读者的青睐。

《现代汉语词典》作为我国第一部现代汉语词典，自问世以来每年的发行量几乎都在百万册以上。《现代汉语词典》(第5版)是该词典问世30余年来幅度最大的一次修订，从1999年起历经6年，于2005年7月以新的面貌展示给广大读者。

《新华字典》是我国第一部现代汉语规范字典，它从发端始，就汇聚了一大批学者专家，也正是这些学者深厚的学术功底以及严谨的治学精神，使得一本工具书，为零的出版纪录赢得了广泛的尊敬。

如果说商务的工具书是汉语学习中的佼佼者，那么外研社的《新概念英语》则可以说是英语中的"百花之王"。从2008年的榜单来看《朗文外研社新概念英语新版2》也跻身前五，其实《朗文外研社新概念英语新版2》与《新概念英语新版1》这两套书有什么本质的区别，都是一如既往向读者提供一个完整的、经过实践检验的英语学习体系，使学生有可能在理解、口语、阅读和写作四方面最大限度地发挥自己的潜能。新版本的《新概念英语》教材更简洁精炼，为了帮助中国的英语学习者，新版增加了英汉对照词汇表、课文注释、简短的练习讲解和课文的参考译文。(见表53.6)

文教市场的竞争归根到底是品牌和渠道的竞争，要想在文教市场占有一席之地，打造自己的品牌是唯一的出路。文教图书发展到现在，已经进入打品牌战的阶段。严峻的市场竞争，正如大浪淘沙，毫不留情地淘汰了滥竽充数的产品，而真正的品牌也必将赢得了人心，商务的工具书，外研社的"新概念"就是最好的例子。

2008年文教类图书

按照商报·东方数据2008年的细分，文化教育类图书主要是指一些教辅，从榜单来看它们多为围绕教材的练习和考试用书，市场上的该类图书种类繁多且变化很大，更新速度也很快，即便如此，该类图书仍有一定的规律可循。

通过3年来的比较分析可以看出文化教育类图书多依附于不同版本（人教版、苏教版、北师大版）的教材而且多集中在语文、数学和英语等基本学科上，中考和高考的考试用书尤为突出；同步类教辅书的需求量最大，所占市场比重也最大，但是随着教材多样化和高考区域化，凭借一个版本教材打天下的局面已经消失，教材的多版本也使与之配套的同步类教辅书向多样化发展。从2008年的榜单来看，文化教育类图书主要集中人教版的一些教辅，而且大多为小学生语文用书，这也就可以看出近些年教辅书低龄化的一个趋势。

教辅图书的发展同样要打造属于自己的品牌，像"三点一测"、"志鸿优化"以及2008年荣登榜单的"新课标"等教辅类图书都已经形成了巨大的品牌效应，并且带来了巨大的经济效益。在"鱼龙混杂"的教辅图书市场，品牌效应更具有明显的优势：一来可以形成规模，提高质量，向成套化发展；二来可以依靠质量牢牢锁住读者，进而开发更多产品，带来巨大的经济利益。

回过头来看整个教辅市场，在大力提倡素质教育的今天，教辅书却胜过以往的热销表面看来实属一件怪事，但是仔细分析却不难看出它的情理所在。素质教育固然是对，但是国家至今还没有找到一个比考试更公平的录取方法，而按照分数"择优录取"也就成为最好的准绳。既然如此，要进名校当然要考高分，要考高分单凭教材上的知识当然是远远不够的，于是就有了书店教辅图书的热卖，也就有了品牌教辅书的畅销。

文教类图书是这个图书市场的重要组成部分，它销售的数量让人难以想象，而它无限的发展空间又吸引着各大出版社去投奔这个市场。走在书店文教专区熙熙攘攘的人群中，看着书架琳琅满目的图书，不禁有种无从下手的感觉。所以在这里我还是想提醒广大学生和家长，购买教辅书固然重要，但是一定要擦亮眼睛，质量低下，错误百出的教辅不仅对学习无益反而会误导学生；另外购买辅导书的时候不能过分盲目跟风，辅导书不在多而在精，要根据自己

具体的学习能力和需要去选择。（见表53.7）

表53.7　2008年度文教类畅销书Top10

排名	书名	出版社	得分
1	《小学数学口算心算速算天天练·一年级（上）新课标人教版》	中少总社	71
2	《061上人教版语文/海淀考王测》	人民日报	59
3	《B课标数学6下配人教/口算心算速算》	中少总社	57
4	《07秋五年级上人教版新课标/口算速算天天练》	兰州大学	35
5	《词语的理解和运用·一年级（上）（新课标）》	陕西旅游	31
6	《高中数学/新课标基础知识掌中宝/公式定律及重点难点突破》	山东地图	41
7	《灿烂在六月——上海市最新中考模拟强化测试精编.语文最新150分制2008版》	百家	29
8	《走向成功——上海市区县高考考前质量抽查试卷精编.语文参考答案》	百家	28
9	《全日制高中语文读本必修4册》	人民教育	27
10	《B全日制高中语文读本必修6册》	人民教育	27

［链接：中国图书商报，张文红、刘翠红、熊瑶、吕哲、贾妙静《2008中国大陆畅销书盘点》；2009.1.6，《中国阅读周刊》第3版、第6版］

第54章　2008年民营图书市场度报告

对中国书业来说，2008年是前所未有的一年。年初，纸张价格的上涨让图书生产成本的攀升幅度前所未有。年中，北京奥运会的成功举办，让全行业乘上了"奥运经济快车"。年底，来自国际金融危机的影响波及国内，深不见底的危机影响进一步考验行业企业的承受能力。受此大环境影响，2008年的民营图书零售市场也是一波三折、大起大落。（见图54.1）

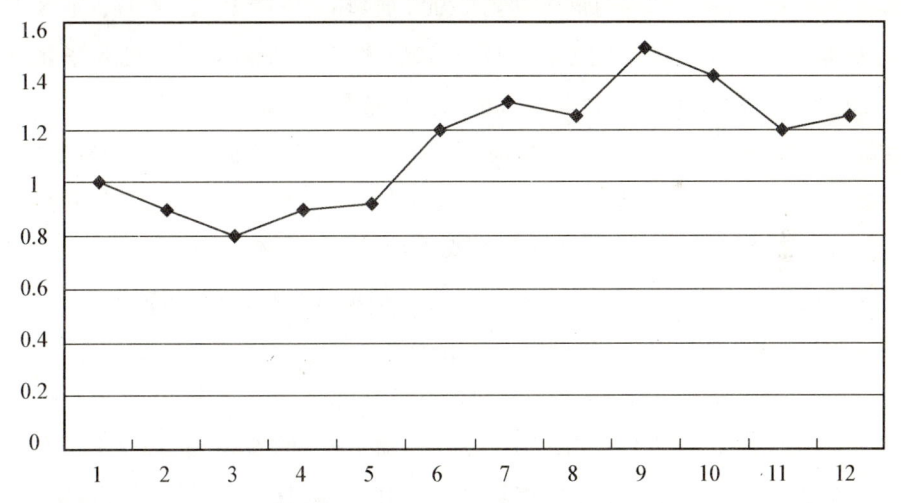

图 54.1　商报年度民营图书零售走势图

1～3月份，全国民营图书零售市场大幅下挫。2008年1月是中国农历2007年的最后一个月。尽管春节的步伐节节逼近，但全国民营图书零售市场并未渲染些许喜庆气氛，在经历连续2个月的环比下跌之后继续大幅下滑35%，这预示着图书市场仍在"冬眠"中沉睡。

1月份,在整体图书市场大跌的大环境下,各分类图书市场表现各异。对整体图书市场环比增长贡献最大的当属文学类,其在各细分类中比重最大。财经类图书是拉动整体图书市场的第二大因素。与之相反的是,社科、生活这几个分类图书市场都出现了较大的环比下跌,成为全国图书零售市场增长的阻碍因素。就地域对比来看,1月份全国各地区市场表现出较大差异。环比增幅最大的是东北和中南,成为拉动全国图书市场的主要地区因素;西北和西南地区增长幅度低于全国综合水平,而华北地区甚至出现轻微的环比下挫。

2月份,本应是红红火火、充满生机的黄金档期,但是一场突如其来的雪灾,却使人们面临着严峻的考验。雪灾不仅扰乱了人们正常的工作与生活,更给一些行业带来了较大的损失。全国民营图书行业也不能幸免,部分卖场门可罗雀,萧条度日,销售行情直线下降。商报监控的民营总榜前20位销售总额由上月的15885册,一月间下跌到12903册,环比下滑19%。本月各地区市场表现一致,环比下滑幅度处在10%~40%之间,其中跌幅最小的是华北地区,东北地区紧随其后,而跌幅最大的当属灾情最严重的华中地区。

3月份,全国民营图书零售市场在2月份出现大幅下跌19%后继续走弱,下降幅度为6%。细看商报3月民营总榜,在图书各细分类别中,呈上升趋势的只有文学类和经管类。文学类在各大类中所占份额最大,因为有《红袖》等的强力支撑,出现顽强攀升的势头。社科类则本月小幅回落。持续3个月的走低说明一个事实,2008年图书市场首季趋淡。

4月,春暖花开,在经历了2月和3月的环比持续下跌之后,商报监控的民营总榜前20位销售总量由上月的12171册上升到12743册,环比小幅度增长5%,这给全国民营图书零售市场带来了"阵阵暖意"。《于丹〈论语〉感悟》和《明朝那些事儿5》是拉动图书市场整体上扬的主角。此外,该月榜单较上月似乎缺乏新意,整体略显平淡。在大众图书整体市场表现不佳的大氛围下,文学类畅销书在排行榜上的新入榜图书也均靠榜尾,显得冲击力略有不足。

5月份,全国整体民营图书零售市场的销售状况仍然处在下跌态势之中,往年由于"五一"黄金假期引发的图书消费热潮在 2008 年相对平静。与 2007 年同期相比,5 月文学图书市场的同比下跌明显。不过生活类图书异军突起,销售表现出了一定的反弹趋势,环比有所上升,与上年同期相比也保持了较好的销售势头。商报数据分析专题组认为,5 月份生活类图书的小幅反弹并不能掩饰其当前其整体图书市场销售形势仍处在一定的低谷。"五一"长假的取消对整体民营图书零售卖场的销售还是有所影响。

纵观 5 月份的文学畅销书,虽然整个图书零售市场销售仍然没表现出明显的复苏,文学图书还是呈现了一丝回暖的迹象,引进版文学书陆续投入市场并取得了不错的销售成绩,而在本土众多青春文学作品中,郭敬明的《最小说》和饶雪漫的《离歌》无疑最引人关注。同时,《鬼吹灯》的大结局《巫峡棺山》市场走俏,毋庸赘述。

细看 5 月份社科类图书的销售状况,我们可以看到,由于"百家讲坛"系列图书出版的拉动,社科类图书在经受淡季的冲击之下仍然稳步前进。在"论语"、"说收藏"等新的热点题材图书之外,无论是本土文化的整理还是引进的学术名著译介都取得了一定的成绩。

生活类图书是 5 月份的一大热门类别。本月对生活类图书环比影响最大的当属生活医学、旅游和美容三个二级细分类,它们的环比都出现较大上升,且都高于整体生活类图书环比增长水平。且与去年同期相比,生活医学、收藏和生活百科的销售业绩都有所提高,再加上它们所占生活类图书的市场份额较大,因此大大拉动了生活类图书的销售业绩。

6~9 月份,全国民营图书零售市场一片飘红。学生放假和奥运经济等因素的拉动功不可没。

6 月份,全国民营图书零售市场一扫前几个月淡季的阴霾之气,犹如雨后初晴般阳光灿烂。5 月图书市场本已行至谷底,再加上学生暑期购买欲望的一迸发出,使得 6 月各类图书环比全线"飘红",综合环比上扬 34.8%。与 2007 年同期相比其细分类别的销售业绩也均有不同程度的提高。种种迹象表明,图书零售市场的回暖复苏已成不可争议的事实。

6月图书零售市场综合环比的大幅上扬,结束了自3月份以来零售市场销售业绩一月不如一月的境况,在"商报数据"重点分析的几个细分市场中,文教、社科和少儿类图书业绩凸显,同时,文学类图书的环比上涨也在一定程度上拉动了整体市场环比的上扬。往年的6月,只有1~2个类别的图书销售会好于前月,而其他类别都逊色几分,2008年出现"红旗飘飘"的局面反映出在"众志成城、抗震救灾"顺利进展后图书市场的强势反弹。

从7月份各细分类别的环比看,各细分图书市场已经全面恢复,在6月份环比略有增长的基础之上,各类图书继续呈现上扬的态势。其中,教辅类图书增长最高,其他各类图书也都呈现一定程度的增长。8月份,图书市场进入当年第二个销售旺季的中间时段。由于暑期尚未结束,图书市场上和学生有关的消费群体及其消费行为特征依然发挥作用,所以,8月份全国图书零售市场继续保持较强走势。据"商报数据"民营零售监测数据显示:8月份虽然环比略有下跌,但市场情形仍远远好于6月份。

9月份"商报民营总榜"前20位销售总量为17516册,比起8月份的12415册,环比大幅上升41%。但从商报民营图书市场零售监测数据显示来看,2008年9月份的民营图书市场同比增长速度略有降低。

10~11月份,图书市场冲高后开始大幅回落。

10月份,"商报民营总榜"数据显示,全国民营图书零售市场环比下跌8%,与第三季度连续环比上扬的趋势相比,曲线走势骤然向下,显示了市场从旺季转向淡季。但从市场的成长性来看,与2007年同期相比,则表现出较好的成长性。就民营总榜榜单来看,已逐渐打破前段时间文教图书"龙霸天下"的现象,出现了众多类别"百家争鸣"的局面。

11月份,全国民营图书零售市场在10月份环比下跌8%之后继续下跌14%,犹如日渐寒冷的天气,图书零售市场全面进入淡季。10月因有"十一黄金周"的缘故,大众类图书有所上扬,抑制了整体图书市场的下滑幅度。11月份的图书市场似乎热点匮乏,无所依托,呈现出各类图书零售整体全面下滑的态势。在全国各地民营书店排行榜显示的细分市场中,除了生活和社科两大类与上月基本持平以外,其他各类的环比均为大幅下滑,尤其是文教和少儿类跌幅最大。

12月,随着春节的逼近,全国民营图书零售市场被渲染了些许喜庆气氛,在经历连续多月的环比下跌之后出现3.7%的小幅上涨,这或许预示着图书市场渐从"冬眠"中苏醒,新的销售旺季即将到来。就细分市场来看,在整体图书市场止跌小涨的大环境下,各分类图书市场表现各异。对整体图书市场环比增长贡献最大的当属经管类,其在各细分类中表现突显,环比增幅最大。社科类图书是拉动整体图书市场的第二大因素。此外,文学类、生活类等也都有不同程度的环比增长。(见表54.1)

表54.1 商报民营年度总榜畅销书前20位

书名	出版社	定价
求医不如求己	中国中医药	29
不生病的智慧	江苏文艺	29
求医不如求己2	江苏文艺	29
明朝那些事儿(朱元璋卷)	中国友谊	28.8
杜拉拉升职记	陕西师大	26
明朝那些事儿(5)	中国友谊	28.8
货币战争	中信	38
不一样的卡梅拉	二十一世纪	40.8
如何说孩子才会听,怎样听孩子才肯说	中央编译	26.8
明朝那些事儿(4)	中国友谊	24.8
明朝那些事儿(2)	中国友谊	24.8
明朝那些事儿(3)	中国友谊	24.8
沉思录	中央编译	20
父母是孩子最好的医生	江苏文艺	28

续表

藏地密码	重庆	24.8
追风筝的人	上海人民	25
明朝那些事儿(6)	中国海关	28.8
求医不如求己3	江苏文艺	32
温度决定生老病死	江苏文艺	29
不生病的智慧2	江苏文艺	29

[张红玫据《中国图书商报》2008年"民营月度畅销书榜"综合整理分析]

第六编　年度华文与海外书业

第55章　香港华文市场年度表现

香港图书市场2008年度租金上涨和港元疲软,令书店经营雪上加霜,被迫搬迁和缩小卖场;出版社在纸张、油墨、印刷、运输等成本飞涨下,只能将新书定价稍微提高,不敢全部转嫁给读者;而经营27年的老牌出版社博益更是黯然告别书业。尽管面临种种困难,但当"5·12"大地震发生后,香港书业界却毫不犹豫地投入了捐款、义卖的赈灾活动。港人和内地血浓于水的同胞情谊,同时也体现在出版界纷纷出书聚焦2008奥运和内地最新生活面貌上。

1. 博益停业

2008年1月下旬,开业27年的老牌出版社博益,由母公司南华早报宣布停业,所有书籍版权皆不作转让,引来众多作者强烈反对,经多方人士斡旋和磋商后,南华早报最终让作者取回版权。博益停业前后,几家出版社骨干人员蝉过别枝,变化之大为近年罕见。在人员新旧交替之际,出版路线重新厘定,结果第一季新书出版量减少接近两成;第二季仍未完全恢复,给书店销售带来负面影响。大批新书在2008年7月香港书展才涌现,亦带来了一批新出版社名字,"Z出版"、"圆方"、"日阅堂"、"天马"、"天苑"等,其中一些是老牌出版社的新增副牌。例如明报出版社的负责人原在博益工作,吸纳了部分博益作者,因而新增副牌"日阅堂",出版流行小说、鬼故事等。而博益大部分作者也已于香港书展前纷纷重新落户,个别旧作经包装后重新上市。

2. 各方经营困难

2008年2月青文书店负责人罗志华在货仓整理书店结业后剩下的书籍时，不幸被倒塌的书压死。对于他的意外死亡，香港文化界非常悲切，多位作家先后发表文章，举行追思会。6月下旬，一向颇负盛名的内地图书专营店"文星图书"悄然结业。独立书店固然经营不易，集团式经营的连锁书店也不见得好过，书店租金继续增加，与美元挂钩的港元又表现疲弱，从内地、台湾，以及英国或新加坡等地进口的图书成本大增，令本就毛利不多的书店雪上加霜。中华书局年初撤离经营多年的观塘区；香港商务印书馆上水店也无奈地迁离商场，卖场变小。出版社在纸张、油墨、印刷、运输等成本飞涨下，只能将新书定价稍微提高，不敢全然转嫁给读者，生怕降低读者的消费意欲。

3. 香港书展

2008年香港书展入场人次再创新高，达83万之多。2008年以"阅读世界·走向世界"为主题，吸引来自21个国家及地区、483个参展商进场，为历届最多；其中西班牙、英国、丹麦等5个国家，更是首次来港参展。期间由主办者香港贸易发展局与出版社合作举行的文化活动超过180项，当中包括与三联书店及香港教育局合办的"中西文化CROSSOVER"讲座系列、与亚洲周刊合办的名作家讲座系列、与明报读书站合办的"新·日本·新·媒体"讲座系列，以及与小书局合办的"知识与创意经济"座谈会系列等，总出席人次超过3.4万人次，多场讲座更出现爆满情况。大部分参展商也报称销售比2007年增加一成多。

尽管如此，香港传媒还是喜欢把目光集中于入场年轻人热衷购买艺人写真集、精品文具、看明星、凑热闹等，更有民间机构呼吁来年要限制禁售非书籍产品、声讨"粉丝文化"云云。诚如主办者官方网站所言，书展从一个业界的推广平台，已发展为香港市民一年一度接近阅读、亲近文化的全民盛事。入场人士与日常逛书店的读者群确有明显差异，年轻人占多，他们也认同书展是商业活动多于文化活动。既然如此,个别出版社和商家索性候准时机,适时推出相关货品,卖给这批不常逛书店的另类读者,并结合传媒力量早作招徕。然而,据悉书展期间最热销的明星书也不过销 5000 册,品种也就在 10 种之下,换言之,合计销售不过 5 万册。相对同时参加书展文化活动的 3.4 万人次。整个书展期间所展销的多元品种和庞大册数,这类货品其实只占极小比例。

4. 汶川牵动情怀

2008 年 5 月 12 日四川发生 8 级大地震后,香港联合出版集团员工捐款连同公司捐款共计港币 100 万元,在一星期内送达中央政府驻香港联络办公室;万里机构瞬即出版《一定要记住我爱你》,记录 60 篇振奋人心的故事,此书更连续两个月位列畅销书榜首,筹得相当可观的善款。香港出版总会动员各出版同业,全港近百间书店设置捐款箱筹款,并在书店和商场举办"一书燃希望"图书义卖。香港书展主办当局也腾出摊位,义卖图书,并设置捐款箱,筹得款项将通过香港苗圃行动,以专款专用形式,购置图书,送赠四川受灾学童,重燃他们阅读成才的希望。多家出版社分别出版义卖筹款图书:《手牵手·共命运·走进四川大地震》、《汶川!汶川!强震凝聚中国》、《心震故事》、《人间有情——地震感人故事》等。香港中华书局 7 月底替内地一班佚名记者出版《四川大地震》,由钱钢写序:"国难当前,感动并不难,难的是反思;反思也不难,难的是行动;一时的行动其实也未必难,难的是持久战",该书在香港书展期间几度断货。出版社和读者的积极响应,反映香港市民对四川灾民的关爱。

5. 热点图书

2008 年是奥运年,万里机构出版《北京奥运观战指南》最为应景,其他出版社多出版以运动员为主题的新书《逆风而上——李丽珊》、《奥运夺金不是梦》、《麦嘉欣的人·马·情》等;新雅则另辟蹊径,推出"亲子健体系列"让父母藉奥运热潮和孩子在运动中强身健体、舒展身心、增进感情。

北京举办奥运,中国成为全球目光焦点所在。三联书店2008年便以"当代中国"为出版重点,《大师级》、《中国风》与《生活骚》三本书,涵盖今日中国的潮流、生活、文化与思潮,反映中国内地的最新面貌。首先推出的《大师级》一书,介绍在中国建筑、艺术、电影时尚等各方面,19位对中国及国际有影响力的大师故事。而《70/80——中国新人类》通过大量照片展现20世纪70年代与80年代出生的两代人之间的价值分野。从他们的故事,可以看到"70派"那依然带点含蓄的"我们世代"如何发展成"80派"的"我世代";在看见中国盛放中的"新人类"同时,也看到最自我的"新新人类"。而早前天窗出版社出版的《潮爆中国》则以作者李照兴个人的生活体验,引领读者认识"新新中国"。

在本土题材方面,《粉末都市——消失中的香港》作者耗4年心血,以魔幻手法描绘出一幅幅快将消失的老街景象牵动港人情怀;牛津大学出版社的《中国香港》则以学者角度审视"中国香港"这个很少出现在香港话语中的概念。

随着全球投资市场转趋淡静,热销两年的投资理财书2008年大幅回落,但个别名家的著作,例如《论战——曹仁超创富战国策》仍能占一席位。《看见价值:巴菲特一直奉行的财富与人生哲学》或以巴菲特为名者略占优势。《富爸爸,穷爸爸》历久不衰。讲解投资基本知识的《国际金融译码器》、《股坛译码器》销售平稳。响应当下宏观经济现象的《次按风暴高清面目》等书销售尚算良好。

健康生活已成为大众切身关注的话题,《营养谬误》(三联书店)、《持营保泰——健康饮食88个智慧》(天窗)、《100种健康食物排行榜》(万里机构)一出版便轻易成为畅销书,其中《营养谬误》一书袁医生探索了过千份医学文献,以严谨的科学研究和数据作支持,提出:"素食最健康"、"无卡路里汽水可以减肥"、"低脂饮食最健康"都可能是错的,打破一般大众对营养的错误观念。

读者对艺人的热爱往往会成就一些畅销书,过往因为电视剧、电影、流行乐坛关系,令不少年轻偶像的作品或写真集成为畅销书。本地学者洛枫则以戏迷学者身份探讨张国荣的艺术印象《禁色的蝴蝶:张国荣的艺术形象》(三联书店)成为畅销书;明星古天乐所著《玩具大战》(三联书店)倾尽珍藏,亲访日本漫画家,给"非古迷"读者带来意外惊喜。这两本书反映了明星书写的另一种可能。

2007年香港股票市场持续炽热,投资理财类书籍也承接前一年的势头,增长迅猛,众多出版社涉足此领域,除了东尼、林森池、曹仁超等名家作品登上畅销书榜,许多集中在较低层次的入门类书亦乘时推出,与当时趁势抓快钱的投资者的实际状况十分近似。然而来到2008年,此景不再。年初香港财经出版社的《次按风暴高清面目》集中讨论美国次按问题,并预言10个月内会有环球股灾与银行倒闭潮,该书虽未算热销,但已引人注目,而一般投资理财书销售明显回落,书名也由以往的投机致富型,转为《危中有机》、《战胜贪婪与恐惧》、《迎战转势》、《势事循环》等,强调市道逆转下的理财智慧。及至9月发生雷曼事件,金融海啸席卷全球,鉴古知今,内地出版的几本回顾历史上发生过的经济危机的经典作品再次受到重视,包括经济学家加尔希雷恩的《1929年大崩盘》(上海财经大学社)、布南克的学术论文集《大萧条》(东北财经大学社)也映入香港读者眼帘。而香港本地出版社擅长于用浅白文字分析金融海啸现况,说明现在投资环境,《美利坚合众国清盘前夕》、《华尔街完全崩解》、《经势大激撞——金融海啸后的投资策略》等书紧接出版,大受欢迎。

金钱财帛不可期,身体健康还是可以略为掌握的。万里机构的《100种健康食物排行榜》、《吃对营养疾病远离你》、《全食物排毒密码》等书以食物为出发点,符合香港人食为天的性格,就连每天生活中不可或缺的食用油也有专书《选对食用油》详细分析。袁维康医生的《营养谬误》以严谨的科学研究和数据作支持,打破一般大众对营养的错误观念。天窗出版社一年内推出顾小培医生《持营保泰》等4本书,出版社安排作者接受媒体访问,又或跟读者见面,建立作者既专业又亲切的形象。曲黎敏的《养生十二说》以黄帝内经等祖国中医瑰宝为基础,提出日常生活中常见但不为人注意的生活恶习、养生误区。虽然作者在内地享有盛名,但由于难以到香港宣传,引进版权的香港三联书店索性将香港版的书名改为《黄帝内经养生圣典》,直接强调"国医绝学",成为近来畅销书。

　　世界卫生组织预计,2010年抑郁症将成为全世界排行第二位的疾病,仅次于癌症。精神科医生说,没有人能对抑郁症免疫。《飞过抑郁的森林》(天地图书)访问了十一名不同背景、不同身份的抑郁症患者,详谈由发病至走出抑郁森林的治疗经过,并附诊治人员对个案的分析;香港三联也一次性推出两本抑郁病题材的书,《忧郁病,就是这样》的作者李子玉在外人眼中,与丈夫李欧梵过着平常日子,优哉游哉;谁想到她曾经跟抑郁症为伴,10年来4次复发,4次自杀,作者以率性细腻的笔触,诉说康复过程中的艰涩,与读者分享她跟抑郁症多年来的纠缠与搏斗经验,反思个人成长之种种。《我和抑郁谈过恋爱》的作者是平面设计师兼家庭主妇,以绘本形式记录她这些年来面对抑郁症的艰辛历程。在经济动荡、人心不安的时刻,这几本书的出版尤为及时。就连一些旧书,例如《驾驭焦虑》、《走出抑郁的深谷》、《谈情说病》的销售也给带动。

　　2008年全球最受瞩目的国家莫过于是中国和美国了。《当代中国解读》、《中国国情新一课——民富·国强·盛世梦》、《潮爆中国》、《当代中国》系列等图书涵盖今日中国的潮流、生活、文化与思潮,反映中国内地的最新面貌。而美国首位黑人总统当选,令《欧巴马勇往直前》、《欧巴马的梦想之路:以父之名》这两本台版书热销一时。读者关心的,还有世界大国的未来。《后美国世界》、《谁是美国人?》等探讨美国政治形态的台湾繁体译本纷纷出炉,在香港也有一定市场。

　　也许香港多年来饱历金融风暴冲击的考验,大家都已明白明天还是要继续的,既不过分乐观,也不会过分悲观,吃喝玩乐、旅游美食,始终是生活的重要组成部分。《米芝莲指南》(*Michelin Guide*)纵横饮食世界109年,广受认同,首次登陆中国城市,以中、英双语印制的《香港及澳门米芝莲指南2009》定价港币168元,在大力宣传下,2008年12月初甫出版即登上畅销书榜。

而关于日本东南亚的指南式旅游书销售从未减少。

三联的《土制漫画》已成系列品牌，除此之外，近年陆续有多位漫画作家冒起，《我们的低能婚礼》是2007年香港书展全场热卖货品，几度断货，作者之前的作品《我的低能之道》等两种图书也跻身全年畅销书榜前列。该书作者是一位年轻女孩子，沉闷的办公室工作生活激发出创作灵感，后来变成全职漫画家。早几年出道的梁进则善于创作四格漫画，以主角"阿呢"记录日常生活琐事，轻松惹笑，作品先在报章发表，后结集成书，颇受欢迎。2007年香港书展期间，另一热卖类型是香港年轻人的潮流用语，简称"潮语"，先后有《香港潮语学习字卡》、《朱Fun E潮语大教训》、《香港潮语话斋》等；前两本是辅以大量绘图，后一本则是文字书，透过解析香港方言新语的形成因由，检视本地历史文化的异变。

罗琳新书《吟游诗人皮陀故事集》挟哈利·波特外传之势，英文版和台湾繁体中文版2008年12月4日同步上市，相较过往《哈利·波特》每册新书出版之时，大家都必定严阵以待，提前开门营业等诸多举措，这次只能勉强算是小旋风，销售也是意料之内地一般。巴菲特授权传记《雪球》英文版9月面市，台版繁体中文版12月下旬开卖，定价不低。或许是几本书的缘故，香港图书零售业第四季业绩未有重大滑坡。

尽管经济低迷，香港出版社的策略稍为保守，新书量稍减，一些出版社还是做出了较大手笔。香港商务印书馆《故宫全集》60集圆满竣工；三联书店秉承"大师小作"传统，邀请得陈平原先生主编《三联人文书系》，首批推出10种，作为60周年店庆献礼；又策划《梓夷丛书》，以多元视角介绍近世中西文化交流情形，作者和编者来自世界各地，中英文书各两种已在香港上市，跟内地简体版、美国英文版一同印制，饶有想法。香港中文大学的《中华人民共和国史1949—1981》十卷本，首批已推出6卷，颇获好评；在人文土壤相对贫瘠的香港，这几批书的出版实属难能可贵。

6. 2009 年展望

　　观乎最近市况，大家一方面认为局势其实不算太坏，市民仍有消费意欲的，但另一方面，大家又已知道一些依赖出口欧美的制造业和贸易公司，已陆续裁员冻薪，因此又不敢乐观。大抵认为全球性的经济衰退对香港书业的负面影响虽尚未完全浮现，但除非再有其他经济噩耗传来，例如美国信用卡债务问题爆发，否则对图书出版业影响也不会太大。在此情况下，出版社既不敢勇猛出书，又不敢不出书，只能实事求是，各自修行。而书店方面，租金、工资上涨压力有望回落，但亦已知道有个别店铺还是要搬迁，无论如何，改善货品和服务质素，还是有最有效的良方妙药。

　　展望 2009 年，2007 年《货币战争》等书已引发读者对宏观经济的关注，估计一些以浅白文字、图表形式来解释经济运行等深层次问题的图书将有所增加，而畅销日本的《漫画资本论》应快有内地或台湾的中译本，销售应不成问题。

　　旅游书方面，除了一些热门旅游点会出修订版外，估计出版社会以搭配形式，介绍附近的新兴景点，例如新加坡加民丹岛、马尼拉加长滩岛之类，作为竞争卖点。

　　文学方面，类型阅读难以持之以恒，读者还是嗜鲜的，但估计几套电影，例如《马利与我》、《朗读者》、《穿条纹衣的男孩》、《天使与魔鬼》等应可掀起热潮。

　　2009 年高中新学制正式推行，一直认为对出版界将起正面作用的通识科目正式上马，究竟可否帮助老师和学生拓宽阅读视野，答案将有分晓。

　　[链接：中国图书商报 2008.8.15，叶佩珠《上半年香港图书市场回顾》；2008.1.16，《2008 年下半年香港图书市场一瞥》]

第 56 章 2008 台湾图书市场又冷又挤

眼看 2008 年又将接近尾声，全球举目骇人问题接二连三，恐怖主义威胁不减、全球暖化持续加温、物价涨声不停、全球人口激增、再加上自然灾难频传，世界失控的程度远远超乎我们的想象与理解。而台湾出版产业整体状况也不见好转，问题很多，各行各业都叫苦，岂是出版业独尝黄连？随着次贷危机影响全球经济、原料价格大涨、油价大起大落、股价大跌、连锁书店之一的"搜主义"经营面临困境，大家纷纷调整业务结构与脚步，如号称台湾之光的诚品书店，其敦南店即加快速度 2008 年 10 月 11 日重新装潢开幕，又如联合发行股份有限公司 2008 年 12 月 1 日成立等，这些都说明经营的困难需彻底检讨与整合，期待新思想与新作为带来出版产业的新曙光。

1. 2008 年台湾书店变动

由于整个大环境的动荡，全球股灾及金融风暴，导致消费紧缩。书店原有的正常营收变得很不正常，资金收入萎缩，上下游周转失灵，许多书店面临转型或缩编等调整，以应现阶段的愁云惨雾。正当各路努力奋战做最后一搏的号角声刚响起，就听闻老字号的"新学友"转型经营的"搜主义"书店遭遇财务危机，身陷经营困境，召集相关上下游召开说明会。日前传出其"中坜店"、"摩天店"因租约到期，2008 年 12 月 21 日起停止营业，之后将陆续有收编裁员等节流动作，以求经营主体可以继续撑过寒冬。

诚品书店 2008 年已撤店 4 家，开店 1 家，12 月另开 3 家新门市——宜兰新月店、高雄精品店、台南相对论店，至 2008 年底店数应为 42 家。由于整个市场的低迷,诚品敦南店24小时书店于2008年9月起关闭重新装潢,10月11日正式重新开幕,将二楼杂志区位调整,并对部分商场专柜更新。改装后,更加深了"诚品"招牌的定位:更有质量、风格的商品,才能进驻新卖场。从个性设计家具、小物到著名设计师品牌,让诚品敦南店创造出独特客层,与周围各商家都有所区隔,以期能有更好的营业表现。

金石堂2008年加盟店撤四家:小港、大安、北医、德行。直营店撤店有五家:虎尾、员林、永三、左营、台积二店。迁店有五家:嘉义、凤山、斗六、苗栗、新竹。新开门市有六家:九月北门店、十一月凤家店、斗家店、十二月苗家店等,至2008年底总店数为80家。从原来的100家缩编为80家,并将部分独立书店迁进家乐福卖场,希望依托高人气的量贩消费群带来前所未有的买气。

独立书店联盟成立。独立书店经费有限、人手不足,但怀有梦想。以8家独立书店为首,独立书店联盟于2008年11月11日正式成立。这8家书店包括台北的唐山书店、小小书房、有河book;新竹的水木书苑、草叶集概念书店;台中的东海书苑;嘉义的洪雅书房;以及花莲的凯风卡玛儿童书店,并将联盟正式命名为集书人文化事业有限公司。独立书店联盟,将在各独立书店之间打开通路,以资源共享的方式推广艺文活动,加强人、书店、社群及生活间的链接,让各家独立书店保有其独特的风格,朝着同一个理想迈进。

联合发行公司成立。2008年12月1日,联经出版公司与农学社两家合资正式成立联合发行股份有限公司,整合联经公司的多元通路与农学社高效能的物流及信息系统,结合双方的优势,降低作业成本、提升营销功能,发挥最高效益,发行通路遍及全世界的华文市场,是台湾规模最大的全通路图书杂志专业发行公司。联合发行公司董事长陈日升、副董事长林载爵、执行董事王承惠、总经理傅春生。王承惠执行董事代表董事会,负责策略规划及督导联合发行公司之运作,兼任创新书报公司总经理。傅春生总经理负责联合发行公司之业务执行。

联合发行公司专责图书发行业务,创新书报公司专责杂志发行业务。联合发行公司发行范围预计将覆盖台湾图书零售市场的15%至20%。月发新书品种将达到500种,约占台湾市场流通月新书产量2000种的25%。节约成本至少15%。台湾业界认为,双方的整合可以对高达50%的退货率、持续上升的物流成本有所遏制。

2. 话题发烧书

《世界又热、又平、又挤》

天下文化2008年10月1日出版《世界又热、又平、又挤》,自9月预售开始即取得亮丽成绩,冲上各大书店畅销书榜,再加上媒体热炒"绿能革命"话题,越发轰动。这次,作者汤马斯·佛里曼(Thomas Friedman)花了3年时间撰写此书。又热,指的是全球暖化造成地球气候变迁;又平,谈的是新兴国家崛起,造成能源耗竭;又挤,是近世纪人口快速的膨胀。佛里曼提出一个积极应对的策略,他将之称为"绿能革命"。本书未上市先轰动,除了国际媒体关注,主要在台湾收视率极高的中天电视"文茜世界周报"率先报道,引发各媒体追风效应而成功。

《欧巴马的梦想之路——以父之名》

美国总统大选2008年11月24日投票结果全部出炉,民主党的欧巴马拿到365票,当选新任总统。《欧巴马的梦想之路》1995年出版时,虽然评论不错,但是销售状况非常普通,等到2004年成名,此书重新再版,不仅横扫各大排行榜,成为销售冠军,海外版权也热卖。充满热情、味道与风格的笔触,欧巴马描绘了生命的质地。欧巴马可能是近年来演讲最动人心与最具草根魅力的政治领袖,随着欧巴马的胜选,本书肯定让时报出版公司大赚一笔选举财。

王永庆相关出版品

2008年10月15日惊传台湾经营之神王永庆于美国病逝,台湾企业界上下震惊。王永庆出身贫穷,到米店做小工,后来白手起家,一跃而为台湾巨富,主持世界著名的台塑企业集团,成功的企业家典范,感召千万人。这等重要的大人物陨落，其相关的出版品肯定洛阳纸贵。远流这些年共出版了五本：1986年出版《王永庆的管理铁槌》、1989年出版《家常话：王永庆说给年轻人听的心头语》、1996年出版《王永庆谈中国式管理》、2005年出版《王永庆奋斗传奇》、2008年11月出版《向台塑学创新开发》。天下文化2007年1月出版《台塑打造石化王国：王永庆的管理世界》。这一波的新闻声势，出版最大赢家应该是远流出版公司了。

安伯托·艾可(Umberto Eco)年度大作

安伯托·艾可，享誉国际的知名作家，也是符号语言学权威、知名的哲学家、历史学家、文学评论家和美学家。著名的四部著作为《玫瑰的名字》、《傅科摆》、《昨日之岛》、《波多里诺》。继让全球惊艳的《美的历史》2006年出版之后，他又写出《丑的历史》，且亲自保证，一定比《美》更精彩。《丑的历史》和《美的历史》另外一项共同特征是，我们讨论这两种价值的故事，势须局限于西方文明。在上古文明和所谓原始民族方面，我们有出土艺术品，但没有理论文字来告诉我们这些艺术品本来的用意是要引起审美的喜悦、对神圣事物的畏怖，还是欢欣。联经出版公司连续取得艾可两部重要大作，为艺术出版再添佳话。

3. 两岸出版交流 20 年

自1988年10月上海"海峡两岸图书展览"揭开序幕至今，两岸出版文化交流已整整20年了。20年间，两岸出版同仁从"破冰"相识，到合作相知，从互利合作到携手同心，友情在不断增进，出版合作的成果在不断刷新。20年的出版合作证明，两岸有着共同的语言，为延续中华文化而努力。唯有加强交流与合作，才能增进互信，让华文出版走向世界。两岸通过不断举办书展、召开研讨会、座谈会，达成许多共识与目标。2008年12月15日两岸正式三通，也开启了两岸书业的新商机。

2008年上半年台湾出版新书20923种，下半年出版19501种，全年共出版40424种。2007年上半年出版23864种，下半年出版20631种，全年共出版44495种。2008年全年图书出版品中比2007年少4071种,下半年少了1130种。杂志部分,2008年停刊63家,新增刊14家,改刊2家。很显然,与整个大环境不景气有密切关系,出版社也节流紧缩出版成本及预算的控管。但以台湾总人口数2300万计,年产图书40000种以上,仍属过量。

眼看着E化的数字汹涌态势不减反增,预计至2009年底恐怕出版界仍会有一些震动。书店的家数可能会急剧减少,在网络书店、大型连锁书店的夹击和残酷的削价竞争中,中小型独立书店已几无立足之地,而小型且体质不佳的出版社恐怕也很难度过酷寒。但即使在时局很坏,整个书业都陷入寒冬之际,许多出版人及书店经营者仍然坚持走到最后,力撑下去,为阅读的爱好者建立更多渠道与平台,寻觅新契机,这些求生的奋力而搏,都令人动容,不管这寒冬需持续多久,阅读的习惯与传统仍会被保留,只要文字不死,出版就不会停歇,出版为需要的人而存在,这股潜在的市场与人口,从没有人敢忽视!

[链接:中国图书商报 2008.12.23,王承惠《2008台湾图书市场又冷又挤》]

第57章　盘点2008英美书业现象

1. 文学小说梯度开发模式正在被打破

关键词：精装书

如今英国的文学小说精装本遭遇超过5折的折扣战,八卦性质的名人传记盛行,精装书市场几乎崩盘,加之理查德与茱迪图书秀电视节目只将平装本列入推荐书目,以及金融危机导致人们的购买能力降低,这些因素都在拷问着大众出版领域沿用数十年的梯度开发模式(先出精装本,一年后出Trade平装本,再出大众市场平装本)。在一些出版社和出版领域(如类型小说)这种模式大有分崩离析之势。更多的出版社为降低风险,大大增加了首出平装本的数量。除减少出版精装书的数量比例,哈珀·柯林斯、兰登书屋等大社以及Grove等中小社都开辟只出文学小说平装本的书系(如前者的"Harper Perennial"),为新作者打造原创小说平装本的这股浪潮开始逐年高涨。2008年4月,麦克米伦旗下的皮卡多(Picador)同时出版精装本和"B"型(介于trade和"A"型)平装本。当然,出版社也不会放过为少量重点图书出精装本的机会,一来对著名的作者有个交代,二来也有机会得到更多媒体的关注和宣传。

2. 艰难时代连锁店勇开概念店

关键词：概念店

英国图书零售业的处境每况愈下,一本16.99英镑的精装本,2001年平均售价为12.14英镑，现在已经降到7.49英镑，折扣为5.6折，平装本更是买二赠一或买一本再五折买第二本，商家的利润在促销中变薄。而零售店更担心的是客流量减少以及随之而来的销售惨淡。为扭转局面，连锁店更新店面，在新的概念店里增设互联网下载及搜索专区，开始销售电子阅读器等产品，吸引新读者进来。虽然在不少书商眼里，数字产品下载对书店的生存之本——纸本书销售来说犹如"洪水猛兽"，但这已成为连锁店面对业绩缩水的不得已之举。

2008年英美几大连锁店的业绩再次亮起红灯，鲍德斯连锁店出现贷款及信用危机，所幸在年底因贷款的还款期限推迟而终于幸存下来，但这仍不能阻止鲍德斯的股票跌入1美元以下深渊。无论是美国的巴诺还是英国的瓦特斯通，未来几年都有减少新开分店数量的计划。此外，在当前的艰难时期，无论是连锁店还是独立书店都在减少库存，"只进能够卖得动的书"，以达到降低成本、加速资金流动的目标。英国百年老店沃尔沃斯及批发商EUK的破产，也让出版社开始了先交预付款再发货的交易，批发商贝特拉姆（Bertrams）及THE要先交预付款，出版社或发行公司才肯发货。此外，2008年英国的连锁店因各自规模特点，调整了分销中心的设置：鲍德斯关闭康威尔分销中心，采取扁平化直投方式，而瓦特斯通新建了分销中心，2009年初将开始运营。两个动作在产业链引起的连锁反应将在明年凸显出来。

3. 批发领域正在经历洗牌阵痛

关键词：破产

2007年年中，英国图书批发领域经历了贝特拉姆收购THE后从三雄争霸到两雄对峙的变局，2008年年底贝特拉姆受到母公司EUK破产的殃及，虽宣称财务独立，但仍给出版社带来了数千万英镑欠款不能追回，以及EUK仓库中价值1000多万英镑的圣诞货物积压的巨大损失。尽管如此，英国书业可不希望出现只有一家批发公司（加德纳斯）独霸市场的局面，因为这对任何一家出版社或零售店都不是好事。而在20世纪80年代经济危机时期,通过率先实现次日送货赢得口碑和市场的加德纳斯,不仅开创了动态管理库存信息及预订系统,新建的数字仓库还实现电子书的订购。目前一没有债务问题,二保持家族式经营的加德纳斯,可以比贝特拉姆走得更从容,按照设想的步骤去发展。

4. 出版社的"敦刻尔克",阿歇特的 D—day

关键词:D—day

"出版社在打一场'敦刻尔克大撤退'的战役,而阿歇特却在打响价格保卫战(D—day)"。2008年7月亚马逊英国网站对五折的进货价不满,要求阿歇特图书出版集团提供更高的折扣,而阿歇特拒绝向其妥协,亚马逊因此取消了诸多为阿歇特新书所做的宣传活动,甚至拿掉了图书页面上的"购买新书"按钮。早在2008年年初,亚马逊还与布鲁姆斯伯里发生了价格争执,由于不愿接受亚马逊提出的价格条款,布鲁姆斯伯里的数百种在版图书都被撤掉了"购买新书"按钮。一周后双方达成协议,但没有透露具体细节。两起事件在英国引起强烈反响。

还有更多的小出版社也感受到亚马逊对出版业的更多威胁,除了Kindle阅读器和2007年底为作者建立独立页面宣传作者及其作品,2008年春季,亚马逊开辟BookSurge按需印刷业务,将小出版社的图书制成按需印刷版,以图书52%的零售价格销售,并与作者和出版社分享版税。此举遭到美国一些小出版社的抵制。此外,亚马逊大举进军电子书阅读器,在英国图书零售市场已占据16%的份额,按其每年30%的增长速度,3年内就可成为英国最大的图书零售店。

5. 英国童书出版引入阅读分级体系

关键词:阅读分级

英国在2008年伦敦书展上确定引入美国一家公司的阅读分级体系。从

2008年秋季开始,阿歇特、企鹅、兰登书屋、斯格拉斯蒂克和哈珀·柯林斯英国公司都在新出版的黑白版图书封底条形码附近,标出童书的推荐阅读年龄(分为7岁以上、9岁以上、11岁以上和13岁到18岁)。从2008年4月开始,这些出版社的再版图书已经开始标注适读年龄。

对于出版社的这场给童书注入阅读分级体系的变革,包括J.K.罗琳在内的许多作家都表示了强烈的反对。作者普遍认为:"这限制了作者写作的初衷和读者群的范围"。而兰登书屋等出版社则认为,阅读分级有利于对童书营销进行规范,此外,相对于在书店知道自己想看什么的孩子,成人常常会不知所措,他们更需要帮助。尽管有着如此多的争议,兰登书屋、斯格拉斯蒂克、企鹅、阿歇特、哈珀·柯林斯(英国)和埃蒙特(Egmont)等都在秋季采用了阅读分级体系,也有一些反对标注阅读年龄的出版社,如沃克(Walker Books)与布鲁姆斯伯里,此外,英国还有第三阵营的童书出版社,包括Puffin、猎户星(Orion)和麦克米伦(Macmillan)等,他们支持标注年龄的做法,但也表示会在作者反对的情况下,去除新书上阅读年龄标注。

6. 数字化成本5年后才能收回

关键词:数字化

原本是为消费者提供的数字产品,却为出版人提供了神奇的解决方案:2007年底上市的Kindle阅读器,2008年美国出版界人手一台,用它可以读稿,既便于携带又环保省纸。它减少了文学经纪人接收稿件的麻烦,为出版社编辑看稿提供了方便,也为出外旅游的旅行者省去了带许多书上路的烦恼。英国布克奖基金会也在2008年首次尝试通过手机宣传提名图书,向手机用户发布候选作品电子书或听书格式的精选内容。有兴趣的读者还可购买完整版图书并下载到移动设备上进行阅读。

而出版社2008年在数字化领域的行动并没有受到金融危机的影响而减慢。2008年11月,兰登书屋建立了在线图书内容及搜索引擎库"Insight",为每本新增电子书建立立体化的发行模式,可向数字零售商及发行商提供,也可通过阅读设备和平台下载。哈珀·柯林斯除了前几年将2万种图书制成病毒插件、为新书提供手机下载等举措,在2008年又推行了"一个月在线免费阅读全书"、"未出版新书预览20%内容"以及建立"在线影音馆"等大胆的营销新法。

将重点书及再版书制成Kindle电子书格式,在亚马逊网站销售,是英美大型出版社2008年的一个工作重点。此外,出版社还在尝试通过iPhone、黑莓等手机伙伴销售电子书。兰登书屋与费伯出版社(Faber)还试水按需印刷领域。出版社的重点新书有了宣传促销的推动,为喜爱屏幕阅读的新生代读者开发的图书,有新颖的网络营销推广,或经过奥普拉·温弗蕾节目推荐,电子书的销售都会大增。然而美国整个书业数字出版的收入仅占1%,出版社在数字出版领域的投资要到五年后才能收回并出现盈利。

7. 金融危机考验书业

关键词:金融危机

不少人都预测2009年将是艰难的一年,书业要到2010年才有望反弹。在悲观的预期下,2008年11月开始,以霍顿·米夫林停止购买新书版权为导火索,英美大众出版社相继推出应对策略:裁员、停止招聘新人、停止加薪、停止提高养老金……兰登书屋CEO马库斯·多勒在12月推出了新一轮重组方案,将五个业务部门合并为三个。霍顿·米夫林也表示"如果有公司愿意收购且收购符合所有股东利益",该出版社同意被收购。实力雄厚的出版集团并没有减缓收购扩张的步伐。2008年底,培生和威立分别收购了在线学习公司Fronter和Meredith公司,加强了个性化在线学习和专业及大众出版的市场优势。而对于更多的大众出版社来说,降低成本是当前的重中之重。纸张、燃油涨价,使出版社不得不考虑将印刷业务转移到亚洲地区。而能否在2009年推出受消费者认可和市场热销的好书,打响一场书业保卫战是所有出版社在新年之际的最大愿望。

8. 贝塔斯曼剥离图书俱乐部业务

关键词：图书俱乐部

因市场环境迅速变化，俱乐部业务无法保持长期持续高速及规模化发展，贝塔斯曼在2008年7月出售了中国及北美地区的书友会业务，12月，又出售了英国俱乐部业务（BCA）。如今，在线阅读、下载、社区网站讨论等形式为图书提供了新的交流和讨论途径，图书俱乐部的功能也日渐式微。

[链接：中国图书商报2009.1.6，渠竞帆《盘点2008英美书业现象》]

第 58 章　资本运营改写全球出版排行格局

据法国《图书周刊》(*Livres Hebdo*)和美国《出版商周刊》(*Publishers Weekly*)联合实施的第二次全球出版业年度排名统计,汤姆森、培生、贝塔斯曼、励德·爱思唯尔、威科五家集团成为全球出版五强(见表 57.1)。排名结果表明,资产剥离和收购改变了 2007 年世界最大的出版商的构成和座次。

2007 年,励德·爱思唯尔集团由于剥离了哈考特教育出版社,将全球第一出版巨头的宝座让位于汤姆森集团,退居第四。汤姆森集团尽管也在 2007 年出售了旗下的汤姆森学习出版集团,却并未妨碍其拿下全球最大图书出版商的头衔。汤姆森如今已明显从传统印刷品出版商蜕变为数字出版商——其大部分收入都来自于电子产品和服务,但其所提供的各个专业领域的广泛电子信息,大多数还是来源于印刷本图书和期刊。需要说明的是,汤姆森集团 2007 年的收入不包含路透社部分,因为汤姆森是在 2008 年年初才完成了对路透社的收购,如今该集团的名称也已改为汤姆森-路透。

培生集团 2007 年仍然保持全球第二的排名。虽然较汤姆森而言,培生还维持着传统图书出版商的身份,但其电子产品和服务所创造的收入也在大幅增长,特别是在教育出版和测评考试市场,这一趋势最为显著,2007 年,培生共有超过 10 亿美元的收入来源于新技术产品和服务。培生教育还通过收购哈考特测评业务和国际教育出版部来巩固自己在教育出版和考试市场上的地位,其对哈考特的收购一直到 2008 年 1 月才全部完成。2007 年,贝塔斯曼集团的图书业务(包括兰登书屋和直接集团的图书俱乐部业务)并未受到并购出售的影响,但随着其全面收缩在中国的业务,并相继出售北美和英国的图书俱乐部等,2008年的情况则大为不同。威科集团在出售其属下的教育出版业务后,目前完全专注于专业出版市场,成为全球第五大出版商。

并购还催生出两家新公司跻身2007年的全球前15大出版商之列。一家是收购了哈考特美国教育出版和大众出版业务后,新合并而成的休顿·米扶林·哈考特公司,2007年的销售额约为25亿美元,全球排名第九;另一家是初次登上第15名的圣智学习出版公司,该公司是原汤姆森学习出版集团被加拿大私人投资公司Apax Partners和加拿大投资基金OMERS收购后更名重组而来。

2007年全球前50大出版商中,只有7家公司的总部位于美国。麦格劳－希尔教育出版公司是植根于美国的出版商中最大的一家,其次是私人持有的读者文摘集团。和他们的外国竞争者一样,大多数美国出版商都从海外国际业务中获利颇丰。(见表58.1)

表58.1　全球出版巨头前15名(单位:百万美元)

名次	出版公司(集团或分公司)	总部所在国家	2007年收入	2006年收入
1	汤姆林	加拿大	7296.73	6641
2	培生	英国	7025.52	7301
3	贝塔斯曼	德国	6412.32	5995.6
4	励德·爱思唯尔	英国/荷兰	6156.82	7606.3
5	威科	荷兰	4982.98	4800.9
6	阿歇特图书集团	法国	3109.8	2567.5
7	麦格劳－希尔教育出版公司	美国	2705.38	2524
8	读者文摘	美国	2690.78	2386
9	休顿·米扶林·哈考特	美国/开曼群岛	2500	不详
10	阿哥斯蒂尼	意大利	不详	2435.28
11	斯科拉斯蒂克	美国	2179.78	2283.8
12	霍兹布林克	德国	不详	1931.58

续表

13	普兰尼特	西班牙	1460	1319.5
14	英富曼	英国	1455.04	1271.14
15	圣智学习 （原汤姆森学习出版集团）	加拿大/美国	1413.95	不详

（备注：计算数据基于2007年1~12月创造的销售额或2007财政年度（一般为上年3月至次年3月）的销售额。其中圣智学习计算数据为截至2008年3月的9个月期间。数据中包含图书、期刊和数字产品的总销售额。排名名单由国际出版咨询公司Rudiger Wischenbart编制，Livres Hebdo监制。资料来源：LIVRES HEBDO。)

[链接：中国图书商报2008.7.18，李丽《2008上半年英国出版商排出top10新座次》]

附录　世界7国书业销售数据

2007年，美国仍为世界第一出版大国，德、英、法、韩图书市场小幅增长，俄罗斯基本与2006年持平，日本则再次下滑5%。

美国

出版社净销售额：250亿美元（比2006年增加3.2%）；

新书及再版书品种：27.7万种（2006年为27.4万种）；

出版总册数：41.1万册（包括按需印刷13.5万册）。

日本

图书销售额：2.08万亿日元（约合195.5亿美元，2006年为2.19万亿日元，下降约5%）；

新书出版品种：8.1万种。

德国

闹市区图书销售额：52亿欧元（约合82.3亿美元，比上年增加3.9%）；

前50家书店营业额：31亿欧元（增加6%，包括书店在奥地利和瑞士的销售）；

100家出版社营业额：61亿欧元（增加1%，其中专业出版社占43%，大众出版社占38%,教育出版社占19%)。

英国

出版社营业额:41亿英镑(约合81.5亿美元,其中图书销售额30亿英镑,比2006年增加7%);

出版新书:11.5万册;

销售册数:8.55亿册(比2006年增加9%)。

法国

图书销售额:30亿欧元(约合47.5亿美元,去除通胀,比上年增长2%);

版权销售:1.31亿欧元(占总收入的4%);

图书销量:4.86亿册(增加3.6%);

出书品种:7.5万种(增加7.5%),其中新书品种3.75万种(增加6.3%)。

韩国

图书销售额:2.34万亿韩元(约合22亿美元,比上年增长5.4%);

新书出版品种:41094种(减少4427种,降幅为9.7%)。

俄罗斯

图书销售额:20亿美元(扣除书价上涨因素,与2006年持平);

总印数:6.66亿册(2006年为6.34亿册);

品种:10.88万种(2006年为10.23万种);

每种书平均印数:6119册(2006年为6192册)。

(数据分别来自美国Bowker公司及美国出版商协会、英国《书商》(*The Bookseller*)、德国书商协会(Borsenverein des Deutschen Buchhandels)、德国图书报告(Buchreport)、尼尔森图书销售监测公司、法国出版商协会、俄罗斯书局网站、日本《出版新闻》杂志及大韩出版文化协会,渠竞帆/辑录。)

[链接:中国图书商报2008.7.4,渠竞帆《2007年7国书业销售数据》]

第59章　金融风暴下的欧美书业

人们通常认为,包括图书在内的娱乐休闲类产品会成为经济萧条的受益者,因为此时消费者更愿意待在家里读书或看影碟,而不再出国度假、下馆子、上剧院。在20世纪90年代初英国经济衰退期间,图书消费支出仍然保持相对健康的增长。但如今失去了固定价格销售协议的保护,正身陷折扣战难以自拔,已被亚马逊网上书店和超市分走近30%市场份额的英国书业,市场前景远比十几年前要不稳定得多;而且英国出版商们还必须考虑到全球性的经济低迷将带来的不利影响,因为他们总收入中约三分之一来自于海外市场。另有资料显示,在始于1929年的全球经济大危机中,美国图书销售额在4年之内从1.82亿美元降到了8200万美元,近40%的美国出版社倒闭。在日本,图书业自1996年起伴随日本经济的下滑开始萎缩,1996年的销售额跌幅达15%。这些都显示,图书业不是经济衰退的免疫者。

1. 历史危机中书业表现好于其他行业

面对由美国次贷危机引发的全球性金融恐慌,英国书业界早在2008年9月初就已开始了应对可能随之而来的经济衰退的大讨论。英国《书商》杂志记者艾利森·克莱门特通过采访撰文,从回首历史上经济衰退期书业界是如何应对的角度,试图为英国业者找到安然度过此次危机的良策。艾利森·克莱门特首先带来的是一些好消息。在20世纪90年代初期的那次经济衰退中,图书销售被证明非常具有弹性。据1993年的英国出版商协会年鉴记载,在经历了自二战以来最糟糕的3年消费萎缩之后,1993年图书业的表现依然好于其他行业。

英国出版商协会首席执行官克利佛·布莱德雷说:"1993年书业总销售额下滑幅度小于其他零售行业,但是收益率还是很难赶上之前的水平,一些出版板块经历了特别困难的时期,特别是精装本小说和儿童图书的出版销售。"

但是英国书业界人士还是一致认为,尽管形势严峻,但并不可怕。自1992年起开始担任Books Etc公司总经理的约翰·蒙克说:"当时书店销售额大约下跌了2%~3%,一段时间之后跌幅扩大到5%,但是相比之下,图书当时的处境已经比其他价格较高产品要好多了,度假服务业产品、电子产品和家具等,损失那才叫惨重。"但书商们也需要更加仔细地盘算企业管理费用和营销活动支出,"恨不得薪水册上领工资的名字越少越好"。他回忆说。

而现今大名鼎鼎的瓦特斯通连锁书店CEO阿兰·吉尔斯刚好于1992年经济萧条期加盟该店担任总经理,他从因经济危机而倒闭的家具连锁店Do It All转行到了图书业。他说:"瓦特斯通彼时也是勉为赢利,那倒不是因为经济形势的影响而是它自己的业务结构问题,是书店规模扩张过快带来的经营压力。但是它的顾客群比较优质安全,比起其他社会人员,经常到瓦特斯通购书的人较少有失业之忧。"

"因为学生依然需要课本,喜欢看书的人始终觉得图书是质优价廉的首选商品",阿兰·吉尔斯回忆说,"当今的经济形势真的很难让人处之泰然,不过好在有以前衰退期的事实证明,图书业是可以抵御经济危机的。"他认为,包括图书在内的娱乐休闲类产品通常会成为经济萧条的受益者,因为此时钱包干瘪的消费者更愿意待在家里读书或看影碟,而不再出去下馆子、上剧院。

亚马逊英国网站负责人布莱恩·麦克布拉德也说:"当荷包紧缩的时候,人们会对商品价格更敏感,更喜欢上网购物,因此亚马逊将安然度过经济低迷期。人们仍然需要图书,需要图书作为圣诞节礼物,并热衷于假日阅读。人们会减少购买奢侈品,但图书的消费将相对稳定。"

2. 多因素使当下形势更严峻

然而，当下沉重的贷款负担、不断上涨的燃油价格和食品价格，正在榨干人们手中的余钱。今年7月，英国法律与综合事务部（Legal & General）一份针对4400名英国成年人所做的调查显示，82%的受访者正在调整他们的居家生活以应对家庭财政的不稳定性，39%的人为了省钱而深居简出。据零售分析公司Verdict Research统计记录，在20世纪90年代初期那次经济衰退期间，英国图书消费支出相对有比较健康的增长，1991年增长5.6%，1992年增长6.3%。但是由去年3.9%的增长和预测中今年3.3%的增长来看，如今图书销售业的前景远比16年前要不稳定得多。

2008年阿斯达超市（Asda）可以轻松自由地以1英镑的超低价格叫卖平装本"哈利·波特"系列来挑战市场，但在1991年时的英国，打折售书是不被允许的，因为有图书定价销售协议（the Net Book Agreement）的保护，该制度一直存续到1997年。并且那时还没有让传统书店担惊受怕的亚马逊网上书店，超市卖书也不像今天这么较劲。所以那时出版社和书店一旦碰到成本上涨，可以很容易地通过提高书价将成本转嫁给消费者。

然而今天，亚马逊已经分走英国16%的图书销售额，超市占有了11%的图书市场份额。"书店也已习惯了将越来越多的图书打折出售，如今在新的经济低迷时期，我们必须重新对这些行为进行反思"，瓦特斯通连锁书店CEO阿兰·吉尔斯说。

Books Etc公司总经理约翰·蒙克认为，在这样一个打折盛行的时代，一家书店要想超越同行脱颖而出和压缩成本都更加艰难，特别是对连锁书店而言。"这次的形势将比以前更加严峻"，他警告说，"出版社和书店必须在促销方面更具创造性，仅仅实行'买二赠一'之类的办法肯定行不通。"

网上图书销售公司The Book Depository的总经理安德鲁·克劳福德也在《书商》杂志上发表博客文章称，实际形势可能比书商们预想的要严峻得多。安德鲁说："现在业界许多人都觉得图书业会在经济衰退中逆势上扬，因为书能够提供持久的娱乐而价钱又不贵。话虽不错，可即使在经济好的时候，我们还不是照样被电视、视频游戏和互联网不断抢走阵地吗？根据以往的经验，很难相信当冬季取暖费上涨20%~30%的时候，消费者仍然会一如既往地保持购书数量和频率。诚然，经常买书的消费者可能相对比较富裕，但食品和汽油价格的上涨以及贷款债务是每个人都无法逃避的压力。"

目前尚无法知道英国实体书店是否会很快出现整体销售下滑，据尼尔森图书销售监测公司的数据记录，截至2008年7月底前有12周的图书销售收益呈连续下降趋势，但是书店方面却依然保持乐观。鲍德斯英国连锁书店首席执行官菲利普·道纳写信给出版商们保证："在当前的经济不稳定时期，我们的书店依然在健康发展，我们将继续保证对客户们的衷心承诺。"亚马逊英国网站的图书采购主管克斯·尼尔森也表示"根本没什么好担心的"。

总之，尽管今天的市场竞争要比20世纪90年代早期时激烈许多，但英国书商们还是普遍乐观地认为，他们能够经受住这次的经济风暴。据Verdict公司预测，2008年英国零售业总体将增长2.7%，而图书业还将超过这一数字。

3．面对危机暂缓收购积极营销

那么经济危机对谁的打击最大呢？安德鲁·克劳福德认为，规模越大、灵活性越差的公司遭受的冲击将越大，因为他们要比小公司更难精简成本。因此也许会有一些大型出版社或书店在这次危机中跌倒，而就像每次森林大火之后都将有新的种子发芽一样，一些小出版社或小书店将在危机中发展繁荣。安德鲁提示说，在1929年的那次大萧条中，就有相当一批小出版社设法度过了危机并从此壮大，比如创建于1924年的西蒙·舒斯特（Simon & Schuster）、创办于1927年的兰登书屋（Random House）、创办于1925年的斯科拉斯蒂克（Scholastic）和维京（Viking），甚至今天大名鼎鼎的企鹅出版社也是诞生于那次危机的最高峰1933年。不过，他担心的是，80年后的今天，这些当初的小出版社如今的规模已不可同日而语，他们还足够灵活和坚挺吗？是否可以再一次经受住危机的考验？

确实，在全球金融危机的阴影下，一些跨国出版巨头们现在必须面对一系列的问题：币值波动、通货膨胀和信贷紧缩。对于总部位于巴黎的阿歇特图书出版集团而言，利润率就变得比以往任何时候都重要。该集团2007年以31亿美元的营业额位列世界第六大出版集团。目前，它正把大量收入从美元和英镑等汇率一路走低的货币转换成坚挺的欧元。集团主席兼首席执行官阿诺德·努里承认，金融危机已经开始影响到公司的销售额。他说："在英国，如果不将'哈利·波特'的销售计算在内，市场是停滞不前的。在法国，如果将极少数特例图书排除在外，市场是下降的。特别是美国，遭受的影响最大，因为美元持续贬值而令市场急剧恶化。很多顶尖作者的图书销量都比以前有所下滑。"

不过努里还是相信，阿歇特足以凭借集团旗下几家出版社在超级畅销书上取得的巨大成功来抵御全球经济下滑的不利影响。该集团英国公司CEO蒂姆·赫利·哈钦森也附和说："不断扩大市场份额是我们的一贯目标，尤其是在当前的环境下，由于成本上涨，此时我们很难取得理想的增长，我们唯有靠进一步获取更多的市场份额。"

但同时，努里和哈钦森又都表示，阿歇特现在不会寻求通过并购来发展业务，因为当前的经济形势和高企的贷款利率令他们不得不谨慎行事。努里说："我们眼下没有进行任何一项重要并购的操作，现在不是做这些的最好时机。"而哈钦森却乐观地表示，一旦信贷市场松动，他们将可能以阿歇特母公司法国拉加代尔集团的名义进行某些收购，特别是教育出版领域，因为该领域出版商拥有可靠的再版书目，故可以保证有稳定的现金流，阿歇特因此有可能在信贷环境好转时大举进入教育出版领域。

而英国的一些连锁书店也已开始调整他们的业务结构来适应新的市场环境。瓦特斯通连锁书店的会员卡制度在吸引高消费顾客和学生方面起了非常积极的作用，几乎所有的特色专业书店也都将努力改善服务最大限度满足其特定客户群的需求。利用情人节、父亲节等各种节假日大力开展营销活动，帮助书店创造出至关重要的销售额以顺利度过这一年。

相较而言,独立书店受经济危机的冲击要小一些,因为之前它们就已经面对激烈的市场竞争进行了专业化、特色化改造和成本控制方面的诸多努力。比如位于伦敦东部的纽汉书店(Newham Bookshop),该店经理薇薇安·阿彻介绍,书店近来的营业额一直处于上升势头。"因为在价格上不占优势,我们不经营很多书店都有的热门图书,而是选择经营各类文学作品和历史类图书。"薇薇安表示,从不打折售书以保证一定利润率的策略,即使在经济低迷期也不会改变。

不过薇薇安对于燃油和电费等成本价格的上涨还是非常敏感,她希望通过和出版商更好地协商以及参加集中采购团来克服有关困难。还有的独立书店希望通过延长营业时间来抓住一些重要顾客,比如那些乘坐晚班市郊轻轨列车的上班族,同时尽力完善各项营销活动,以期吸引更多顾客,推动销售。(见表59.1)

表59.1 近20年英国图书零售额

年份	销售额(亿英镑)	年增长率(%)
1988	11	12.8
1989	12	9.0
1990	14	15.8
1991	15	5.6
1992	16	6.3
1993	17	8.8
2002	29	7.0
2003	31	6.0
2004	32	3.6
2005	33	4.9
2006	34	2.1
2007	35	3.9
2008	36	3.3(预估)

表格资料来源:Verdict Research

[链接:中国图书商报2008.11.4,李 丽《英美书业如何直面金融风暴》]

第60章 面临金融风暴，法国出版物销售逆市上扬

有专家指出，法国的沙龙文化和法国人的酷爱读书，是法国出版持续繁荣的天然动力。2008年，法国出版行业一枝独秀，为这一说法再次提供了佐证。

1. 出版一枝独秀

2008年以来，原油价格高涨，农产品价格上升，全世界的消费物价居高不下。在法国国内，人心浮动，似乎也不得安宁。从欧盟各国来看，2008年6月的物价，与2007年同期相比平均提高了4%。在法国，尽管2007年国民的平均收入比2006年提高3%，但实施这项国策的效果并不理想。在国民的实际生活中，依然存在诸多不安定因素。尤其是食品价格、燃料价格的节节攀升好像势不可当，法国人工资3%的增幅也早就被高物价"淹没"。接着又是逐渐显现的金融危机，惶惶不可终日的情绪仿佛有蔓延的趋势。

然而，在2008年上半年，法国的出版物销售额却出乎人们的意料，非但没有下降，反而有所上升——比2007年同期增长15%。一直以来在困境中挣扎的中小书店，销售额平均增长8%。那些以批量销售、价格优惠为特征的大型文化超级市场，销售额平均增长15%。出版专家预计，2008年全年的出版物销售额将比2007年增长5%。如果实现了这个目标，又将创下新的纪录。大多数法国读者虽然怀揣"缩水"的欧元，但在买奶酪还是买图书的选择上，用行动给出的答案还是两者都不能少。总之，在法国丝毫看不出"出版不景气"

的征兆。

2. 国际问题图书畅销

2008年上半年,法国出版物行情稳中有升,销售额持续走高,从对畅销书的分析就可见一斑。法国人的阅读兴趣总是同他们关注的问题密切相联,即全世界最新的政治、经济和社会状况。显而易见,这也是法国人"高谈阔论天下事,未必要以天下为己任"的传统使然。以图书为中心的出版物,作者取材最新的政治问题、经济问题和社会问题,酝酿构思,挥毫泼墨,书稿完成后交出版社编辑制作,再到书店发行销售,这个周期怎么也得半年时间。假如不能把握这个"时间差"问题,造成出版发行的时间滞后,图书即便上市也会卖不动,因为读者的兴奋点随时都在转移。所以,对于出版商和作者来说,在熟知读者关心什么的同时,也必须了解"时间差"问题。

从法国2008年前6个月的畅销书排行榜不难看出,论述法国国内和世界各国政治、经济和社会问题的图书非常多。在前50种畅销书中,有3种披露政治家私生活的图书热销。现任巴黎市长B.德鲁诺埃写的《大胆!》刚刚出版发行,就进入每周畅销书排行榜,且还名列前茅。《大胆!》预测了下一届总统选举可能的候选人,根据每个候选人的情况预测其最终是"取胜"还是"落败",同时把法国置于欧洲及世界的大环境中,瞻望了法国的未来前景。

此外,有关国际问题的图书也抓人眼球。例如,2008年是美国的"总统大选年",有关美国总统选举的图书也让法国人爱不释手。作为美国总统候选人之一的奥巴马写的《美国的人种》,定价仅8欧元,开本也很小,但从发行销售之日起,就进入每周畅销书排行榜。再如,2008年是中国的"奥运年",有关中国的政治、经济、社会状况的图书在法国卖得十分火爆。法国人"关心天下事"真是名不虚传。在这50种畅销书中,有关非洲、亚洲、中东、俄罗斯以及欧盟其他国家的政治、经济、社会问题的图书比比皆是。例如,《进出中国的非洲》一书由库拉赛出版社出版发行,上市后连续5周都在畅销书排行榜上。40年前法国国内爆发了"5月革命",这一直是法国人引以为骄傲的事情。从2007年秋天到今年夏天,有关"5月革命"的新书先后出版了150种,法国各地书店都有销售。据统计,这150种新书里有40种销售册数超过4000册,从"同类型、多品种"的平均销售册数来看,这无疑也是创纪录的。法国读者最关注的热点、焦点、难点问题,成为法国出版行业2008年上半年的热门选题。不仅如此,这些话题在下半年还将继续主导法国出版业。造访法国各地的书店,在那些老字号书店尤其能够感受到这种倾向。

3. 全集、财经书热读

在畅销书中值得关注的,还有加里曼勒出版社出版的作为"祈祷丛书"第1卷本的《克劳德·列维－斯特劳斯著作集》。这本学术性很强的书从今年5月出版以后,便登上畅销书排行榜的第29位。克劳德·列维－斯特劳斯是思想家、文化学家和人类学家,2008年迎来了他的百岁华诞。在20世纪五六十年代,他与以萨特为中心的存在主义者相映衬,被誉为"处在结构主义领袖地位,并对法国学界产生巨大影响"的学者。"祈祷丛书"采用全集小开本的形式,收集了法国大学者、大作家的主要著作和主要作品。读者一本全集在手,就可以了解一个学者、一个作家的概貌。这很像时下"流行的《一口气读完的德国史》、《一口气读完的美国史》、《一口气读完的日本史》……的体例"。"祈祷丛书"的各卷本用超薄的字典纸?穴印度纸?雪印刷正文内容有表格、插图,主要段落加了着重线和注释。由于内容"高度浓缩","祈祷丛书"的各卷本显得"拥挤",装帧上也不够高雅。然而,这种紧凑的全集式一卷本,便于精读,且所占书架空间也不多。据说存在主义大师萨特晚年的读书生活,主要就是靠这类丛书在支撑。

每年的7月和8月,法国全国上下进入"休假期"。在这段时间里,大多数法国人一般都会由"务实"变成"务虚"——远离现实政治,亲近过去历史。所以,像克劳德·列维－斯特劳斯的思想史、文化史、人类学史著作,在2008年的这段时间里成为畅销书就不足为怪了。

法国《世界报》指出,美国一打喷嚏,全世界就感冒。美国的次贷危机演变成金融危机,步步向欧洲逼近,法国等国准备联手救市。出版专业人士由此预测,财经类图书将在法国2008下半年的畅销书排行榜上唱主角。这对法国出版界来说,尽管苦涩,但还是一个好消息。

[链接:中国图书商报2008.10.24,甄西《法国出版物销售逆市上扬》]

后记

赶在每年4月底全国书博会前付梓面世献礼于业界，是从去年编辑出版首部《中国书业年度报告(2007～2008)》之初就预设的。这样做，主要是欲使每年的《中国书业年度报告》有一个鲜明的时间节点，以向关心书业、关注书业、研究书业的读者朋友及时"报告"，这既可以在书业盛会期间激发业界对书业焦点问题和趋势走向的进一步关注，又可以与广大读者进行一次"纸上交流"，吸引有心的读者近距离了解书业、理解书业。

每年编辑出版一部关于中国书业的全景性、专业性和实证性的年度报告，给中国书业乃至中国文化产业留下一份翔实可靠的编年史、信史，是中国图书商报这份在中国书业乃至国际书业颇享声誉的中国书业权威媒体近几年诸多追求和努力之一项。去年我们出了第一部，广受谬奖，给了我们快慰，更给了我们以信心和责任。需要说明的是，中国图书商报在一年中有近千万字的有关书业产业、营销、传媒、阅读推广等等方面的深度与专题报道，即如去年，就有诸如"改革开放30年系列专刊专题"、"抗震救灾专题系列报道"、"奥运·读品专刊"，以及多达两位数的高规格、高水准的各种论坛演讲精粹和产业观察文本，其他还有诸如书业细分市场焦点热点、分销区域市场、商报·东方数据分析专题，以及大量的海外书业专题报道。由于篇幅所限，我们只能做出取舍，忍痛割爱，实在情非得已。读者诸君如欲一窥究竟，请参考这部报告中每篇文末提供的链接索引,再劳神去翻检中国图书商报合订本(事实上,本报的读者收藏率一直很高,本报合订本订阅量也一直很高),作延伸阅读。

  由于有了上一年度与出版方密切合作的经验,故此,本次在编辑出版过程中,几乎没有什么"磨合期"。这首先要感谢中国出版集团总裁聂震宁先生对"本报告"的长期重视和支持,感谢商务印书馆总经理王涛先生和副总经理于殿利先生,在第一时间表示了对这部报告的认同,并以书业专家、文化专家的洞见,提出了很好的建议。同时,也要感谢责任编辑刘兰的认真审编。从他们身上,我们真切地感受到了商务印书馆这家百年出版老字号积淀着的并焕发出的优秀的学术精神和职业能力。我们衷心期望也有信心,见贤思齐,不懈努力,持之以恒,裨将《中国书业年度报告》打造成立足和服务于书业的、乃至整个文化产业的学术精品与知名品牌。

编者
2009.3.31